Wienold

glauben machen

EINSTIEGE 24

Grundbegriffe der Sozialphilosophie und Gesellschaftstheorie

Redaktion: H.G. Thien

Hanns Wienold, Dr. sc. pol., geb. 1944; von 1974 bis 2010 Professor für Soziologie und Methoden der empirischen Sozialforschung an der Universität Münster; empirische Forschungen u.a. zur politischen Erwachsenenbildung der Gewerkschaften, zur Industriesoziologie und Kinderarbeit in Deutschland. Langjährige Feldforschungen und Forschungsaufenthalte in Südasien (Pakistan/Indien) und in Lateinamerika.

Hanns Wienold

glauben machen

Beiträge zur religiösen Praxis, Kultur und Ideologie

WESTFÄLISCHES DAMPFBOOT

Bibliografische Information der Deutschen Bibliothek
Die Deutsche Bibliothek verzeichnet diese Publikation in der Deutschen Nationalbibliografie; detaillierte bibliografische Daten sind im Internet über http://dnb.ddb.de abrufbar.

1. Auflage Münster 2017

Umschlag: Lütke Fahle Seifert AGD, Münster
Druck: Rosch-Buch Druckerei GmbH, Scheßlitz
Gedruckt auf säurefreiem, alterungsbeständigem Papier
ISBN 978-3-89691-099-8

Inhalt

Juduschka betete. Er war fromm und weihte jeden Tag einige Stunden dem Gebet. Aber er betete nicht, weil er Gott liebte und sich ihm durch Gebet zu nähern glaubte, sondern weil er den Teufel fürchtete und hoffte, daß Gott ihn vom Übel bewahren würde. Er kannte eine Menge Gebete und hatte genau die Technik der äußeren Haltung beim Gebet studiert, wußte, wann er die Lippen zu bewegen und die Augen zu verdrehen hatte, wann es angebracht war, die Hände zu falten oder sie zu erheben, dem Gesicht einen gerührten Ausdruck zu verleihen, feierlich dazustehen und sich ständig zu bekreuzigen. Im richtigen, durch die Gebetspraxis angezeigten Augenblick rötete sich seine Nase, füllten sich die Augen mit Tränen, aber das Gebet besserte ihn nicht, erhellte keineswegs seinen düsteren Charakter und trug nicht im geringsten zu seiner Durchgeistigung bei. Er vermochte zu beten und alle notwendigen Gesten zu vollbringen, gleichzeitig jedoch aus dem Fenster zu schauen, um festzustellen, ob nicht jemand ohne seine Erlaubnis in den Keller ginge. Es war eine ganz besondere Lebensformel, die ihn unabhängig von der allgemeinen befriedigte.

Saltykow-Schtschedrin, Die Herren Golowlew, deutsch von Erna von Baer, Berlin: Rütten & Loening, 1952, 186f.

Vorbemerkung

Aus soziologischer Sicht, die hier in diesem Band vertreten werden soll, ist „Religiosität“ kein Attribut, keine Eigenschaft von Individuen, die sich in bestimmter Weise ihrem Gott oder ihren Göttern gegenüber verpflichtet fühlen, sondern eine soziale Form oder Potenz, in der die Kräfte der Individuen ihnen als von außen kommend gegenübertreten und Macht über sie erlangen. Die Kräfte, die sie den unbeobachtbaren Mächten geliehen haben, werden in den Ritualen des Opfers, des Gebets, der Meditation, oder in magischen Beschwörungen wieder angeeignet und auf spezfische Weise „erfahren“.

Mana, Gott oder Gottheit, das „wirkliche Wirkliche“ oder der „Glauben an den Glauben“, wie sie uns bei Marcel Mauss, Clifford Geertz und Pierre Bourdieu in diesem Band begegnen, können als Formen verstanden werden, sich über Unbeobachtetes oder als unbeobachtbar Erklärtes auszutauschen und darin einen Sinn (eben den religiösen) zu finden. Die Formel von der Kommunikation des Unbeobachtbaren, des Beobachtens des Unbeobachtbaren ist dabei schlüssiger als die von der Kommunkation des Unkommunizierbaren, des „Unsagbaren", die im Zusammenhang einer Erfahrung des „Heiligen" oder auch von Konversionen verwendet wird (vgl. Tyrell u.a. 1998). Das „Unsagbare", die Sprachlosigkeit, benennt eher den Stupor des Individuums, während das „Unbeobachtbare" einen Status der Intersubjektivität reklamiert. Die religiöse Kommunikationspraxis ist aber keine Eigenschaft der Persönlichkeit, etwa von sog. Hochreligiösen, die vom Religionsmonitor der Bertelsmannstiftung (2008, 2012) aus der Masse der Lauen und Indifferenten ausgefiltert werden, sondern, wie in diesem Band ausgeführt, in erster Linie eine soziale Praxis, die Gemeinschaft erzeugt bzw. es dem Einzelnen ermöglicht sich zu „individuieren".

Die Beiträge des Bandes fokussieren kritisch jene Operation, genannt „Glauben", und mit ihr die Fingierung einer ihn begründenden „religiösen Erfahrung" als einer Erfahrung *sui generis* – im Religions-Monitor als „Du-Erfahrung" oder „Erfahrung der All-Einheit" formuliert -, die das „Wesentliche" des Religösen im „Inneren" des Individuums verorten, das zugleich Teil am Transzendenten hat. Insofern liefert der Band nicht in erster Linie eine Kritik der Religion, sondern eine Kritik einer (wissenschaftlichen) Religionsauffassung.

Sowohl Geertz wie Bourdieu formulieren auf ihre Weise jene der Religionspraxis eigentümlichen Verdoppelungen, bei Geertz die „wirklichen Wirklichkeiten", bei Bourdieu der „Glauben an den Glauben", die latent im Gaben-Paradigma von Mauss angelegt sind. Während Bourdieu den Glauben als Form der im Habitus verkörperten symbolischen Macht herausstellt, sind es bei Geertz die „Heiligen Symbole", die an die Stelle des Heiligen treten, das sie symbolisieren sollen. Auf elementarer Ebene wird diese Figur von Mauss quasi vorweggenommen, für den die „Gabe" nicht nur das soziale Band stiftet, sondern es zugleich als Macht (*mana*) repräsentiert. Alle diese von den Theoretikern dieses Bandes herausgearbeiteten Formen lassen sich in Verbindung bringen mit Figuren der klassischen Religionskritik, die in der Religion im Wesentlichen eine Verhimmlichung der irdischen Formen sieht, wie im Zusammenhang mit Mauss von Godelier artikuliert wird. In der Praxis der Religionen muss dagegen das „Transzendente", so es denn formuliert wird, in der Immanenz erscheinen, der Gott muss sich inkarnieren, wie Vishnu in Krishna, und sich in letzter Instanz selbst zum Opfer darbringen.

System- und Feldbegriff werden in den verschiedenen Beiträgen (etwa zum „System der Weltreligionen“ oder zum historischen Feld des europäischen Christentums bei Bourdieu) nicht als Alternativen betrachtet, sondern nebeneinander verwendet. Der Systembegriff akzentuiert die Kommunikationsaspekte und die semantischen Differenzierungen, während der Feldbegriff die Handlungs-, Macht- und Herrschaftsaspekte von Religionen ins Auge fasst. Der semantischen Differenzierung und Systembildung, die bei Luhmann für die Moderne um die Unterscheidung von Transzendenz und Immanenz als „Leitdifferenz“ kreist, wird in den vorliegenden Beiträgen geringere Aufmerksamkeit gewidmet, auch wenn etwa die Fragen der Gnadenwahl oder der Prädestination in die religiöse Praxis (von Christen) hineinreichen. Andererseits zeigen historische Entwicklungen wie die Entschärfung der Prädestinationsproblematik in den USA in der Mitte des 19. Jahrhunderts, dass die Beziehungen zwischen religiöser Dogmatik und Lebensführung komplexer sind, als es die Rezeption der sog. Protestantismusthese von Max Weber vermuten lässt.

Die Perspektiven auf die „Religion“ genannten Praxen und Vorstellungswelten, die den vorliegenden Band leiten, lassen sich wie folgt umreißen:

Religion ist in erster Linie Gemeinschaftshandeln, sie entsteht aus Vergemeinschaftungen unmittelbarer Art und kann, ohne den Beteiligten auf Dauer Formen gemeinschaftlichen Handelns und Austausches zu bieten, nicht fortbestehen. Im Gemeinschaftshandeln haben Religionen quasi ihre Bodenhaftung, die sie von reiner (theologischer) Spekulation unterscheidet. Das heißt jedoch nicht im Umkehrschluss, dass Gemeinschaftshandeln immer religiös ist. Von den Erscheinungsformen sind jedoch religiöse und nicht-religiöse Vergemeinschaftungen einander sehr nahe und ein Übertritt in die eine oder andere Richtung ist auf dieser Ebene bisweilen leicht initiierbar.

Das religiöse Gemeinschaftshandeln zeichnete sich durch rituelle Praktiken aus, die die Gemeinschaftseffekte auf die Beteiligten verstärken, indem ihnen bestimmte Kräfte zugeschrieben werden. Durch das Ritual wird das Gemeinschaftshandeln bestimmten traditionalen Autoritäten unterstellt, durch die eine Zugehörigkeit zu einer bestimmten religiösen Gemeinschaft bzw. der Ausschluss von ihr bewirkt wird. Die Rituale können dabei stark auf das einzelne Individuum konzentrierte Formen annehmen, wie die Gewissensprüfung, das Gebet oder die Meditation, ohne dass ihr Ritualcharakter verloren ginge. Gerade eine individualistisch geprägte Frömmigkeit bedarf strenger ritueller Formen. Alle diese Formen werden gleich wie Riten mit beobachtbarer und kontrollierbarer Praxis explizit gelehrt und eingeübt.

Die religiöse Praxis hat wesentlich einen kulturellen Aspekt, indem sie Wirklichkeiten produziert oder an diesen teilhat. Wie Geertz zeigt, besteht der religiöse Effekt der Wirklichkeitsproduktion in der Verdoppelung von Wirklichkeiten als „wirkliche Wirklichkeiten". Eine Figur dieser Verdoppelung ist die Auftrennung in eine immanente und eine transzendente Wirklichkeit, wobei sich die transzendente Wirklichkeit in der Immanenz zeigen oder bewähren muss. Bestimmte Religionen stellen dabei den Glauben an diese Wirklichkeiten ins Zentrum ihrer Praktiken und ihrer Lehren bzw. den „Glauben an den Glauben", d.h. an die durch Glauben effektiv bewirkten Wirklichkeiten.

Religionen bilden gesellschaftliche Felder aus, auf denen ausgehandelt wird, was als „Religion" zu gelten hat. Das „religiöse Feld" kann auf verschiedene Weise mit anderen gesellschaftlichen Feldern (Politik, Kunst, Ökonomie) verbunden sein, die sich gegenseitig in ihren Machtstrukturen und Herrschaftsansprüchen stützen können. Das religiöse Feld ist umkämpft, im Inneren durch die Spaltungen in Hochreligionen und Volksreligionen, im Äußeren durch Grenzkämpfe oder durch Missionierung, durch die bestimmte Praktiken unterdrückt oder Konvertiten in neue Lebenswirklichkeiten eingeführt werden. Das religiöse Feld dient als Kampfplatz für gesellschaftliche Auseinandersetzungen, etwa in den USA zwischen sog. Liberalen und sog. Fundamentalisten. Schließlich stehen die Sakralisierungsmacht von Religionen und die Sakralisierungsmacht des modernen Staates in einem Verhältnis, das von gegenseitiger Stärkung bis zum Antagonismus reichen kann.

Religionen haben zudem einen ideologischen Charakter in der Zuschreibung bestimmter gesellschaftlicher Funktionen, als zivilisatorische Errungenschaften oder Kulturmächte (christliches Abendland), aber auch als (potentielle) Friedensmächte. In diesen Funktionen bestätigen sich heute die sog. Weltreligionen und rufen zum Dialog und zur Ökumene auf. Sie unterliegen dabei in vielen Fällen einer staatlichen Kontrolle, die bestimmte Ensembles von

Praktiken und Lehren als gesellschaftsfähig anerkennt und andere ausschließt oder gar kriminalisiert (z.B. Falun Gong in China). Religion wird zum Dispositiv gesellschaftlicher Ordnung, von Rationalität und Modernität.

Die Beiträge dieses Buches entstanden in verschiedenen Zusammenhängen. Einige bereits veröffentlichte Beiträge wurden für diesen Band bearbeitet (vgl. die Nachweise). Die einzelnen Kapitel sind für sich lesbar gehalten, wofür kleine Überschneidungen in Kauf genommen wurden. Ich danke dem Exzellenzcluster „Religion und Politik" der Universität Münster, das mir im Rahmen eines Forschungsvorhabens unter der Leitung von Frank Hillebrandt und mir zwischen 2009 und 2011 Diskussionsräume für die Entwicklung einiger der in diesem Bande vorgetragenen Überlegungen eröffnete. Besonders bedanke ich mich bei den beiden Mitarbeiterinnen des Projektes Anna Daniel und Franka Schäfer. Franka Schäfer war als Mitautorin an zwei Beiträgen beteiligt. Ebenso bedanke ich mich bei der Redaktion der Zeitschrift PERIPHERIE, die mir die Mitherausgabe des Bandes „Religionen in Bewegung" (2014, Heft 134/135) übertrug, von der ich ebenfalls stark profitiert habe. Meinem Bruder Götz verdanke ich nicht nur die Erfahrung der Stille japanischer Schreine und Tempelgärten[1], sondern auch intensive Diskussionen über die Grundlagen der Semiotik und Symboltheorie. Meine Frau, Sabine Preuss, begleitete mich von den Sufi-Gräbern im Sind bis zu den Tempeln Südindiens. Ihr verdanke ich den Zugang zur Kultur und Spiritualität Südasiens. Schließlich bedanke ich mich herzlich bei Maria Schumacher für die kompetente redaktionelle Betreuung des Buches. Geschrieben wurde dieses Buch auch in Gedanken an meinen Onkel, Pfarrer Peter Hansen, der als Jesuit erzogen, zwischen 1946 und 1958 auf der verbrannten Erde des 2. Weltkriegs mit der Gottlosigkeit der Eifelbauern kämpfte und daran zerbrach.
Delhi, im Dezember 2016

1 Vgl. auch Götz Wienold, Stille und Bewegung: Semiotische Studien aus Japan (2015).

I. Einleitung: „Die Rückkehr der Götter"

Mit der Verkündigung der „Wiederkehr der Götter" (Graf 2007) bzw. der „Rückkehr der Religionen" (Riesebrodt 2001) scheint die Epoche des Niedergangs der Präsenz der Religionen im öffentlichen gesellschaftlichen Raum sich dem Ende zu nähern. Doch nicht in erster Linie jene Religionen bzw. christlichen Konfessionen kehren in die verlassenen Tempel zurück, die mit den imperialen Eroberungen seit dem 16. Jahrhundert und verstärkt im 19. und frühen 20. Jahrhundert in die entferntesten Regionen Asiens, Afrikas, Ozeaniens und der beiden Amerikas vordrangen, um mit der modernen, europäischen Zivilisation durch Schulen, Krankenhäuser, Medien und Verwaltungen zugleich die Saat der „frohen Botschaft" auszustreuen. Diese Saat fiel vor allem dort auf fruchtbare Böden, wo die indigenen Bevölkerungen durch Schwert, Krankheiten und Alkohol ausgerottet oder weitgehend marginalisiert waren, während die christlichen Missionen sich in anderen Weltregionen schwer taten, die Menschen und ihre Gesellschaften dauerhaft und in großem Umfang für sich zu gewinnen. Prominente Beispiele sind das Scheitern der jesuitischen Missionen in Japan und in China. In Indien sind in der Gegenwart nach der ausgedehnten Kolonial- und Missionszeit nur wenige Prozent der Bevölkerung (ca. 4%) für den „christlichen Glauben" gewonnen.[1] Wie auch der Islam in seiner Ausbreitung nach Süd-und Südostasien oder nach Nord- und Westafrika oder der Buddhismus auf seinen Wegen von Indien nach Thailand, China und Japan gingen auch die christlichen Praktiken und Vorstellun-

1 Gesonderte Entwicklungen finden sich in den Regionen des Nordostens (u.a. Nagaland), die angesichts des unvermeidlichen Einschlusses in die Indische Union nach Ende des Krieges gegen die Japaner eine massenhafte nationale Christianisierungsbewegung durchliefen. Heute sind mehr als 80% der erwachsenen Nagas als Christen registriert (Thomas 2016). Die hohen Anteile von Christen in einigen Bezirken der Bundesstaaten Kerala und Tamil Nadu verdanken sich der Syrischen Kirche, die seit dem 8. Jahrhundert dort Fuß gefasst hatte (Mohan 2015).

gen mit den vor Ort eingewurzelten Praktiken und Vorstellungen von dies- oder jenseitigen Mächten (Götter*[2], Engel, Dämonen und andere gute oder ungute Kräfte) Synthesen ein und schufen etwa mit den Afrikanischen Kirchen für ihre Anhänger und Anhängerinnen eigenständige Wege der Heilssuche oder Schadensabwehr. Mit den afrikanischen Migrantinnen und Migranten kehren nun die von Europa ausgesandten religiösen Mächte zu entleerten Gotteshäusern und auf den religiösen Marktplatz zurück (vgl. hierzu auch Kapitel II). Es sind jedoch nicht nur transformierte christliche Gehalte und Praktiken, in afrikanische Gewändern gehüllt und erfüllt von afrikanischer Spiritualität, die Soziologen*, Politik- und Religionswissenschaftler*, die an das Projekt der Moderne glauben, in Erstaunen versetzten. Sondern auch die durch den „Heiligen Geist" erleuchteten „Pfingstler*", die zu Beginn des 20. Jahrhunderts im Südwesten der USA Gestalt annahmen und einen starken missionierenden „Drang" besitzen, bringen auf dem Weg über Afrika christlichen Geist nach Europa zurück, dehnen sich aber auch in die Metropolen Ost- und Südostasien oder Australiens aus. In der Tradition der nordamerikanischen Erweckungsbewegungen stehende Prediger aus den USA, allen voran Billy Graham und seine *crusades*, sorgten bereits in den 50er Jahren für einen die Massen mobilisierenden Re-Import des Christentums nach Europa (Brown 2009, 173ff.).

Als Christen bezeichnen sich heute nach Schätzungen ca. 28% der Weltbevölkerung, 24% bekennen sich auf unterschiedliche Weise zum Islam, ca. 14% gehören dem Hinduismus und ca. 5% dem Buddhismus an (wenn diese Makrokategorien im globalen Maßstab erlaubt sind) an. Etwa 16% sind ohne „Bekenntnis" und 5% zählen zu den „Volksreligionen".[3] Angesichts der Dynamik der Pfingstkirchen wird eine weitergehende Christianisierung der globalen Bevölkerung vorausgesagt (Jenkins 2002). In Brasilien brechen die Pfingstkirchen mit Macht in die katholischen Bezirke ein. Die Pfingstkirchen entwickeln sich vor allem in Milieus, in denen millenaristische Vorstellungen gedeihen und ekstatische Praktiken auf Resonanz stoßen. Im Zeichen einer „*prosperity gospel*" finden sie

2 Die mit * gekennzeichneten Akteursbezeichnungen beziehen sich immer auf beide Geschlechter.

3 Vgl. etwa www.laenderdaten.info/Religionen/index.php (abgerufen 12.11.2016).

auch unter den sog. Mittelschichten Rückhalt und gedeihen als *mega churches* vor allen in den gediegenen Vororten US-amerikanischer Städte. Während die formellen Mitgliedschaften in den organisierten Kirchen und Gemeinschaften in vielen Ländern Europas noch große Mehrheiten umfassen, sieht die praktizierte Religion der (christlichen) Europäer in einigen Ländern (z.B. Frankreich, Russland) dagegen einem Randdasein entgegen. Sicher scheint, dass sich das Schwergewicht praktizierten Christentums, sei es in den traditionellen kirchlichen Formen oder in pfingstlerischen-charismatischen Bewegungen vom globalen Norden in den globalen Süden verlagert.

Mit der „Rückkehr der Religionen" beleben sich nur in geringem Maße die verlassenen Tempel , sondern es werden vor allem neue Tempel, Moscheen, Gotteshäuser und Meditations- und Andachtsstätten der migrantischen Gemeinden errichtet, die auf der Suche nach gesellschaftlicher Anerkennung ihre Türme und Embleme in der Öffentlichkeit zeigen. Die indische Diaspora errichtet ihre Tempel in Europa, speziell in England, aber vor allem auch in den USA. Religionen afrikanischer Abkunft, wie Santeria oder Candomblé, die mit den ständig wiederholten Sklaventransporten in die Karibik und nach Brasilien kamen[4], kehren zu ihren Ausgangspunkten zurück und erlangen zugleich in Nordamerika und Europa den Status von „Weltreligionen" neuen Stils, die sich nurmehr begrenzt am christlichen Religionsmodell ausrichten. Hans Joas sieht hier bereits eine Rückkehr zu „vorachsenzeitlicher Religion", die den Primat der „Weltreligionen" zumindest kategorial in Frage stellen könnte (Joas 2009).[5] Wie Kapitel II berichtet, sind heute Götter, heilige

4 Die Rekrutierung der schwarzen Sklaven für den Süden der USA vollzog sich dagegen nur in geringem Maße direkt aus dem transatlantischen Sklavenhandel, sondern über kommerzielle „Aufzucht" in den Sklavenstaaten u.a. von Virginia und North und South Carolina (Kulikoff 1991), die ihnen eine „christliche Prägung" gaben, die in die „Black Churches" mündete.

5 Nach dem Konzept der „Achsenzeit" (Jaspers 1949) soll in bestimmten Hochkulturen in einer Zeit um 500 vor unserer Zeitrechnung ein „geistiger Durchbruch" erfolgt sein, der die universelle Existenz einer transzendentalen moralischen Ordnung mit Vorstellungen von Unsterblichkeit und Erlösung verband. Zu diesen gehören das alte Israel, Griechenland, zoroastrischer Iran, frühes chinesisches Kaiserreich, „hinduistische" und „buddhistische" Zivilisationen. Als tragende Gruppen gelten die intellektuellen Eliten (buddhistische Mönche, Brahmanen, konfuzianische Gebildete, griechische Philosophen, israelische Propheten). Zum Stand einer

Texte, geweihte Objekte und in ihnen gebannte Mächte und *spirits* gemeinsam auf der Reise um den Globus.

Die mit der europäischen Aufklärung und ihrer Vernunftkritik an der (christlichen) Religion einsetzende Großerzählung der Säkularisierung, d.h. vom Verschwinden der Religion aus der Öffentlichkeit wie aus Vernunft und den Herzen der Menschen, ihrem Zerschmelzen vor dem Licht der Wissenschaft und im vom Geld getriebenen Betrieb der modernen Städte und ihrer Unmoral ist vor allem eine europäische Erzählung. Mit der Französischen Revolution von 1791, der Aufhebung der Kirchengüter und der endgültigen strikten Trennung zwischen Kirche und Staat in Frankreich ab 1905 erhielt sie historische Gestalt.[6] Sie war jedoch auch Produkt von (protestantischen) Theologen, die angesichts von Deismus und Atheismus der intellektuellen Kreise der Ökonomen und Philosophen, aber nicht weniger der Gottlosigkeit der städtischen Unterschichten und der sich formierenden Industriearbeiterschaft mit dem Gespenst der Säkularisierung auch die Gegenkräfte einer neuen religiösen Erweckung ins Leben rufen wollten. Max Webers Theorem der Entzauberung der Alltagswelt, nach der die magischen Kräfte einer Rationalisierung des Alltags weichen mussten, und zuletzt die soziologischen Theorien der Modernisierung in den 50er und 60er Jahren des vorigen Jahrhunderts und ihr Theorem der Konvergenz der (kapitalistischen) Industriegesellschaften erhoben die Säkularisierung moderner Gesellschaft zum historischen Gesetz.

In der Perspektive der Säkularisierung als Zeichen der Moderne erscheint die ungeminderte Religiosität im nordamerikanischen Alltag wie in der Politik als Ergebnis der besonderen historischen Entwicklung, die in die religiöse Gründungsphase zurückreicht.[7] So unternahmen die Puritaner in der Neuen Welt auf jungfräulichem Boden das Experiment einer reinen, ausschließlich am Evangelium orientierten Gottesherrschaft (Hochgeschwender 2007). Sie hingen

---

unabgeschlossenen Diskussion vergleiche Arnason/Eisenstadt/Wittrock 2004).

6 Auch nach dem „Religionsmonitor“ der Stiftung Bertelsmann ist Frankreich mit fast 50% an „Nicht-Religiösen“ in der Gesamtbevölkerung neben den ehemals kommunistisch geprägten Staaten Russland und Ostdeutschland (DDR) der Hort des Laizismus in Europa (Huber/Huber 2012, 722).

7 Ebenso gut lässt sich die Entwicklung in weiten Teilen Europas als Sonderweg interpretieren, der in die Geschichte der Kirchen als (Zwangs-) Anstalten und Herrschaftsapparate zurückreicht.

einer Illusion des „leeren Landes“ an, das in Besitz zu nehmen Gottes Weisung schien. Es gab daher nur eine marginale Indianermission, stattdessen wurde gegen die Stämme an der Westküste zeitweilig eine Ausrottungspolitik (u.a. im sog. *King Philip's War* 1675–78) betrieben. Mit dem inneren Scheitern des puritanischen Projektes verbreitete sich ein weitgehend evangelikales Christentum in Form einer Vielzahl von Denominationen (u.a. Presbyterianer, Methodisten, Baptisten, Quäker), die sich der Bevormundung durch die anglikanische Kirche entzogen. Für die evangelikale Frömmigkeit waren Bibel und Evangelium die höchste Autorität, die jedem ohne kirchliche Vermittlung zugänglich ist. In den Worten von Hochgeschwender betont der Evangelikalismus eine stark emotional fundierte Lebensführung, ist egalitär, anti-kirchlich und auf Bewegung und Erneuerung ausgerichtet. In den aufeinander folgenden Erweckungsbewegungen ab Mitte des 18. Jahrhunderts wurde die Botschaft einer persönlichen, verinnerlichten Beziehung zu Jesus Christus als endzeitlichem Erlöser gepredigt. Die Evangelikalen der ersten Erweckungsbewegung um 1740 wollten zu den Ursprüngen der Reformation zurück (Hochgeschwender 2007, 71). Wanderprediger versammelten tausende von Menschen zu ihrer Predigt der Umkehr. Mit der Unabhängigkeitserklärung wurden auch die Staatskirchen beseitigt.

Im Rahmen der zweiten Erweckungsbewegung zwischen 1790 und 1840 entstand neben den Mormonen und später der Bewegung der Spiritualisten auch die erste Frauenbewegung. Frauen der Mittelklasse hatten in der Temperance-Bewegung, in der Bewegung gegen die Sklaverei und in aufblühenden Missionsgesellschaften eine tragende Rolle. Um 1840 hatte die Erweckungsbewegung gut 90% der reformierten Bevölkerungsgruppen erreicht. Die Prädestinationslehre geriet unter Druck und wurde von Vorstellungen einer im Diesseits möglichen Vervollkommnung ersetzt, die das Erreichen der Endzeit beschleunigen sollte. Gott hatte sein erwähltes Volk nun in den USA gefunden (ebd., 97).

Nach Hochgeschwender machten die Anhänger der zweiten Erweckungsbewegung das reformierte Christentum bedingungslos „marktkompatibel“. Die Armut verlor ihre beherrschende moralische Stellung und der Erwerb des Wohlstands wurde positiv konnotiert. Eigentumserwerb und Besitzindividualismus waren die religiösen Devisen. Die Verbindung von evangelikalem Protestantismus und marktkapitalistischer Mentalität vollzog sich in der

Schaffung einer nationalen Identität, in der beide als untrennbar zusammengehörig erscheinen. Die Einübung in Selbstkontrolle und Arbeitsdisziplin in der Erweckungsbewegung wurde nun ergänzt durch marktkonforme Muster des Massenkonsums. In den religiösen Bewegungen ab 1910 trennten sich die gemäßigten Evangelikalen von den Fundamentalisten, die weiter in der Bibel die unmittelbare Offenbarung Gottes sahen. Sie konnten sich nie mit der Idee der Inklusion unterschiedlicher Gruppen (z.B. Migranten und ihre Religionen) in einer säkularen Nation abfinden, sondern hielten an der exklusiven Idee der USA als einer angelsächsischen „christlichen Nation" fest (ebd., 149).

In den 1950er Jahren waren die christlichen Religionsgemeinschaften in den USA zahlenmäßig stärker als zu irgendeinem anderen Zeitpunkt: Sie zeichneten sich durch eine konventionelle Religiosität, Familienwerte, Patriotismus und Antikommunismus aus. Die Ausübung von Religion vermittelte der fordistischen Mittelklassengesellschaft einen „Hauch transzendenten Sinns und familiärer Wärme" (ebd., 165). Dagegen wurden ab den 70er Jahren die sterilen Suburbs der Großstädte zu Hochburgen einer neofundamentalistischen Erweckungsbewegung (ebd., 169), die für den Vietnam-Krieg, die Todesstrafe und gegen die Straflosigkeit von Abtreibung und Homosexualität eintritt.

Das „jungfräuliche Land", auf dem die Saat des christlichen Evangeliums so reich aufging, war jedoch vor der Zeit nicht leer. Wie viele „Völker ohne Geschichte" (Eric Wolff) haben die überlebenden Ureinwohner Nordamerikas ihrer Unterwerfung unter einen sie einschließenden und zugleich ausschließenden modernen Nationalstaat eine religiöse Gestalt (vgl. oben zu den Nagas) gegeben und die christliche Brüderlichkeitsethik zu einer panindianischen Solidarität umgewandelt. So wurde die widerständige Ghost-Dance-Bewegung der nordamerikanischen Prärieindianer nach der endgültigen Niederlage durch den Peyote-Kult abgelöst, der, angeleitet durch eine Reihe von heilenden und wundertätigen Propheten, in kurzer Zeit den Ausgangspunkt eines, wie Lanternari (1966, 181) schreibt, „echten und wirklichen panindianischen Bewusstseins unter den Indianern der Vereinigten Staaten bildete. Dieses „Panindianertum" nahm „in der Ausrichtung authentischer peyotistischer kirchlicher Organismen: der Kirche von Oklahoma und jener der Nordstaaten, konkrete Form an" (ebd.). Aus der Kirche von Oklahoma entstand ab 1934 die *Native American Church of the United States*, die sich später wieder spaltete. Die Wahl einer für die Weißen typischen Organisationsform war „polemisch" (Lanternari) und unterlief die permanente Verfolgung des Peyote-Kults (als Drogenkonsum) durch den Staat, an der sich die christlichen Autoritäten fleißig beteiligten. „Mit Hilfe der Peyotereligion sorgten die Indianerstämme dafür, jene kulturellen, sozialen, religiösen Werte zu bewahren, die [...] die einzige Gewähr für ein sozial annehmbares Dasein bildeten" (ebd., 176).

Wie das Beispiel der USA zeigt, verbindet sich die moderne Idee der Nation in Form des sich selbst behauptenden Nationalstaats mit der Idee der Auserwähltheit. In der imperialistischen Expansion des „Westens" im 19. Und 20. Jahrhundert erwiesen sich Nation und Religion als Kategorien mit universalem Geltungsanspruch. Der Aufstieg der Religionen zu „Weltreligionen" war eng mit dem Aufstieg der Nationen zu Weltmächten verknüpft (vgl. hierzu auch Kapitel VI). Das gilt, wie van der Veer im Vergleich von England und Indien zeigen möchte, sowohl für die imperiale Macht wie in der Formierung eines nationalisierten Hinduismus für ihren kolonialisierten Gegenpart.

Wie die USA war auch England zu Beginn des 19. Jahrhunderts durch starke und wachsende Bewegungen der Evangelisierung bestimmt, die einen nachhaltigen Einfluss auf die öffentliche Kultur ausübten (vgl. u.a. Hugh McLeod 1997). Die Evangelisierung richtete sich auf die Weckung innerer Überzeugung wie nach außen auf die Konversion der Anderen. „There can be little doubt about evangelicalism's importance in producing modern, civil, and hardworking individuals" (van der Veer 1999, 21). In der Bewegung zur Abschaffung der Sklaverei kam auch eine Suche nach religiöser Erneuerung zum Ausdruck. Die Zeit nach 1790 erlebte die Gründung einer Vielzahl von Missionsgesellschaften, Bibelgesellschaften, Sonntagsschulen, in denen die imperialen Pflichten des Christenmenschen im Britischen Imperium unterstrichen wurden (ebd., 22). Der religiöse Enthusiasmus verband nach van der Veer Rationalismus mit religiösen Sensibilitäten. Geschäft und Moral standen unter Britischer Flagge, die die christliche Zivilisation zu den Heiden trugt. Die Vision der Nation als Kirche (z.B. bei Gladstone) ging weit über die sichtbare Institution der Kirche von England hinaus. Zum „white man's burden" (Kipling) gehörte daher auch die Verkündigung des Evangeliums in den Kolonien (vgl. Chidester 1996). Die Schaffung des britischen Nationalstaates verlangte gegen den

Anti-Katholizismus der evangelikalen Bewegung die Aufnahme der aufstrebenden katholischen Minderheit in die Nation. „My contention is that both movements helped significantly in creating an imperial and missionary nationalism, characterized by superior national qualities of a ruling race: a nation with a mission" (van der Veer 1999: 26).

Den Erweckungsbewegungen in den USA oder England entsprach auf dem Kontinent eine Rechristianisierung der Bevölkerungen, die von Beginn an durch die Trennung in Konfessionen charakterisiert war, die sich im 19. Jahrhundert zunehmend vertiefte. Konfessionalisierung bedeutet nach Reichard Heinrich Schmidt, der diesen Begriff für die Zeit nach der Reformation geprägt hatte, dass die Konfessionen mit den (unterstellten) Differenzen zwischen den Konfessionen Teil des Alltags wie der außeralltäglichen Kultur werden (vgl. Blaschke 2002, 19f.). Die eigentliche Konfessionalisierung und feindliche Scheidung der Konfessionen vollzieht sich in Deutschland in der ersten Hälfte des 19. Jahrhunderts. Bis dahin hatten die Menschen in Deutschland nach dem Satz *cujus regio, ejus religio* in konfessionell eher homogenen Gebieten gelebt. Aus einem protestantisch-katholischen Nebeneinander erhob sich ein geschärftes Bewusstsein von der Eigenheit der Konfession. Wartburgfest und Lutherfeiern 1817 zeigen, dass auch in Deutschland die Konfessionalisierung wie die Erweckungsbewegungen in England und den USA im Zeichen wachsenden Nationalbewusstseins standen. Das 19. Jahrhundert kann daher nach Blaschke, soweit es Deutschland betrifft, statt als Jahrhundert der Säkularisierung als ein Jahrhundert der Konfessionalisierung bezeichnet werden. Das „Zeitalter der zweiten Konfessionalisierung" reicht dabei nach Blaschke von etwa 1800 bis 1970.

Konfessionalisierung bezeichnet die zunächst in ihrem Inneren ablaufende Konsolidierung der Kirchen (z.B. Professionalisierung der Priesterschaft), dann ein Übergreifen auf die Politik, die Erziehung, die Wissenschaft und die Entstehung von „Teilgesellschaften", etwa über Partei- und Vereinsbildung, Presse, Bildung und Schulen („Versäulung"). Der Ultramontanismus der katholischen Kirche erstickte in der 2. Hälfte des 19. Jahrhunderts jede Liberalität in ihrem Inneren. Die Frömmigkeit wurde normiert und die Amtskirche strebte nach innerer Homogenität und Glaubensdisziplin. Priesterausbildung, Durchsetzung des Zölibats, Kontrolle der Geistlichen durch Visitationen, Sonntagschulen und Vereinheitlichung der Volksfrömmigkeit durch Herz-Jesu-Kult, Regulierung der Marienverehrung, Arbeitermissionen, Polarisierung durch Schmäh- und Hetzschriften sind Bestandteile des katholischen Konfessionalismus. Die zentrifugalen Kräfte im Protestantismus wurden dagegen vor allem durch den Anti-Katholizismus zusammengehalten. Antisemitismus und Rassismus fanden auf beiden Seiten reichen Nährboden. Die konfessionellen Säulen lösten sich in Europa erst mit den sechziger Jahren des vergangenen Jahrhunderts auf, in Deutschland etwa mit dem Ende der Ära Adenauer. Brown hat daher recht, wenn er die Krise der christlichen Kirchen in Europa an den Beginn der 60er Jahre legt. Die „religiöse Krise" (Hugh McLeod) brauchte dann nur wenige Jahre um die Kirchen zu entvölkern. (Blaschke 2002, 22) Auch das Zweite vatikanische Konzil mit seiner Öffnung zu den Laien konnte diese Entwicklung nicht aufhalten.

Wie Callum Brown für Großbritannien detailliert nachweist, ist die Vorstellung eines langfristigen Niedergangs der Religionen in Europa im Zusammenhang von Modernisierung und Industrialisierung der Gesellschaften, also beginnend mit der Zeit der Aufklärung, spätestens seit der ersten Hälfte des 19. Jahrhunderts wenig überzeugend. Das gilt nicht nur für die institutionelle Stärke der Kirchen, ihre öffentliche Präsenz, sondern auch für die sog. individuelle Religiosität, also Mitgliedschaft in einer Religion bzw. Konfession, Beteiligung an den öffentlichen Kulten (Gottesdienst) und die private Religionsausübung in den Familien.

Jose Casanova (1994) hatte drei Dimensionen der Säkularisierung unterschieden: den Rückgang der religiösen Glaubenshaltungen, die Privatisierung der Religion (Rückzug der Religion aus dem öffentlichen Raum), die Emanzipation der gesellschaftlichen Sphären von religiösen Belangen (Differenzierungsthese). Er widersprach vor allem der These der Privatisierung der Religion. Überall betreten nach ihm religiöse Sprecher* die öffentliche Sphäre und die Arena der politischen Auseinandersetzung, um am Kampf um die Definition von privat und öffentlich, System und Lebenswelt, Legalität und Moralität, Individuum und Gesellschaft, Familie, Zivilgesellschaft, Staat, Nationen und Zivilisationen teilzunehmen (Casanova 1994, 6). In der normativen Perspektive der Trennung der gesellschaftlichen Sphären im „Projekt der Moderne" (Habermas) müssen sich die Artikulationen religiöser Belange nach den Forderungen der Säkularisten jedoch auf die Zivilgesellschaft beschränken. Insbesondere diese normative Forderung wird von Casanova in „Public

Religions Revisited" (2008) als eurozentristischer „Säkularismus" verworfen. In der ausdifferenzierten modernen Gesellschaft ist es jedoch auch bei ihm das private Individuum, nicht das staatsbürgerliche und nicht das Individuum der ökonomischen Verträge, das sich religiös betätigt. In der Moderne findet demnach eine „Entbettung" oder „Freisetzung" statt, durch die das Individuum religiös auf sich selbst gestellt wird, (ob es will oder nicht). An die Stelle der Säkularisierungsthese tritt damit eine Individualisierungsthese (Pollack 2011, 18f.), die zumindest für den europäischen Raum mit einem weiteren Rückgang institutionalisierter Religiosität und einer Transformation der individuellen religiösen Betätigungen und Vorstellungen rechnet.

Legt man die zählbaren und zugleich traditionellen Indikatoren christlicher Religiosität zu Grunde, also Kirchgang, Taufe, Kommunion oder Firmung, Trauung, Begräbnis usw. dann zeigte sich in Großbritannien laut Callum G. Brown beginnend mit Ende der 50er Jahre ein weitgehender Zusammenbruch der dominanten religiösen Kultur (Brown 2009, 217). So ging die Zahl der Taufen der Kirche von England ab 1955 von 600 pro 1.000 Geborenen auf gut 200 im Jahre 1996 zurück (ebd., 168). Die Zahl der Kommunikanten zu Ostern reduzierte sich im gleichen Zeitraum ebenfalls auf ein Drittel. Gleiches gilt für die Sonntagsschulen. „A hundred and ninety years after Sunday schools first opened, the salvation industry was shutting its doors to an entire generation of youngsters who no longer subscribed to religious discourses of moral identity." (ebd., 180) Im Zentrum dieses Niedergangs der Kirchen steht für Brown ein moralischer Umbruch, eine „Kulturrevolution", vor allem eine Abkehr von der christlichen Sexualmoral, die politisch in England, wie später in der BRD, in die (zumindest teilweise) Entkriminalisierung von Homosexualität, Kuppelei, Pornographie und insbesondere der Abtreibung mündet. Im Zentrum stehen dabei nach Brown die Frauen, die für die religiöse Sozialisation der nachfolgenden Generation verantwortlich sind. Die Feminisierung (und Familiarisierung) des religiösen Lebens seit Beginn des 19. Jahrhunderts rächt sich nun, in dem die jungen britischen und andere junge europäische Frauen den moralischen Zwangsanstalten der Kirchen den Rücken zukehren. „The loss of domestic ideology to youth culture from *c.* 1958 meant that piety 'lost' its discursive home within femininity. (....) The discursive death of pious femininity destroyed the evangelical narrative" (ebd., 179).

Im Zusammenbruch der Weitergabe der religiösen Verpflichtungen und Gebräuche innerhalb der Familien spielt für Hugh McLeod in England vor allem die fast vollständige Entchristianisierung der Arbeiterklasse während des 19. und 20. Jahrhunderts eine entscheidende Rolle (Mc Leod 2007, 14). Ihr Kontakt zu den Kirchen war auf die Übergangsriten beschränkt. Daneben hatte sich eine schmale aber einflussreiche Schicht von Intellektuellen, Schriftstellern und radikalen Denkern vollständig vom Christentum abgewandt. Insgesamt förderte die rapide Zunahme der Verfügbarkeit von Massenkonsumgütern den Individualismus und schwächte kollektive Identitäten (ebd., 29). McLeod verschiebt den Beginn des rapiden kirchlichen Niedergangs allerdings auf das Ende der 60er Jahre, um auch die Studentenbewegungen und die Anti-Vietnam-Bewegung in den kulturellen Umbruch einzubeziehen. Anfang der 70er Jahre weisen auch die zentralen Indikatoren der Religiosität in Deutschland auf einen stetigen Abstieg (Pollack 2011).

Franz Höllinger (2005) benennt drei große Ursachenkomplexe für den Niedergang praktizierter christlich-kirchlicher Religiosität in Europa: 1. Die Reduzierung der Lebensrisiken durch die Verbesserung der materiellen Lebensbedingungen und den Ausbau des Wohlfahrtsstaats; 2. die Entzauberung der Religion vor allem durch den Protestantismus und der damit verbundene Verlust der sinnlichen Erfahrungsqualität der Religion und 3. das konflikthafte Verhältnis zwischen Kirche und Bevölkerung im Verlauf der Geschichte, das dazu beigetragen hat, dass die Menschen bestimmter Länder nur wenig Vertrauen in die Kirche haben und sich heute in zunehmendem Maße von der Religion distanzieren. Die Distanzen zwischen den kirchlichen Apparaten und der volkstümlichen Religiosität waren bereits in den Formen der Christianisierung verschiedener europäischer Regionen (Kirchen als Teil des Herrschaftsgefüges) angelegt (vgl. umfassend auch Borgote 2006).

Höllinger zeigt an empirischem Material, dass der Rückgang (oder Wandel) der religiösen Äußerungsformen sich kohortenweise im Wechsel zwischen den Generation vollzieht. Er stützt sich dabei auf die Umfrage des *International Social Survey Programme* zum Thema Religion (1998), die in etwas mehr als 30 Ländern durchgeführt wurde, sowie den *World Value Survey* (1995–2000), an dem sich mehr als 60 Länder beteiligten. In protestantischen und orthodoxen Ländern war das Niveau der Häufigkeit des Gottesdienstbesuches und der Gebetspraxis bereits in der 1. Hälfte des 20. Jahrhunderts deutlich niedriger als in katholischen Ländern. Die Einbrüche bei Gottesdienstbesuch und Gebetspraxis zwischen den beiden befragten Kohorten (über 60-Jährige, 18- bis 40-Jährige) sind dabei z.T. dramatisch mit Reduzierungen der Prozentanteile um mehr als die Hälfte: *Protestantische Länder:* Der Gottesdienstbesuch fällt von 11% auf 6% und die Gebetspraxis von 23% auf 10%, *Orthodoxe Länder:* 12% : 7% und 27% : 11%, *Frankreich und Tschechien:* 25% : 8% und 35% : 12%, *Katholische Länder:* 67% : 40%und 66% : 33%, *West-Deutschland und Großbritannien:* 25% : 8% und 34% : 14%, *USA und Argentinien*: 44% : 31% und 62% zu 48%, *Islamische Länder:* 59% : 42% und 82% : 70%, *afrikanische Länder* bleiben konstant 81% : 79% und 82% : 78% und konstant hoch bleiben auch *Indien und Philippinen*, *Japan* verharrt auf niedrigem Niveau.[8] Der Umbruch fällt also in die Zeit der zwischen 1930 und 1940 Geborenen und der zwischen 1960 und 1970 Geborenen.

Trotz dieser Einbrüche in der religiösen Praxis bleiben die formellen Mitgliedschaften in den organisierten Kirchen auf hohem Niveau (in Westdeutschland 2006 gut 80%).[9] Auch erklären in diversen Umfragen hohe Anteile von Befragten, dass sie an Gott oder ein „höheres Wesen" glauben (in Westdeutschland 2006 gut 70%), ohne jedoch anscheinend diesen Glauben zu praktizieren (Pollack 2011, 24). Aber auch der „Gottesglaube" geht in einer Reihe von europäischen Ländern zwischen 1969 und 2008 z.T. dramatisch von 80% auf 50% zurück (Pollack 2011, 33).

Das formelle Christentum, das begrenzt noch durch den Glauben an „jenes höhere Wesen" gedeckt wird, ist jedoch weitgehend von religiöser Praxis entleert. Das gilt stärker für die institutionelle oder öffentliche Praxis als für die private Praxis.[10] Auf der Basis der empirischen Verteilungen ließe sich (auch unter Zuhilfenahme des „Religionsmonitors") eine Art Treppe des Abstiegs konstruieren. Zuerst verschwinden signifikante religiöse Erfahrungen im Nah-

8 Diese Daten unterstellen, dass für die verschiedenen Ländergruppen und ihre Religionen vergleichbare Praxen (Gottesdienst und Gebet) definiert werden können.

9 Pollack (2011) verzeichnet allerdings zwei Kirchenaustrittswellen in Deutschland nach 1945, die erste von 1969 bis 1977, die zweite von 1990 bis 1997.

10 Die Teilnahme an kollektiven Kulten hat auf dem Hintergrund der nationalen Geschichte der Religionen (Frankreich, Russland, Großbritannien) ein gesellschaftlich unterschiedliches Gewicht.

bereich, dann entfällt die Teilnahme an den öffentlichen/institutionalisierten Kulten, später lässt die private/häusliche Praxis nach, dann erst verblasst allmählich die Vorstellung eines Glaubens an einen Gott oder ein „höheres Wesen". Am längsten hält sich die Mitgliedschaft in der Institution. Hiernach wären Gottesglaube und Mitgliedschaft am hartnäckigsten mit einer (christlichen) kulturellen Identität einer großen Mehrheit in europäischen Bevölkerungen verbunden, ohne noch mit einer nennenswerten religiösen Praxis verbunden zu sein.[11]

Der Religionsmonitor der Stiftung Bertelsmann unternimmt seit 2008 den Versuch, quasi global in 22 europäischen und außereuropäischen Ländern den gesellschaftlichen Raum religiöser Praktiken und Vorstellungen gewissermaßen auf den „Innenraum" der Individuen zu projizieren und für jedes Individuum den Wert seiner „Religiosität" zu ermitteln. Die These von der Individualisierung der Religion wird hier methodisch radikalisiert, indem Religiosität als messbare Eigenschaft jedes Individuums behandelt wird. Es handelt sich jedoch im strengen Sinne nicht um eine Messung einer vorfindbaren Quantität, sondern um einen methodologischen Oktroy (Coombs 1964), der die Objekte in eine Reihung oder Skala bringt, denen eine bestimmte prognostische Qualität zuerkannt wird. Der Religionsmonitor greift dabei auf Skalierungsversuche von Charles Y. Glock (1973) zurück, die verschiedene Dimensionen der individuellen Religiosität additiv zu einer Skala verbinden: religiöses Interesse/Nachdenken, religiöser Glaube (Glaube an Gott/das Göttliche bzw. Gottheiten), Teilnahme am kollektiven Ritual (Gottesdienst/Freitagsgebet), private, nicht-kollektive religiöse Praxis (Gebet/Meditation) und religiöse Erfahrungen.[12] Mit der Skala, dem sog. Zentralitätsindex (ZI) (Huber 2008; Huber & Huber 2012), nimmt sich der Religionsmonitor vor, individuelle „Intensitäten" auf den verschiedenen Dimensionen zugleich zu differenzieren und zu summieren und so in einem Wert die „Zentralität" der Rolle zu bestimmen, die Religion/Religiosität im Leben von (erwachsenen) Individuen in Ländern auf unterschiedlichen Kontinenten spielt.

---

11 Wie die empirischen Umfragen von Detlef Pollack oder auch der „Religionsmonitor" zeigen, wird die verblasste christliche Religiosität individuell nur sehr begrenzt durch „spirituelle Praktiken", mystische oder pantheistische Vorstellungen ersetzt.

12 Zu den Problem der multidimensionalen Skalierung von „Religiosität" nach Glock vgl. Wienold 2000.

Im Resultat[13] werden drei Gruppen gebildet: Hochreligiöse, religiöse, nicht religiöse. *Hochreligiöse:* Religiöse Inhalte durchdringen zahlreiche Lebensbereiche, konsistenter, dauerhafter Einfluss auf das allgemeine Erleben und Verhalten; *Religiöse:* Religion steht untergeordnet im Hintergrund, keine bestimmenden Effekte auf Erleben und Verhalten; *Nicht-Religiöse:* religiöse Inhalte liegen nicht oder nur sporadisch im Lebenshorizont. Die mittlere, „untergeordnete" Position „religiös" zu nennen ist etwas verwirrend. Diese Gruppe setzt sich aus sehr verschiedenen Antwortmustern zusammen und zeigt auf der Makroebene der nationalen Bevölkerungen einen eigentümlichen Verlauf. In den USA umfasst diese Gruppe 25%, in Südkorea 40% und in Thailand 89%. In den an ein breites Publikum gerichteten Darstellungen (Bertelsmann Stiftung 2013a und 2013b) werden durch Addition der beiden Gruppen große Teile der Befragten europäischen und außereuropäischen Bevölkerungen so als „religiös" und „hochreligiös" gekennzeichnet, so etwa in Deutschland/West bis zu 75%, in Deutschland Ost zu immerhin 32%. Das mag für eine „Renaissance des Religiösen" (Huber 2009, 18) sprechen, sollte das differenzierte Bild, das sich auf der Basis der einzelnen Indikatoren auch des Religionsmonitors zeichnen lässt (s.o.), aber nicht vergessen machen.

Methodologisch impliziert der Zentralitätsindex einen individuellen Nullpunkt der Religiosität, an dem in Europa erst wenige Personen tatsächlich angelangt zu sein scheinen. Wenn die Individuen, wie der Theologe Huber sagt, einen „Resonanzraum" für die religiösen Problematiken bilden, die von den Gesellschaften hin und her gewälzt werden, dann ist dieses auch nicht zu erwarten. Die heutige individuelle Indifferenz großer Teile der europäischen Bevölkerungen gegenüber den Erfahrungen der Transzendenz hindert in der pluralen Gesellschaft jedoch nicht den Einzug neuer Gottheiten und Wesen und Objekte der Verehrung.

13 Die notwendige theoretische und methodologische Kritik an der Skalenbildung kann hier nicht geleistet werden und steht wohl auch noch aus (Oktober 2016).

II. „Geglaubt wird überall"
Religionen auf Reisen und andere Sozialformen religiöser Praxis

Die weltweite Ausbreitung und Vervielfältigung von religiösen Gemeinschaftsformen und Praktiken in der Gegenwart erscheint wie im Drehen eines Kaleidoskops. Sie sind das Ergebnis einer steigenden Reisetätigkeit der Eingeweihten und Gläubigen, der Propheten*, Priester* und Magier*. Reisetätigkeiten von Religionen zeigen sich überall dort, wo sich Götter* und religiöse Kräfte an neuen Orten niederlassen und dort verehrt werden. Auch etablierte Religionen bedürfen des Reisens, der Vermittlung und des Austausches zwischen den zentralen Orten religiöser Praxis, und vor allem der Rückkehr zu ihren tatsächlichen oder imaginierten Ursprüngen. Insofern ist mit „Religionen auf Reisen" mehr gemeint als nur die „Religionen von Reisenden". Die Beobachtung der Reisetätigkeiten macht darauf aufmerksam, dass sich Religionen, welchen Anspruch sie auch immer haben, ihrer Lokalisierung nicht entziehen können. Sie sind und bleiben verortet und nehmen in dieser Form an der Globalisierung teil.

Reisen von Religionen rund um den Globus werden prägnant sichtbar, wenn *iwas*, Vodoo-Götter von Haiti, mit ihren Initiierten nach Montreal auswandern, um dort Schutz vor *pwen*, bösen Kräften zu bieten, die den Migranten* aus der Heimat nachgeschickt werden, wenn *Len Don,* Geister/Götter* aus Vietnam wie der Musik liebende *Kleine Prinz* von ihren in die USA nach Ende des Vietnam-Kriegs ausgewanderten Medien in Silicon Valley empfangen werden können oder wenn altehrwürdige *spirits* aus Madagaskar über Toilettengerüche in Frankreich indigniert sind. Die meisten *spirits* können heutzutage reisen, einige sind schon seit Jahrhunderten weltläufig. Viele bleiben auch in der Ferne, wie ihre Verehrer, ihrer Herkunft, den heiligen Orten (den Bergen, Bäumen, Schreinen) in der „Heimat" verbunden.

Es gab schon immer eine rege religiöse Reisetätigkeit, die den Buddhismus mit Händlern und wandernden Mönchen entlang der

Seidenstraße nach China und nach Japan brachte oder den Islam durch Händler und die von ihnen gegründeten Schulen bis in das heutige Indonesien führte. Wie Clifford Geertz (1968) zeigt, wandelte sich dabei der Charakter des Islam auf seinen Wegen nach Osten und Westen bis zur Gegensätzlichkeit. Der Hl. Thomas soll nach Südindien gereist sein und dort eine Kirche errichtet haben. Und die Ansiedlungen von jüdischen, muslimischen und christlichen Händlern und Gemeinden an den Küsten auf beiden Seiten des indischen Ozeans führten über Jahrhunderte ein friedliches Nebeneinander.

Für viele Christen* heute bedeutet die Reise der Puritaner* mit der Mayflower im Jahre 1620 immer noch einen Aufbruch, der die Herzen erhebt und den Missionsdrang beflügelt. Mit dem Vorsatz, jene *City upon the Hill*, das endzeitliche Jerusalem, auf Erden zu errichten (Hochgeschwender 2007, 43), erschien der Auszug den Puritanern* zugleich als Rückkehr ins „gelobte Land", das Gott seinem Volk versprochen hatte. In diesen Visionen schwang bereits der Millenarismus mit, der die religiösen Erweckungsbewegungen in den USA bis heute antreibt. In umgekehrter Richtung dagegen gingen und gehen die endzeitlichen Hoffnungen derjenigen, die die Zwischendeckpassage überlebten und deren Nachkommen in den *Black Churches* ihre Eigenständigkeit und ihre Hoffnungen auf Rückkehr aus der „babylonischen Gefangenschaft" bewahren.

Wie die Pilgerfahrten der Moslems*, der Hindus* oder der Christen* zeigen, gehört Reisen zu den zentralen Sozialformen von Religionen, da nur so die notwendigen Verbindungslinien zu jenen charismatischen Orten des Einbruchs der „Transzendenz" in die diesseitige Welt aufrechterhalten werden können, aus denen Religionen ihre „Kräfte" beziehen. Auch die katholische Kirche greift den Topos der Reise auf und beschreibt sich als „pilgernde Kirche" oder als „pilgerndes Volk Gottes". Die Formen des Reisens von Religionen ändern sich mit den Reisenden: Waren es früher Missionare, Händler, Krieger und Kolonialbeamte, die das Geschäft der Ausbreitung von Religionen betrieben, sind es heute Arbeitsmigranten* und ihre Familien, Flüchtlinge und Asylsuchende, Geschäftsleute und Studierende, Unternehmens- und Regierungsangestellte. Weiterhin bestimmen der Expansionsdrang und Missionswille der alten wie vieler neuer Kirchen, etwa der Pfingstkirchen oder neuer „Weltreligionen" wie Santeria (Kummels 2010), die globalen Bewegungen von Religionen in der Gegenwart. Seit dem Auftritt von Vivekananda beim Weltparlament der Religionen in Chicago 1893 gab es stets eine rege Reisetätigkeit indischer Gurus, die in den letzten drei Jahrzehnten eine Schlüsselrolle bei der Globalisierung des Hinduismus übernommen haben. (Fuller/Harris 2005, 212)

Immer ist das Lokale der Ausgangspunkt einer Reise, die zu neuen Lokalitäten führt. Die religiösen Erscheinungen, die transportiert werden, sind trotz möglichen universalen Anspruchs in ihrem Ursprung lokal und partikular. Wenn Rudolf Otto von seinen Erfahrungen des „Heiligen“ spricht, dann waren diese stets lokaler Natur: in Ägypten im Angesicht der Sphinx, in Elephanta vor der dreiköpfigen Shiva-Statue oder1911 in einer Synagoge in Marokko, in der er dem Absingen des *trisagion* (Preisgesang der Engel) beiwohnte. (Alles 2007) „Heiliges“, wie sein Abglanz, bedarf spezifischer Transportmittel, um sich fortbewegen und an neuen Orten niederlassen zu können. Religionen erscheinen schließlich als die Formen, unter denen das Heilige einen Reisepass erhält.

Wichtig erscheint für die Transportfähigkeit von Religionen nicht so sehr die Universalität des Anspruchs einer religiösen Idee oder eines Glaubens (Csordas 2009) zu sein, sondern die Bedingungen der Weitergabe und Reproduktion eines Charismas der Zeichen des Glaubens von den „Ursprüngen“ her und zu diesen zurück. Religiöses der unterschiedlichsten Form, von abgeschnittenen Haaren über Heiligenbildchen bis zum päpstlichen Segen tritt die Reise dorthin an, wo es gebraucht wird. Vor allem braucht es Raum für seine alltäglichen Wirkungen.

So führen die migrierenden Gruppen und Individuen lebenswichtige Rituale, Objekte und Bilder mit sich, die ihre Gesundheit und ihren Familienverband sichern, die sie mit Ahnen und Geistern ihrer „Heimat“ verbinden, die ihnen Auskunft geben über die Auspizien der Geschäfte und familiären Verbindungen, insbesondere die Auspizien des Reisens selbst. Kann ein günstiger Reisetag nicht genutzt werden, so ist es doch besser, an diesem schon seinen Koffer zu packen und die Schuhe vor die Tür zu stellen.

Der Topos der „Reise“, des Pilgerns oder noch allgemeiner der „Suche“ ist eine Wendung, die in den Traditionen vieler Religionen mitgeführt wird. Eine derartige „Suche“ arbeitet Christine Matter (2007) in Gesprächen mit Mitgliedern einer unitarischen Kirche, einer katholischen Kirche und einer Gruppe von amerikanischen Buddhisten* als Grundfigur „religiöser Existenz“ in den USA der Gegenwart heraus.

Die unübersehbare Präsenz einer Pluralität von Religionen in den industrialisierten Ballungsräumen, die europäische Beobachter* (Riesebrodt 2001; Pollack 2009) von einer „Rückkehr der Religionen" sprechen lässt, ist eine unmittelbare Folge davon, dass sich Arbeitskräfte, ihre Familien und ihre Nachkommen auf Dauer dort einrichteten, nachdem sie, wie etwa in Westdeutschland nach dem sog. Anwerbestopp, nicht hatten bewogen werden können, in ihre Herkunftsregionen zurückzukehren. Der wachsenden „Migrationsbevölkerung", in denen sich die Akkumulationsbewegungen der ökonomischen Sektoren in den Industriegesellschaften abzeichnen, fügen sich heute zunehmend Menschengruppen ein, die vor den „neuen Kriegen", den Vertreibungen und ethnischen „Säuberungen", vor ökologischen Katastrophen und der schieren ökonomischen Ausweglosigkeit fliehen. Getrieben von rassistischer, sexistischer oder religiöser Repression treten sie den Weg in ein fernes Land an, das vielen von ihnen als „gelobtes Land" erscheinen mag. Dass viele dieser Männer, Frauen und Kinder ihre Religion, welche immer diese sein mag, „im Gepäck" haben, sollte uns nicht wundern.

Viele, die in den urbanen Räumen des Nordens neue Quartiere suchen, waren vielleicht bisher in ihrem Alltag wenig von Religion berührt, kommen mit neuen religiösen Gemeinschaften in Kontakt oder werden von Predigern* angesprochen, die bereits auf sie warten. Einige werden in der Diaspora mit Fragen ihrer religiösen Zugehörigkeit konfrontiert, andere wechseln zwischen den religiösen Gemeinschaften vor Ort hin und her, wenden sich auf dem „Markt der Religionen" neuen Bekenntnissen zu oder beteiligen sich an der Gründung von Gebetsgruppen und Kirchen. Wieder andere wollen ihre religiöse Vergangenheit abstreifen und kehren der Religion im neuen Alltag ganz den Rücken zu.

Die Situation vieler migrantischer Gruppen war und ist auch im religiösen Sinn als Diaspora[1] zu verstehen, als Rückgebundenheit an die Herkunft, an einen „Ursprung", der nur mehr unter Opfern oder nur in der Imagination erreichbar ist. Reisende Religionen versprechen nicht nur Aufbruch, sondern auch Rückkehr zu „Ahnen" oder „Wurzeln". Afrikanische Religionen, die mit den Sklavenschiffen in die Karibik oder nach Brasilien transportiert wurden, brechen

1 Eine Minimaldefinition findet sich bei Ruth Mayer, die unter Diaspora eine „Gemeinschaft" versteht, „die sich – durch Vertreibung oder Emigration – von einem ursprünglichen (oder imaginären ursprünglichen) Zentrum an mindestens zwei periphere Orte verteilte. (Mayer 2005, 13)

heute im Zeichen der globalen Ströme nicht nur in die Länder des Nordens auf, sondern befördern auch eine religiöse Rückkehr zu ihren gedachten afrikanischen Ursprüngen. Bereits während des gesamten 19. Jahrhunderts gab es einen regen religiösen Austausch zwischen Brasilien und Westafrika.

Mit den Migranten und Migrantinnen kehren tatsächlich auch jene Religionen zurück, die ihren Vorfahren von den christlichen Kirchen, den europäischen und nordamerikanischen Missionsgesellschaften während einiger hundert Jahre „angetragen" worden waren, sich mit autochthonen Religionen verbanden, zu heftigen Gegenbewegungen führten (Lanternari 1960), aber auch neue Aktionsfelder und nationale Selbstverständigung[2] eröffneten. Was Europäern* als „Rückkehr der Religion" in ihre Städte erscheint, ist Teil einer globalen Beweglichkeit von Religionen und Religiösem, sei es in Begleitung von Chinesen* oder Vietnamesen* in die USA, von Kongolesen* nach Istanbul, von Haitianern* nach Kanada oder von aggressiver Mission japanischer Neu-Religionen wie Soka Gakkai. Einzubeziehen in eine Betrachtung der Reisetätigkeit von Religionen sind daher auch die Dynamiken an den Ausgangsorten, die Multiplizierung von Religionen durch charismatische Führer* und Propheten*, Prozesse der Auf- und Abspaltungen, die Bildung von Orden und Missionsgesellschaften zur Gewinnung neuer Anhänger* oder zur Stärkung der Religionstreue in der Fremde. Prominente Beispiele für muslimische Missionstätigkeit in Europa sind die aus Indien stammende Organisation Tabligh Jamaat (Reetz 2010) und die pakistanische Missionsbewegung Da'wat-e Islami (Gugler 2010) (für Afrika auch Loimeier 2014). Auffällig reisefreudig sind auch die großen, auf Wachstum orientierten Pfingstkirchen, die in Konkurrenz untereinander und zu anderen Religionen stehen und weltweit aktiv sind. Dabei unterscheiden sich die Fähigkeiten von Religionsgemeinschaften oder Kirchen, internationale Netzwerke von globaler Reichweite zu errichten, Akademien oder Universitäten zu gründen und sich mit Tagungen, Kongressen und Publikationen aller Art eine globale Öffentlichkeit zu schaffen.

Viele Beobachter* sehen in Moscheen, afrikanischen Kirchen oder hinduistischen Tempeln, die sich auf den Territorien der „christlichen Nationen" Europas mit Gläubigen füllen, Anzei-

---

2 Zur Formierung einer politischen Identität durch Massenkonversion der Nagas im Nordosten Indiens zum Christentum vgl. Thomas 2016.

chen einer Auflösung der Grenzziehungen zwischen den Sphären von Politik, Ökonomie und Religion, die einmal das „Projekt der Moderne" zu charakterisieren schienen. In der „postsäkularen Stadt" (Beaumont/Baker 2011) scheinen die Grenzen zwischen religiösen und nicht religiösen Ansprüchen zu fallen. Die staatlichen und kommunalen Administrationen nehmen die religiösen Gemeinschaften in ihren Bedürfnissen zur Kenntnis und bedienen sich ihrer umgekehrt für die Aufrechterhaltung von Ordnung und Daseinsvorsorge. Nach Justin Beaumont und Christopher Baker bildet die „postsäkulare Stadt" einen umkämpften Raum, in dem „die Trennungslinien zwischen den Rollen von Religion und Wissenschaft, Glauben und Vernunft, Tradition und Innovation nicht länger rigide verstärkt werden [...] und neue Beziehungsmöglichkeiten entstehen" (ebd., 2).

Für Max Weber führte der Weg in die Moderne zur Entzauberung der Welt, zur Zurückdrängung überweltlicher Kräfte aus den weltlichen Vorgängen und Geschäften. Die Entleerung der Alltagswelt von Zauberkräften und Wundern schafft jedoch, so könnte eine These lauten, den Raum für die Ankunft neuer spiritueller Praktiken und Disziplinen, die körperlich-geistige Gesundheit, Heilung von bösen Träumen und Besessenheit, die Erteilung von Visa für Europa und Nordamerika, sowie Wohlstand und Reichtum mit sich bringen sollen. (Clarke 2006, 25ff.) Sie ermöglicht es den *spirits* aus Madagaskar oder Haiti in den Städten des Nordens anzukommen. Allerdings war die Entzauberung nie konsequent durchgeführt worden bzw. konnte sich gegen die Bedürfnisse des „Volkes" nie restlos durchsetzen. Mit der Ankunft neuer Religionen in den säkularen oder nun postsäkularen Städten können die Zaubergärten wieder erblühen und sich den Bedürfnissen nach Spiritualität oder *health* öffnen, die von „neuen Geistlichen" (Bourdieu 2009b, 245) bedient werden. Gleichzeitig werden die Städte auch Orte neuer Kämpfe um die Reinheit der religiösen Lehre und die Nachfolge der Propheten*.

II.1 System oder Feld? Zur gesellschaftlichen Form von Religionen

In den Städten des globalen Südens, in Istanbul, Rio, Mumbai oder Beirut, scheint sich eine *Autonomie des Religiösen*, eine neue Religionsproduktivität „von unten" Bahn zu brechen (Lanz 2014;

Oosterbaan 2014, 449), die im Zuge der Migrationen auch auf den Norden übergreift. Ein Blick auf die Vielzahl von protestantischen Denominationen und die vielen tausend fundamentalistischer, evangelikaler oder pentekostaler Gemeinden in den USA (Hochgeschwender 2007, 14) oder die mehreren hundert christlichen afrikanischen Kirchen in deutschen Städten (Adogame 2013, 62) zeigt, dass die Fähigkeit von Individuen oder Gruppen, „Religionen" hervorzubringen, kaum gebremst wird, wenn einmal der obrigkeitliche Zangengriff um das „religiöse Feld" gelockert ist. Die tausenden nach dem 2. Weltkrieg entstandenen „Neu-" und „Neu-Neu-Religionen" in Japan (Astley 2006 u. Shimazono 1993) bewegen sich vielfach im Rahmen der traditionellen Religionen (Shinto, Buddhismus). Trotzdem entsteht nach Astley seit Ende des Zweiten Weltkriegs eine bemerkenswerte Vielzahl von religiösen Gruppen, die deutlich außerhalb der Autoritäten der etablierten Traditionen stehen. Bei konservativer Schätzung sind dies hunderte von Neuen Religionen, auch wenn man die vielen winzigen und lokalen Gruppen außer Acht lässt. Die Zahl der Anhänger* reicht von wenigen hundert bis zu einigen Millionen. Die Religionsproduktivität von unten zeigt sich deutlich auch im heutigen China. Nach der Zerstörung von Tausenden von Tempeln während der Republik und nach dem Krieg durch die Kommunisten* werden an vielen Stellen auf dem Land wie in den Städten Tempel wieder errichtet und mit den Behörden über die Wiedereinführung religiöser Zeremonien Verhandlungen geführt. „Religious activity seems to be embedded in a fully secular life, in which job insecurities, health and desire for success and profit create a demand for divine support" (van der Veer 2014: 152). Diese Situation gibt Raum für neue religiöse Bewegungen, die vom Staat mit Misstrauen beobachtet werden, in denen auch Laien eine wichtige Rolle übernehmen. In diesen Bewegungen „von unten" erhalten besonders auch Frauen die Möglichkeit religiöser Führerschaft, wie schon seit langem in den *Black Churches* der USA. (Braude 2002) Auch in den west- und osteuropäischen Regionen ist die Produktion von neuen religiösen Gemeinschaften und Kulten nicht versiegt. Vielfältige Bewegungen fördern den Verkehr mit hinduistisch/buddhistischen Zentren in Südasien oder zwischen synkretistischen Bewegungen in Japan und ihren „westlichen" Partnergemeinschaften (Clarke 2006 u. Cowan/Bromlet 2010), nicht zu sprechen von freischaffenden religiösen Virtuosen*, spiritualistischen Religionsschöpfern* in der Nachfolge von Swedenborg und Madame Blavatsky, Propheten* und Wanderpredigern*, ihren Fangemeinden und medialen Multiplikatoren.

Auf ihren Reisen durchqueren Religionen diesen Raum religiöser Produktivität und tragen zu seiner Ausweitung bei. Globalisierte Kirchen und religiöse Institutionen scheinen sich aber auch von den Wanderungen ihrer Gläubigen unabhängig zu machen, quasi auf eigene Rechnung zu reisen und ihre Kreise in den medialen Räumen zu ziehen. Welches Verhältnis besteht zwischen diesen Religionen, den kleinen und großen, den alten und den neuen? Gibt es Tendenzen einer Vereinheitlichung, etwa in Form der Suche nach einer „neuen Spiritualität“ (Knoblauch 2013), oder weisen die Zeichen eher auf eine Verweltlichung der religiösen Horizonte?

Für Peter Beyer hat Religion heute die Form eines globalen religiösen Systems (GRS) (Beyer 2006, 3). Was in diesem „System“ Platz hat, ist jedoch zwischen den Religionen als Teilen des Systems umstritten. Das System ist hoch selektiv und arbiträr. Es kann in der Logik der Systemtheorie zwar nur ein globales religiöses System geben, aber nicht zwingend nur eine einzige (globale) Religion. Ganz im Gegenteil ist die globale religiöse Landschaft mit einer Vielzahl von sich gegenseitig beobachtenden Religionen bevölkert. (ebd.) Grundsituation des modernen GRS ist daher sein Pluralismus.

Jede Religion hat, auch wenn einige von ihnen dies bestreiten, eine eigene, explizite oder implizite Definition von Religion, eine Vorstellung von sich selbst im Unterschied zu anderen. (Haußig 1999) Praktiken und Glaubenshaltungen bilden aber nicht von sich aus schon eine Religion. Sie müssen dazu unter dem Etikett „Religion“ gesellschaftlich beobachtet und kommuniziert werden. Religionen entstehen daher nicht durch religiöse Erfahrung oder religiöses Bewusstsein, sondern durch Kommunikation. (Beyer 2006, 10)

Für Beyer stellt sich aus der Systemperspektive die Frage, ob der Multiplizierung von Religionen Grenzen gesetzt sind. So gibt es staatliche Kontrollen der Religionsfreiheit, etwa in China, Indonesien, Indien, Ägypten, Russland oder Frankreich und staatliche Zulassungen von privilegierten religiösen Organisationen. Das zentrale Problem der Existenz eines GRS verschiebt sich damit zur Frage nach der Anerkennung von Religionen durch die Religionen selbst bzw. durch die anderen Funktionssysteme (speziell Staat/Politik). Ein gemeinsamer Horizont für religiöse Sinnproduktionen ergibt sich daraus jedoch nicht. Auf der Ebene einer möglichen „Weltgesellschaft“ (Stichweh 2000) zeichnen sich keine Tendenzen zur Vereinheitlichung des religiösen Pluralismus ab; im Gegenteil scheinen zentrifugale Kräfte die Oberhand zu besitzen. Im Raum der globalisierten religiösen Kommunikationen scheint es keine Ausschlüsse zu geben. Diese folgen anderen, politischen Kriterien, etwa denen der Sicherheit („gefährliche Kulte") oder politischer Hegemonieansprüche („Abendland"; „Hindutva"). Religionen stoßen nicht an Grenzen, weil sie Religionen zu sein behaupten, im Gegenteil, diese Form eröffnet den reisenden Medien und Gurus, den Praktiken, Objekten und Lehren unter dem Mantel der „Religionsfreiheit" auch eine Reisefreiheit.

Mit dem Begriff des „religiösen Feldes" lenkt Bourdieu den analytischen Blick vor allem auf die religiösen Akteure* (Priester*, Propheten*, Magier*, Theologen*, Laien u.a.), die sich in den Kampf um spezifische Formen von Vorteil, Macht und Anerkennung verstricken. Das religiöse Feld erweist sich als durch und durch heterogen, da in ihm divergierende Vorstellungen von Religion bzw. Religiosität um die Vorherrschaft kämpfen. Dabei steht der Begriff der „Religion" selbst im Zentrum der Auseinandersetzungen und wird zum Kampfbegriff, der zum Ausschluss von Gegnern* (z.B. als Ketzer* oder Heiden*) dient. Im Endeffekt wird im religiösen Feld selbst darüber entschieden, was als Religion gelten soll.

Bourdieu definiert das Verhältnis der Laien zu den Spezialisten* im religiösen Feld als eines der „Enteignung", durch die „populäre" Wissensformen und Praktiken entwertet werden. Wuchernde Häresien, die im ausgehenden Mittelalter die Brüche zwischen christlicher Theologie und den popularen Praktiken vertieften (de Certeau 2010, 34f.), zeigen an, dass der steigende Druck auf die „populare" Religiosität diese zu erhöhter Produktion anregen kann. Die Geschichte der Religionen (nicht nur in Europa) ist daher nicht mit der Geschichte von religiösen Ideen und Lehren gleichzusetzen, sondern muss als Kampf und Handgemenge zwischen den Anforderungen religiösen Virtuosentums und kirchlicher Bürokratien auf der einen und der alltäglichen Gottlosigkeit der Menschen, die ihr Heil auch in dieser Welt suchen, auf der anderen Seite konzipiert werden.

Wo es bei Beyer einen Pluralismus im GRS gibt, gibt es bei Bourdieu eine Heterotopie religiöser Felder. System- und Feldperspektive stimmen darin überein, dass die Zugehörigkeit zum System oder Feld der Religionen eine Frage von Selbstbeschreibungen, von gesellschaftlicher Beobachtung und von Kämpfen ist. Für beide scheint die Zukunft der Religionen ungewiss. Einige, wie etwa Jenkins

(2002), sehen die Erfolge der Pfingstkirchen in einigen Regionen als neuen Siegeszug des Christentums. Andere Regionen zeigen sich davon kaum berührt. Die Programmatiken der Religionen sind einem ständigen Differenzierungsprozess unterworfen, und ihr Angebot an Moral tendiert zur Nivellierung ihrer Grenzen. In der Bourdieu'schen Perspektive drängt eine Vielzahl von nicht mehr rein religiös qualifizierten Spezialisten* auf das Feld, die die „Heilsgüter" in säkulare Dienstleistungen konvertieren und die Heilsökonomie mit säkularem Unternehmertum liieren. In beiden Perspektiven sehen sich etablierte Religionen mit einer heterogenen „Religionsproduktivität" konfrontiert, die weder vom „System" integriert noch vom „Feld" kontrolliert werden kann.

II.2 Sozialformen von Religionen

Wird „Religion" auch in den Sozialwissenschaften in erster Linie als etwas Geistiges oder Spirituelles verstanden, dem dann eine geistige, weltbewegende Macht attestiert werden kann, so sehe ich die Aufgabe der Soziologie vornehmlich darin, nach den sozialen Daseinsweisen des Religiösen zu fragen, nach den sozialen Formen, in denen es global prozessiert und beobachtet werden kann. Ich werde mich hier auf einige der wichtigen Sozialformen von Religionen konzentrieren, wie sie insbesondere auch in den migrierenden Religionen hervortreten. Dabei geht es u.a. um die Formen der (Re)Lokalisierung von Gemeinschaften in der Diaspora und die Bildung von transnationalen religiösen Gemeinschaften. „Religiöse Bewegungen" betrachte ich vor allem unter dem Aspekt der Produktion und Reproduktion des „Charismas" als ihrem motivationalen Kern.

Neben den „religiösen Organisationen" werde ich als weitere Kategorie die „religiösen Unternehmen" einführen. Wichtig für die Reisen sind besonders die medialen Sozialformen der „religiösen Traditionen", die heute von vielen Religionen virtuos gehandhabt werden. Daran anschließend soll die Sozialform des „religiösen Events" betrachtet werden, die auf der Performativität und Theatralität religiöser Praktiken beruht und in der sich religiöse Rituale mit anderen kulturellen Praktiken zu „Religionshybriden" verbinden. Schließlich werde ich „Glauben" als Sozialform kennzeichnen, unter der Religionen heute etwa in Form öffentlicher Bekenntnisse gesellschaftliche Anerkennung verlangen. Diese Sozialformen bilden keine erschöpfende Aufzählung und liegen auch nicht auf der gleichen Ebene der Abstraktion. Sie schließen einander nicht aus, sondern überlagern sich, entwickeln sich auseinander bzw. stehen in Spannungsverhältnissen zueinander. Religionen können so als Ensembles von spezifischen Sozialformen betrachtet und untersucht werden.

II.2.1 Religiöse Vergemeinschaftungen und (Re-)Lokalisierungen

Ich schließe mich der Annahme von Max Weber an, dass es sich bei religiösen Praktiken, soziologisch gesehen, zunächst immer um Gemeinschaftshandeln dreht (Weber 1972, 245). Religionen können sich daher nicht – zumindest nicht dauerhaft – von der Sozialform der Vergemeinschaftung ablösen, auch wenn diese nicht frei von Spaltpilzen ist.[3] Auch Großorganisationen wie die katholische Kirche bedürfen ständig der Gemeinschaftsbildungen ihrer Gläubigen. Die Mega-Churches in den USA, Australien oder Singapur inszenieren Gemeinschaften von mehreren tausend Teilnehmenden und auch die Tele-Evangelisten predigen im Modus der Vergemeinschaftung ihrer Fan-Gemeinden.

Nach Danièle Hervieu-Léger (2004) individualisieren sich heute ehemals institutionalisierte Glaubensgehalte zunehmend zu „religiösen Erfahrungen“. Aber auch die individualisierte Form der „religiösen“ oder „spirituellen Erfahrung“ verlangt nach Validierung in Gemeinschaften. Zu beobachten ist in diesem Zusammenhang ein Erstarken von Gemeinschaftsbildungen innerhalb religiöser Institutionen, die sich neuen Anforderungen öffnen und Erfahrungsräume anbieten, diese aber auch zu kontrollieren versuchen (Beispiel Taizé). Gemeinschaften und ihre Rituale sind unter bestimmten Bedingungen fähig, Ereignisse hervorzubringen, die „eine Steigerung und Intensivierung des gemeinschaftlichen Gefühlslebens bewirken“ (Gertenbach et al. 2010, 69).

Mit dem Konstrukt der Gemeinschaft ist eng das Konstrukt des Lokalen, eines Platzes, an dem die Gemeinschaft – *face to face* – anwesend sein kann, verbunden. Für Arjun Appadurai ist Lokalität

---

3 Zu den am meisten verbreiteten Gemeinschaftsritualen zählt Clifford Geertz das gemeinsame Mahl, für ihn exemplifiziert im javanischen *slametan*. (Geertz 1960: 11)

eine „Gefühlsstruktur, eine Eigenschaft des sozialen Lebens und eine Ideologie der festgelegten Gemeinschaft“ (Appadurai 2001, 110). In migrantischen Gemeinschaften gehören religiöse Ressourcen zu den Mitteln der Bildung von Lokalität, der Eröffnung von Räumen und der Aufrechterhaltung von Beziehungen zu den Herkunftsorten. Religionen bilden „transnationale Räume“ (Pries), in denen sich transnationale religiöse Vergemeinschaftungen bilden können.

Religiöse Gemeinschaften in der Diaspora bilden sich häufig aus kleinsten Gruppierungen heraus. Die *Manhatten Masjid* am Broadway nutzt die Räumlichkeiten eines Gymnastikveranstalters auf Stundenbasis. Mit dem Schluss des letzten Gebets startet bereits ein chinesischer Tischtennisclub seine Spiele (metroZones 2012, 8). Ab einer gewissen Gemeindegröße werden auch ehemalige Kirchen, Kinos, Synagogen, Lagerhäuser oder Gaststätten, für deren Nutzung leichter Genehmigungen zu erhalten sind, zu religiösen Versammlungsräumen umgewidmet. (Eade 2011a, 156)

Mattilde Cassani schildert detailliert Gemeinden von religiösen Minderheiten in Barcelona in den Jahren 2007/2008. Zu dieser Zeit gab es in Barcelona etwa 800 religiöse Einrichtungen für ca. 20 unterschiedliche Traditionen (u.a. Muslime unterschiedlicher Herkunft, nicht-katholische christliche Kirchen, buddhistische Schulen unterschiedlicher Richtungen), von denen etwa 220 als Plätze für „Gottesdienste“ von migrantischen Gemeinden genutzt wurden. Die meisten der religiös genutzten Räume befanden sich im Zentrum der Stadt, das sich im Zuge der Suburbanisierung entleert hatte. Hier fanden sich etwa verborgen in einer schmalen Straße hintereinander ein Sikh-Tempel, eine Moschee als Kulturzentrum für Bangladeschi und die *Mezquita Tariq Ibn Zyiad*. (Cassani 2012)

Für größere Festivitäten und Ereignisse werden in Barcelona öffentliche Zentren genutzt oder Sportstätten gemietet. Ein oder zweimal im Jahr wird die Präsenz in der Stadt durch Massenversammlungen oder Prozessionen mit tausenden Teilnehmenden bekundet.[4] Auf diesem Weg bahnt sich ein religiöses Ritual der Migrantengemeinde den Weg in die öffentliche Sichtbarkeit. Diese Aktionen hinterlassen jedoch kaum bleibende Spuren. Die Erobe-

---

4 In Umzügen feiern ecuadorianische Migrantengemeinden in Madrid die Rückkehr ihrer wundertätigen *Virgen del Cisne* nach Spanien (Youkhana 2015).

rung der öffentlichen Räume verlangt spezielle Strategien des „place making“ und des Managements von Sichtbarkeit.

In Atlanta, USA, wie anderswo, konzentrieren sich dutzende Kirchen und Gebetsstätten von Migranten* unterschiedlicher Herkunft und religiöser Ausrichtung in neuen „religiösen Distrikten“, in Industriegebieten, wo Garagen oder Lagerhäuser zu Kirchen oder Moscheen werden. (Garbin 2014) *Maman Olangi's* Kirche nutzt einen leer stehenden Verkaufsraum in einem Einkaufszentrum in der Nachbarschaft einer Reihe von Pfingstgemeinden spanischsprachiger Immigranten*. Solche Gebiete oder Gebäudekomplexe besitzen in den Augen von Nordamerikanern* oder Europäern* keinerlei sakrale Aura, sie sind restlos entzaubert und scheinen daher umso leichter einer Wiederverzauberung offenzustehen. So werden sie an den Wochenenden unter den mit Lautsprechern verstärkten Gesängen und Gebeten zum Marktplatz der Religionen. Die akustischen Praktiken religiöser Gemeinden gehören dabei zu den Instrumenten des „place making“, mit denen diese ihre Präsenz artikulieren und ein „Recht auf Raum“ in der Stadt reklamieren.

Das klandestine Eindringen von religiösen Gemeinschaften in die postsäkularen Städte hat zur Folge, dass sie dort bereits verbreitet und verortet sind, bevor ihre Präsenz im öffentlichen Raum sichtbar wird. In dieser Weise fordert die migrantische Platzergreifung für religiöse Verrichtungen zunächst die dominanten religiösen Verhältnisse nicht heraus. Im Zuge des Wachstums einzelner Gemeinden und einer immer stärker hervortretenden, auch kirchlichen Organisation treten jedoch fast unvermeidlich massive Konflikte mit der sozialen Umgebung auf, wie etwa bei den Versuchen des *Kingsway International Christian Centre*, eine Mega-Kirche für 8.000 Besucher* in Havering/London zu bauen. (Eade 2011)

Im Verhältnis zum säkularen Staat ist religiöse Zugehörigkeit heute ein wichtiges Mittel geworden, in marginalisierten Stadtteilen soziale Einrichtungen und Kulturzentren ins Leben zu rufen: Moscheen, Bildungsangebote, Krippen und Jugendzentren. Um Zugang zu diesen Dienstleistungen zu bekommen, müssen sich Interessierte als Muslime* identifizieren. (Hussain 2011) Muslime* in Großbritannien oder Deutschland definieren sich zunehmend über ihren Glauben statt über Ethnizität (vgl. auch Schröter 2016). Das Aufeinandertreffen von Muslimen* aus unterschiedlichen kulturellen Kontexten macht aus einer Großstadt wie London oder Berlin den Mikrokosmos einer weltweiten *Umma* und zwingt ihre

Gemeinschaften, sich neu und umfassend zu bestimmen. In Großbritannien aufgewachsene Bangladeschi der dritten Generation sind heute Vorhut und Hauptbefürworter einer Islamisierung ihrer Gemeinden. (ebd., 241)

Auch in Deutschland übernehmen nach Werner Schiffauer (2014) in muslimischen Migranten*-Gemeinden Angehörige der zweiten und dritten Generation, die durch den Zusammenhalt der Familie in der ersten Generation die Bildungsleiter erklimmen konnten, zunehmend die Funktion „organischer Intellektueller". Sie bewegen sich in der deutschen Gesellschaft mit Sicherheit und Leichtigkeit und bleiben doch ihren Gemeinschaften verbunden. Sie fühlen sich verpflichtet, zwischen den Gesellschaften und Generationen, auch was religiöse Belange angeht, zu vermitteln und zu übersetzen. In diesem Sinne sind sie religiöser als die erste Generation, weil sie sich reflektiert mit ihrem religiösen „Erbe" auseinandersetzen. Hierdurch werden die Grenzen zwischen den Sphären des Religiösen und Säkularen nicht aufgehoben, jedoch neu ausgerichtet.

II.2.2 Religiöse Bewegungen

Religiöse Bewegungen haben eine prekäre Existenz in Zeit und Raum, wenn sie sich aus sich selbst reproduzieren müssen. Als Armuts-, Reinheits- oder Erweckungsbewegungen entzünden sie sich an sozialen Missständen, Fremdherrschaft, Verweltlichung der religiösen Institutionen oder den Umbrüchen der Moderne, die häufig als Werke des Teufels gegeißelt werden. Die Aufstandsbewegung in Chiapas, Mexiko, etwa unter den Tojolabalen* im lakandonischen Tiefland, wurzelt auch in der Missionsbewegung der 1960er und 1970er Jahre, getragen von Tausenden von indigenen Katecheten unter Führung des Bischofs Samuel Ruiz García, der zu den Protagonisten der lateinamerikanischen Befreiungstheologie gehörte. (Saavedra 2007, 211ff.) Jenseits der Schranken des Alltags erwarten radikalisierte Bewegungen das baldige Weltende oder treiben in einen selbst gewählten Untergang. Pfingstkirchen und andere neue Religionen haben Teil an der messianischen Dynamik bzw. bedienen sich ihrer. Prophetie und Messianismus sind gefüllt mit politischen, herrschaftskritischen und nationalen Belangen. So organisieren die Mitglieder der kongolesischen Gemeinde *Atlanta's Combat Spiritual/Maman Olangi Church* Konferenzen, Gebetsmärsche und Gebetsgruppen, um befreiende Energien für das Heimatland zu mobilisieren und durch den spirituellen Kampf in der Diaspora an der Befreiung des Kongo aus der Knechtschaft von Zauberei, okkulten Kräften und Korruption mitzuwirken. (Garbin 2014)

Die religiösen Bewegungen, die Menschen für Momente oder für ihr Leben aus ihrem Alltag reißen, sind hier unter dem Aspekt der Produktion und Reproduktion jenes „Charismas" von Interesse, das in ihren Narrativen den Ausgangspunkt der Bewegung und den Garanten ihres Siegeszuges in der Welt darstellt. Charismatisch sind die Energien, mit denen religiöse Bewegungen in Prophetien und Endzeiterwartungen über sich hinausweisen.[5] Für Weber hatte das Charismatische als „Einbruch des Außeralltäglichen" in die Alltagswirklichkeit an sich bereits religiösen Charakter.

So ist nach Weber auch eines der Hauptprobleme, vor dem religiöse Bewegungen stehen, die Übertragung des religiösen Charismas. Dieses Problem wird u.a. durch eine Routinisierung gelöst, z.B. durch das Amtscharisma des Papstes und der ordinierten Priester, die die Heilsgüter verwalten. Besonders für Offenbarungsreligionen ist die Weitergabe des Charismas in lückenloser Folge von überragender Bedeutung. Daher steht der Streit um die Nachfolge oder die autorisierte Einsetzung von Geistlichen oder Mönchen wiederholt im Zentrum von Schismen, die in allen sich auf charismatische Gründer berufenden Religionen im Laufe ihrer Geschichte anzutreffen sind.

Ein Beispiel ist der Streit um die Nachfolge des kongolesischen Propheten Simon Kimbangu (1887–1951), der, aufgewachsen unter Baptisten, nach Offenbarungen und Visionen von Gott und Jesus, in Nkamba im damaligen Belgisch-Kongo eine Kirche startete, die Tausende von Pilgern anzog. Sie wurde durch die belgische Armee in den Untergrund gezwungen, was das Charisma des Propheten nur steigern konnte. Kimbangu starb 1951 im Gefängnis in Lubumbashi. Seine Überreste werden in Nkamba in einem Mausoleum aufbewahrt. 1969 wurde die *EJCSK*[6] Mitglied im *World Council of Churches*. Die Übernahme der Kontrolle über die Kirche durch seinen Enkel Simon Kimbangu Kiangiani, als Träger eines „Erbcharismas", führte zum Schisma, das bis nach Europa und in die

5 Für Lanternari (1960, 478) stehen prophetische Bewegungen regelmäßig im Zusammenhang mit Emanzipations- und Befreiungsbewegungen gegen innere und äußere Unterdrückung.

6 Église de Jesus Christ sur Terre par Son Envoyé Spécial Simon Kimbangu.

USA reichte, weil auch andere Enkel die Führung der Kirche für sich in Anspruch nahmen. Der Ort, an dem Simon Kimbangu geboren wurde und wo heute die geistliche Führung der Kirche und die Familienmitglieder von Kimbangu residieren, hat jedoch das Charisma des Führers bewahrt. Durch ein „Ortscharisma" ausgezeichnet, ist Nkamba heute ein zentraler Teil der kimbanguistischen Religionsvorstellung. Der Ort hat Züge eines Neuen Jerusalems, auf das sich auch die Gemeinden in der Diaspora ausrichten und zu dem Anhänger* Kimbangus „zurückkehren", um sich dort beerdigen zu lassen. (Garbin 2010)

Aus der umrissenen Problematik können sich transnationale Religionsgemeinschaften kaum lösen. Die Anknüpfung an die Autorität der Tradition geschieht häufig dadurch, dass sich die religiösen Spezialisten* von Autoritäten ihrer Herkunftsreligion unterweisen und ordinieren lassen. Authentische Materialien, Gegenstände, Texte müssen bei Besuchen an den religiösen Ursprungsorten erworben werden, und es muss darauf geachtet werden, dass sie an den neuen Orten ihre Wirkungen entfalten können. (Fjelstad 2010) Religiöse Organisationen an den Herkunftsorten übernehmen die Aufgabe, die neuen Gemeinden mit ordiniertem Personal auszustatten, das in eigenen Ausbildungsinstitutionen für die Aufgaben der Bildung neuer Gemeinden geschult wird. Die Errichtung von Schulen und Seminaren für Geistliche oder Imame wird schnell zu einer Aufgabe, die aus Gemeinschaften und Bewegungen Organisationen werden lässt.[7]

II.2.3 Religiöse Organisationen

Die Multifunktionalität der Form der Organisation ist für religiöse Gemeinschaften, kleine oder große, unter metropolitanen Bedingungen mehr oder weniger unverzichtbar. Nur als Organisation, z.B. als Kirchen, können die Gemeinschaften mit anderen Organisationen, seien es staatliche, kommunale, wissenschaftliche und vor allem auch religiöse, in Austausch treten. In vielen Staaten (z.B. Japan, Indonesien oder Kanada) ist eine bestimmte Organisationsform Voraussetzung für die staatliche Anerkennung, für die Gewährung von Religionsfreiheit und anderer Privilegien. Da die Funktionäre*

7 Zu muslimischen Schulen und zur Ausbildung von Imamen in Europa vgl. Kamp 2010.

der religiösen Organisation überwiegend professionelle religiöse Spezialisten* sind, werden die Gemeindemitglieder schnell in die Rolle von Laien versetzt. Die Organisationsform ermöglicht vor allem auch eine schnelle Multiplizierung und Gründung von Niederlassungen in der gleichen Stadt, im gleichen Land und weltweit.

Die Globalisierung der Religionen zeigt sich vor allem in der rasanten Vermehrung ihrer Organisationen und Institutionen in Bereichen der Bildung, als religiöse Schulen oder Universitäten, als karitative Einrichtungen, als Kongresszentren und Forschungsstätten, vor allem aber als Vereinigungen und Dachverbände auf nationaler, internationaler oder Weltebene. (Beyer 2006, 107ff.) Religion erscheint heute überall in organisierter Form, ob als buddhistisches Kloster, als Hindu-Tempel, als Moschee-Gemeinschaft, als Sufi-Bruderschaft, als christliche Pfingstkirche oder als internationale daoistische Gesellschaft. (ebd., 109) Am Rande des religiösen Feldes (oder bereits jenseits) bewegen sich dagegen Praxen wie *Transzendentale Meditation*, *Tai Chi* oder *Qi Gong*, die eher Bewegungscharakter behalten, ohne feste Mitgliedschaften, ohne zentrale Lenkungen. Alle diese Bewegungen und Organisationen jedoch, ob katholische Kirche, Santeria-Gemeinde oder religiöse Briefkastenfirma, speisen ihre Inhalte in die medialen Netze ein und schaffen einen imaginären Raum des Religiösen oder Spirituellen, dem keinerlei Materialität mehr zuzukommen scheint.

II.2.4 Religiöse Unternehmen

In dem Maße, in dem sich die religiösen Gemeinschaften als Kirchen oder Vereine formell organisieren, in dem Maße sind sie auf Wachstum verpflichtet. Es entwickelt sich zwischen ihnen eine latente oder offene Konkurrenz um Mitglieder, Gottesdienstbesuche, Spenden und politischen Einfluss. Neben sozialen, gesundheitlichen und erzieherischen Bereichen wenden sie sich bald auch kommerziellen Bereichen zu (Verlage, Devotionalienhandel, eigene Fernsehsender und Banken). Als wohltätige oder Non-Profit-Organisationen sind religiöse Unternehmen in vielen Ländern von der Einkommensteuer befreit (US, UK, Neuseeland Australien, Singapur) oder genießen nur geringe Auflagen zur Offenlegung ihrer Bücher. (Goh 2011) Der Unternehmenscharakter religiöser Organisationen ergibt sich auch aus ihren Management-Methoden und einem unternehmerischen Ethos, das den Mitgliedern verkündet wird. Nach Teschner stellen viele evangelikale Kirchen in Westafrika heute *business religions* dar, „bei denen der Glaube den ökonomischen Erfolg garantieren soll und seine Vermittlung selbst als Business organisiert ist" (Teschner 2011, 100).

Aernout Mik beobachtet in Rio ein Nebeneinander kleiner, mittlerer und großer religiöser Unternehmen, die alle wachsen wollen (in Brasilien vor allem auf Kosten der katholischen Gemeinden). Der Erfolg der großen evangelikalen Kirchen besteht auch im theologischen Sinne in den Massen von Gläubigen, die bei den sonntäglichen Großereignissen zugegen sind. Ein Gottesdienst mit 5.000 Anwesenden bezeugt die Anwesenheit des Heiligen Geistes und Gottes Segen auf der Kirche.

Die Pfingstkirchen in Nigeria werden von Asonzeh Ukah als „kommerzielle Imperien" bezeichnet. Hier teilen sich konkurrierende Kirchen bei steigender Zahl von Gläubigen die Produktion, den Vertrieb und vor allem den organisierten Konsum religiöser Dienstleistungen und Güter. (Ukah 2011, 110) Ukah bezeichnet die Konkurrenz als treibende Kraft hinter dem Wachstum der pfingstkirchlichen Unternehmungen. Der größte Komplex in Nigeria ist die *Redeemed Christian Church of God* (RCCG). Die RCCG errichtete eine kommerzielle Stadt, die als *city of god* einen sündenfreien Hort bildet gegenüber dem apokalyptischen Lagos. Das *Camp*, mit ca. 40 000 Bewohnern, verfügt über Banken, eine eigene Universität und mehrere Auditorien. Die Mittel für die Gottesstadt stammen von den Kirchenmitgliedern und ihren Spenden, aber auch aus dem Vertrieb von Medien und Dienstleistungen.

Die spezifisch religiöse Anziehungskraft solcher Mega-Unternehmungen besteht in ihren Erfolgsversprechen, im Versprechen von Gesundheit und Reichtum und Geschäftserfolgen bei rationaler Lebensführung (van Dijk 2010),[8] und ein Reich Gottes auf Erden, das den Gläubigen nicht nur verheißen, sondern bereits zugänglich zu sein scheint. Vorbilder sind die christlichen Mega-Churches (solche mit mehr als 2.000 Besuchern die Woche) der nordamerikanischen Vorstädte.[9] Eine der größten Mega-Kirchen ist *Hillsong Church* in

---

8 Die Verkündigungen der Pfingstkirchen sind aber nicht generell mit einer „*prosperity gospel*" gleichzusetzen, da es ihnen auch um eine Entdämonisierung der luxurierenden Warenwelt geht, in der der „Teufel" steckt. (Taussig 1980)

9 Nach Omri Elisha (2011) gibt es in den USA mehr als tausend solcher Großkirchen, deren Führer* eine „authentische Spiritualität" beanspru-

Sidney, die jedes Wochenende auf ihren verschiedenen Camps mit unterschiedlichen religiösen Angeboten mehr als 20 000 Besucher* unterhält. *Hillsong* hat Niederlassungen in London, Kiew, Stockholm, Cape Town und Paris. Der Markenname 'Hillsong' steht für christliche Andachtsmusik mit Millionen verkaufter Videos und CDs. In einer ähnlichen Größenordnung bewegt sich die *New Creation Church* in Singapur, deren Botschaft kommerziell von *Rock Productions* vermarktet wird. Die Shopping Mall der Kirche umfasst ein Auditorium mit ca. 5.000 Plätzen, Theater, Restaurants, Bars und Tanzclubs. Hier vereinigen sich die universalen Medien Geld und Glauben und schicken ihre Botschaften über die Kontinente.

II.2.5 Religiöse Traditionen und medialer Transport

Ein großer Teil der Organisationsbemühungen von Religionen, bis hinein in ihre institutionelle Struktur, ist auf die Bewahrung der Traditionen gerichtet, die für sie bürgen. Ständige Aufgabe ist die Pflege heiliger Orte und Schreine, die Edition der Texte oder die Sammlung von Heil spendenden Reliquien. So kehren Medien aus Madagaskar oder Vietnam aus der Diaspora in Frankreich nach Hause zurück, um den Kontakt zu ihren *home spirits* zu erhalten. (Lambek 2010) Für die Aufrechterhaltung der vietnamesischen Rituale bedienen sich die in die USA eingewanderten Spezialistinnen im Umgang mit ihren *spirits* einer ganzen Palette technischer Medien. (Fjelstad 2010) Man kann Sitzungen, in denen die *spirits* von ihren Medien Besitz ergreifen, online aufrufen und Videos von Zeremonien aus Vietnam kaufen. Viele Medien lassen ihre Sitzungen professionell filmen und verteilen die Videos an andere Medien. Sie helfen diesen, das Pantheon vietnamesischer Gottheiten besser kennen zu lernen und mit ihnen zu interagieren.

Insbesondere für die Pfingstkirchen sind die elektronischen Medien ein unentbehrlicher Bestandteil ihrer Aktionen geworden. (Meyer 2011) Die medialen Formate wurden von bekannten Tele-Evangelisten aus den USA entwickelt und nach Afrika oder Lateinamerika exportiert. Die *media ministries* neuer christlicher Kirchen tragen zu einer globalisierten „pfingstkirchlichen Kultur" bei. (de Witte 2010) Insbesondere sollen die elaborierten media-

---

chen und die „wahren biblischen Werte" eines modernen Christentums zu verkünden.

len Darbietungen von Gesten, Ausrufen oder Gesichtsausdrücken den Fluss des Heiligen Geistes durch die Gemeinde der Gläubigen visualisieren.

> In diesem transnationalen Raum der pfingstkirchlichen Öffentlichkeit reist der Heilige Geist mit Leichtigkeit, getragen von massenmedialen Images, transportiert in den Video-Kassetten bzw. CDs von Migranten* aus Ghana, die schließlich in Läden, Wohnungen oder Fernsehstationen in der Diaspora landen (ebd., 88).

Marleen de Witte betont jedoch ausdrücklich, dass auch die magischen Objekte und Botschaften der traditionalen afrikanischen Religionen auf Reisen gehen, jedoch eher im Verborgenen, in Koffern, Taschen oder Beuteln.

II.2.6 Religiöse Events und Theatralität

Rituell ausgeformte religiöse Events stellen vielleicht die älteste und zugleich modernste Sozialform des Religiösen dar. Offenkundig wird dies in den Narrationen von Gründungsereignissen, in denen das Außeralltägliche sich offenbart. Hierzu gehören Auferstehungen, Heilungen, Erscheinungen der Jungfrau Maria, autorisierte und nicht-autorisierte Wunder, Stigmatisierungen, aber auch Anfälle von Besessenheit, in denen sich die Präsenz von *spirits* ankündigt.[10]

Religiöse Erlebnisse oder Erfahrungen bedürfen bestimmter situativer Produktionsbedingungen, um tiefreichende Emotionen erzeugen können. Die Besitzergreifung durch *spirits* oder das Zungenreden bedarf der Einübung in bestimmte Techniken. Martijn Oosterbaan spricht von einer Tradition der pfingstkirchlichen Erfahrungen mit der Niederkunft des Heiligen Geistes. „Durch Nachahmung und praktische Übungen lernt man, dass es noch andere Kräfte gibt, die dich mit sich nehmen" (Oosterbaan 2014, 472). Nachahmung, Einübung durch Mitmachen, ein sich den körperlichen Erfahrungen Überlassen verweisen wiederum auf den Aspekt der Gemeinschaftlichkeit des religiösen Erlebnisses, der bis in die mystische Kontemplation fortwirkt.[11]

---

10 Über Wunder als Ereignisse vgl. Baumeister 2011.

11 Der Reichtum des Seelenlebens hängt ab von der Differenziertheit des Ausdrucksverhaltens und damit von der Einbettung des Subjekts in etablierte Ausdrucksformen seiner Umgebung. (von Savigny 1995, 53)

Events sind nichts den Religionen speziell Eigentümliches, sondern heute Teil der Kultur der „Erlebnisgesellschaft". In der Inszenierung von Ereignissen in Form von Großveranstaltungen an Wallfahrtsorten, bei Papstbesuchen, auf Weltjugendtreffen etc. nehmen Religionen populäre Kulturformen auf. Robert Bellahs für die USA geprägter Begriff der „Zivilreligion" (Bellah 1970) verweist im Ereignischarakter von Feiertagen wie *Thanksgiving* oder Präsidentenvereidigungen auf die Verbindung von nationalen und religiösen Symboliken. Die Massenhaftigkeit ist dabei wesentlicher Teil des Ereignisses und sein Erfolgsgeheimnis, dessen sich auch die Mega-Churches und die großen Pfingstkirchen in aller Welt bedienen.

Die Inszenierung religiöser Ereignisse ist bei pfingstkirchlichen Gottesdiensten gut zu beobachten, zumal dann, wenn die Vorgänge in der Versammlung der Gläubigen medial an diese rückvermittelt werden. „Bildschirme rund um den Raum geben wieder, was gerade vor sich geht. [...] So befinden sich die Leute mitten im Gottesdienst und erleben gleichzeitig ihre Anwesenheit medial gespiegelt, was extrem faszinierend ist" (Oosterbaan 2014, 468).

Die sozialwissenschaftliche Beschäftigung mit religiösen Phänomenen in „spät- und nach-christlichen Kontexten" wird verstärkt darauf verwiesen, dass ihre Gegenstände „in sich theatral verfasst" sind (Berger et al. 2013, 13). Die Leiter* religiöser Veranstaltungen agieren heute vor und für ein Publikum, das sich als Teil der Aufführungen und Anrufungen versteht, in denen sich die Grenzen zwischen Bewirkendem und Bewirktem verwischen. Diese Inszenierungen benötigen dafür eine eigene Ästhetik des Raums, der Bewegungen und des Hörens, die den religiösen Event gezielt zu dem multimedialen Ereignis formen, das er immer schon war.

Es sind spezifische Momente performativer Praxis, die auf Herstellung und Anerkennung bestimmter Wirklichkeiten zielen, die das Religiöse in weitere kulturelle Praktiken einbetten. Die Überschneidung religiöser Performanzen, die sich auf ein „Unverfügbares" richten, mit anderen Praxen der „Sinnproduktion" kann daher nicht erstaunen. Dem Spiel der Umdeutungen und „Transkulturationen" sind hier kaum Grenzen gesetzt. Wenn Pollack die religiöse Sinnform „durch den Akt der Überschreitung der verfügbaren Lebenswelt sowie durch die gleichzeitige Bezugnahme auf diese Lebenswelt" gekennzeichnet sieht (Pollack 2009, 279), so ist damit das gesamte Repertoire kultureller Praxen der Vergemeinschaftung angesprochen, die mit „Alterität“ (Levinas), „Unverfügbarkeit“ (Derrida) oder „Transzendenz“ (Luhmann) Umgang pflegen. „Religionshybride“ sind dann Berger, Hock und Klie zufolge solche Gebilde, die nicht apriorisch als (rein) religiös oder (nur) kulturell kategorisiert werden können. (ebd.)

II.2.7 Die Operation genannt „Glauben“

In der säkularisierten Welt, in der Religion als Privatsache ins Innere der Individuen abwandert, erscheint das religiöse Bewusstsein in der Öffentlichkeit als Bekenntnis zu einer Religion, genauer zu einer Religionsgemeinschaft, da es keine individuelle Religion geben kann, die öffentlich verbürgt wäre und staatlich anerkannt werden könnte. In christlich geprägten Staaten, die einen Prozess der Säkularisierung durchlaufen haben, gilt das Bekenntnis als Ergebnis einer freien Wahl und nicht durch Geburt und ethnische Zugehörigkeit vorgegeben. Das Verhältnis zum Staat wird nicht durch familiäre/ethnische Verbindungen mediatisiert. Der säkulare Charakter eines Staates zeigt sich daher insbesondere auch im Familien-, Ehe- und Erbrecht und der Gleichstellung der Frauen und Töchter.

Religion erwirbt man durch Erwerb eines Glaubens. Konversionsprozesse erscheinen als Wechsel des Glaubens, der unter besonderer Beobachtung steht und eventuell Prüfverfahren auf Ernsthaftigkeit ausgesetzt ist. Der Zweifel an der Authentizität der Konversion ist eine das Christentum und seinen missionarischen Eifer von Beginn an begleitende Thematik (van der Veer 1996, 10), aber auch heute in Indien virulent (Viswanath 2014, 248). Das Abstreifen der Vergangenheit gelingt, wie die Geschichte der christlichen Missionen an vielen Orten zeigt, in der Regel jedoch nur bedingt und begrenzt.

Der vom religiösen Feld eingeforderte „Glauben an den Glauben“ (vgl. dazu näher Kapitel V) begründet das von Hervieu-Léger konstatierte Bedürfnis nach Validierung des Glaubens durch Gemeinschaftsbildung. Der Niedergang der Institutionen, die den Wert des Glaubens autoritativ verbürgen könnten, führt zur Suche nach Validierung in neuen Formen kommunitärer Praxen. Es sind dann diese neuen, sich selbst bestätigenden Vergemeinschaftungen, die welchen Glaubensvorstellungen auch immer ihre Kraft verleihen.

II.3 Grenzen und Ausschlüsse

Den Erfahrungen des Reisens und des Ankommens stehen die Erfahrungen der Grenzen, der Zurückweisung, der Abschiebung gegenüber. Die Hoffnung, die die Menschen, falschen Führern* folgend, in die Wüste oder übers Meer führt, ist vielfach bitter zu bezahlen. Die Grenzen und Ausschlüsse verlaufen quer durch die Städte des Nordens wie des Südens, markiert durch *gated communities*, Sicherheitsschleusen und Passvorschriften, im unmittelbaren Nebeneinander der Wellblechhütten und sich in die Höhe schwingender Wohntürme. Zwischen diesen Bezirken gibt es Durchlässe, Passierscheine und Anwartschaften verbunden mit Hoffnungen, in den Kreis der Berechtigten und zu Berücksichtigenden aufgenommen zu werden.

Wenn es etwas Allgemeines gibt, das die gesellschaftliche Situation eines großen Teils der Bewohnerinnen und Bewohner in Rio de Janeiro, in Lagos oder in Mumbai kennzeichnet, dann ist es die soziale Exklusion. Schiffauer sieht hier den gesellschaftlichen Hintergrund gegeben, vor dem sich Religionen wie die Pfingstkirchen oder Soka Gakkai aus Japan mit ihren Versprechungen entfalten können. Die Erfahrungen der Wertlosigkeit oder Entwertung, die von ihnen bearbeitet werden, reichen tief. Nachdem der Kapitalismus seine Versprechungen auf Schaffung von dauerhaftem Wohlstand für alle gebrochen hat, gibt er sein Heilsversprechen an einen Messianismus weiter, der die Wiederkehr des heiligen Geistes, des Erlösers oder eines seiner Propheten, die Errichtung des Reiches Gottes, eines neuen Jerusalems, die Gemeinschaft der Heiligen und der Gläubigen in naher, näherer oder doch nicht so ferner Zukunft verspricht.

Die Erfahrung der Entwertung des Individuums durch Exklusion, Nichtteilhabe und Nichtzugehörigkeit macht für viele, ob in Japan, Nigeria oder Brasilien, den Glauben an innerweltliches Heil oder Auserwähltheit attraktiv. In vielen neuen Religionen geht es zwar auch um individuelle Erlösung, diese wird aber nicht ausschließlich auf eine Rettung der Seele im Jenseits verschoben. Vielmehr spielen Naherwartungen eine wichtige Rolle, Erwartungen darauf, dass sich ein moralisch einwandfreies und diszipliniertes Leben auch in diesem Leben auszahlt und, wie Schiffauer schreibt (2014, 56), dass man zum „Gewinner“ wird, wenn man einer bestimmten „religiösen Gemeinschaft“ beitritt, etwa der „*World Mission Agency – The Winners' Chapel*“.

Der Erfolg der Pfingstkirchen in großen Schichten der städtischen Bevölkerungen in Lateinamerika oder Afrika dürfte u.a. darauf beruhen, dass sie Modelle für eine Rationalisierung der Lebensführung angesichts unübersichtlicher, kontingenter und bedrohlicher Lebensverhältnisse in marginalisierten städtischen Quartieren wie den Favelas in Rio anbieten, einüben und kontinuierlich verstärken. Für Brasilien ist bekannt, dass die Attraktion der Pfingstkirchen für Frauen, insbesondere auch aus der afro-brasilianischen Bevölkerung, in der Ordnung der Familienverhältnisse, z.B. in Bezug auf den Alkoholkonsum der Männer besteht. Die verlangte Selbstdisziplin wird dabei in kollektiven Ritualen eingeübt. Hinzu kommt als wichtiges Element, dass der Kampf gegen den „inneren Feind" zugleich als ein Kampf gegen den äußeren Feind, das „Böse" in der Stadt geführt wird.

Das Modell des „spirituellen Kampfes" mag gerade auch für Jugendliche in den Slums attraktiv sein, die zwischen Bandenkämpfen und Drogenkriegen aufwachsen. Der Aufruf zum „Spiritual Warfare" und die Verkündigung der baldigen Wiederkehr des göttlichen Königreichs auf Erden findet sich jedoch mit identischen Bildern und Phrasen bei konservativen weißen Evangelisten, die damit gegen den Verfall der amerikanischen Kultur in den von Migranten* und Schwarzen bewohnten Innenstädten, gegen Abtreibung, Homosexualität und Promiskuität zu Felde ziehen. (Elisha 2011)

Ob etablierte oder neue Religionen, ihnen allen dient das Reisen heute als Form ihrer Reproduktion. Das Mosaik der Religionen in den urbanen Zentren vervielfältigt sich, ob in Berlin, Beirut, Mumbai oder Rio de Janeiro, und wird durch ständige Neuankünfte weiter differenziert. Die religiösen Gemeinden tauchen ein in die *cities of arrival* (Doug Saunders) und erscheinen dort, wo sich ihnen Platz bietet (oder sie ihn sich nehmen). Wie sich in Barcelona zeigte, ist das Sakrale heute über die Städte verstreut, in religiösen Feldern fragmentiert und in seiner Präsenz intermittierend. Religionen wie Kulturen können unter den Bedingungen postsäkularer Urbanität keine autonomen, in sich abgeschlossenen Räume beanspruchen.

III. Gabe, Opfer, Gebet „Ursprünge religiöser Praxis" in der Religionssoziologie bei Marcel Mauss

III.1 Das Paradigma der Gabe

Wie sein Lehrer und Onkel Émile Durkheim auf der Suche nach den „elementaren Formen des religiösen Lebens" – so der Titel des zentralen religionssoziologischen Werkes von Durkheim aus dem Jahr 1912 – gelangte Marcel Mauss von der Untersuchung des Opfers (1899, zusammen mit Henri Hubert), der Studie über Magie und die Vorstellungen von einer allgemeinen Wirkkraft, die er mit dem melanesischen Namen *mana* belegte (1904, ebenfalls zusammen mit Hubert), über die unabgeschlossene Arbeit zum Gebet (1909) schließlich zu seiner bedeutendsten Arbeit über die archaische Praxis der „Gabe" (1925).[1] Mit den Untersuchungen zur Praxis der Gabe (u.a. auf den Tobriand-Inseln und bei den Indianervölkern des nordwestlichen Amerikas) stieß Mauss auf elementare Formen der Herstellung von verpflichtenden Bindungen zwischen gesellschaftlichen Einheiten (Familien, Stammeshälften, Clans). Das soziale Band zwischen den Kollektiven (und Individuen als ihren Vertretern*) ist dreigliedrig und besteht aus der Verpflichtung zur Gabe, zur Annahme und zur Erwiderung. Die Gaben-Beziehung ist daher nicht mit einer „Tauschbeziehung" oder der Verpflichtung zur Reziprozität identisch, sondern geht ihr genetisch voraus. Religiöse Formen wie die des Opfers oder des Gebets lassen sich, wie u.a. Caillé, Godelier und Hénaff zeigen, im Lichte des Gaben-Paradigmas entschlüsseln. Religion kann hier in ihrem doppelten Wortsinn als „verpflichtende Bindung" interpretiert werden, die rituell durch Zeremonien der Gabe hergestellt wird.

1 Zur Entwicklung und zum Zusammenhang der Religionssoziologie von Marcel Mauss vgl. auch Moebius 2012.

Jedoch ist nicht die Gabe als solche religiös, sondern jene (höheren) Kräfte sind es, die aus der Symbolisierung des sozialen Bandes resultieren, mit denen das Symbol Macht über das Symbolisierte gewinnt. Die religiösen Verhältnisse sind daher elementar bereits durch die Momente der Verdoppelung und Verkehrung charakterisiert, durch die kollektive Kräfte in die menschliche Gruppierungen übersteigenden „Mächte" transformiert werden. Der Glaube an die Wirksamkeit der religiösen Kräfte wurzelt jedoch letztendlich in der Wirksamkeit der sozialen Bindungen und ihrer rituellen Herstellung. Die Orthopraxis geht in dieser Sichtweise religiöser Vergemeinschaftung der Orthodoxie, der richtigen Lehre bzw. dem richtigen „Glauben" voraus.

Nicht das Verhältnis der Menschen zu jenseitigen Mächten, zu unruhigen Geistern und hungrigen Ahnen oder mächtigen, wohlwollenden oder neidvollen Göttinnen und Göttern, sondern ihr Verhältnis untereinander, zu ihrer Gruppe oder Gemeinschaft, ihrem „Stamm" und ihrer Gesellschaft liegt nach Mauss primär ihren Religionen zu Grunde. Sucht man nach einem allgemeinen „Urgrund", in den Religion zurückreichen könnte, dann sind es Bindungen und Verpflichtungen, die Gruppen oder Kollektive von Menschen untereinander eingehen. Sich „Göttern" zu verpflichten, bedeutet letztlich, sich Menschen gegenüber zu verpflichten. Zu schnell wird allerdings das von Mauss beschriebene „Geben von Gaben" als Vorform oder elementare Form des „Tausches", also als ökonomische Form, aufgefasst, während es sich nach Mauss auf unterschiedliche Weise und mit unterschiedlichen Betonungen aus jenen drei Elementen zusammensetzt: 1) die Verpflichtung zu geben, 2) die Verpflichtung zu nehmen und 3) die Verpflichtung zu erwidern. Die Gaben stiften „Bündnisse" zwischen Familien, Gruppen, „Stämmen", sprich zwischen Kollektiven, durch Geben und Nehmen von Töchtern oder Schwestern, durch Feste, den Konsum von Überschüssen, etwa den bei den Häuptlingen akkumulierten Reichtum an Schweinen, die Entsendung kostbarer Gegenstände auf lange, überseeische Routen der Zirkulation wie beim Kula-Ringtausch oder die demonstrative Zerstörung von Reichtum (Matten, Kupferplatten) in den Potlatsch-Gesellschaften.

> Man legt seine Waffen nieder, entsagt der Magie und verschenkt alles, von gelegentlicher Gastfreundschaft bis zu Töchtern und Gütern. Unter solchen Bedingungen haben die Menschen gelernt, auf das Ihrige zu verzichten und sich dem Geben und Erwidern zu verschreiben. Sie hatten auch gar keine andere Wahl (Mauss 1978, 140f.).

Die Gaben sind nie rein moralischer oder individueller Natur, sondern haben stets einen zeremoniellen Charakter und sind in rituelle Verrichtungen eingebettet. Sie sind aber auch nicht frei von „ökonomischen" Motivationen, insofern der Geber*, der einen wertvollen Gegenstand in die Zirkulation, etwa im Kula-Ringtausch auf eine unsichere Reise gibt, eine mit einem „Wertzuwachs" verbundene Rückkehr in Form einer Gegengabe erwartet.

Wie Schüttpelz herausarbeitet, richtet sich der Begriff der Gabe bei Mauss gegen den im römischen Recht entwickelten Begriff eines *absoluten Eigentums*, der bis heute das europäisch-westliche Denken bestimmt und Grundlage der kapitalistischen Unternehmens-Ökonomie geworden ist. Aus Indizien versucht Mauss, eine archaische Form des römischen Rechts der Gabe zu rekonstruieren, die darauf beruht, dass es im Händewechsel der Dinge oder Tiere keinen endgültigen Wechsel des Eigentümers* gibt. Der Eigentümer* eines Dings behält auch bei Besitzwechsel „Rechte" am Ding, die auf einer „Mischung" der persönlichen Qualitäten der Gebenden mit den dinglichen Qualitäten der Gabe beruhen. Das führt im „Gabentausch" zu eigentümlichen, von Schüttpelz nachgezeichneten Chiasmen (Schüttpelz 2005, 186), wenn die Person, die eine Sache gibt, zugleich selbst mit der Sache gegeben wird. In umgekehrter Richtung wird der oder die Nehmende von der Gabe genommen, er oder sie wird von ihr „besessen". „So wird es also verständlich, dass die feierliche Übergabe (*mancipatio*) dieser 'hingegebenen' Sache ein Rechtsband schuf. Denn selbst in den Händen des *accipiens* blieb sie für eine gewisse Zeit noch in der 'Familie' des ersten Besitzers [...]" (Mauss 1978, 99). Wie die Pflicht von Häuptlingen zur Redistribution angesammelter Reichtümer zeigt, gab es im Prinzip in den archaischen Gesellschaften keine endgültige Inbesitznahme von Sachen durch eine Person, vielmehr waren die Sachen mit Eigenständigkeit und eigener Kraft zur Herstellung von sozialen Beziehungen begabt. Es waren jedoch immer bestimmte kollektive Riten, die die Dinge mit eigenen Kräften ausgestattet erscheinen ließen.

Die archaischen Gesellschaften hatten nach Mauss einen gewissen Begriff vom *Wert* der Dinge, durch den Überschüsse sichtbar werden, ein „Mehr" in den Gabe-Spielen des Potlatsch, das verschwendet werden konnte. Die kostbaren Dinge der archaischen Gesellschaften hatten auch eine „Kaufkraft" und bestimmte von ihnen hatten die Kraft, Schulden zu tilgen. (Mauss 2015, 49) Jedoch waren die Quantitäten nicht fixiert und variierten von Situation zu Situation.

> So gesehen gab es einen ökonomischen Wert erst dann, als es Geld gab, und Geld gab es, als die kostbaren Dinge – selbst verdichtete Reichtümer und Zeichen der Reichtümer – wirklich zu Geld gemacht wurden, das heißt festgelegt, entpersönlicht, von jeder Beziehung zu einer moralischen, kollektiven oder individuellen Person außer der Autorität des Staates, der die Münze prägt, losgelöst waren (ebd., 48).

Der Preis der aufgefädelten Muschelschnüre, die nach der Handspanne des Gebers* bemessen wurden, steigt jedoch mit Zahl und Umfang der Transaktionen. Auch die *vaygu'a*, die Eröffnungsgaben der Tobriander* steigen im Laufe der Reise über das Meer in ihrem Wert, wie auch der der Kupferplatten und Matten im Potlatsch sich mit jedem Austausch erhöht (ebd., , 49ff.). Die Bezahlung mit archaischem „Geld" ist nicht so sehr die Beendigung eines Tausches, sondern ein Vertragssiegel oder Unterpfand für die Überlassung eines Gegenstandes oder einer Frau aus einem Verband an einen anderen. Dank der Verhaftetheit der Personen mit ihren (ererbten oder hergestellten) Dingen ist die Beziehung mit der Erwiderung der Gabe nicht beendet, sondern wird auf Dauer gestellt. Beide Seiten besitzen nun etwas Persönliches vom jeweils Anderen, das mit der Sache verbunden bleibt und verpflichtend auf Geber* und Empfänger* wirkt. Insofern kann, wie Mauss für die agonische Gabe im Potlatsch feststellt, eine Gabe für den Empfänger* auch eine Herausforderung darstellen, ein Risiko oder eine Gefahr der „Verunreinigung" beinhalten. (vgl. zu Indien etwa Godwin Raheja 1988)

Das von Mauss entfaltete Paradigma der „Gabe" vereinigt zeremonielle, rituelle, moralisch-ethische und auch ökonomische Momente (im Sinne der Mehrung von Fruchtbarkeit und Reichtum), die in verschiedenen gesellschaftlichen Kontexten unterschiedlich deutlich in Erscheinung treten können. Die ethische Forderung nach Selbstlosigkeit im stoischen Konzept der „reinen Gabe", etwa bei Seneca (vgl. Hénaff 2009, 393ff.), sucht im Kontext der Polis wie des imperialen Staats nach einer moralischen Erneuerung des sozialen Bandes und „vergisst" die Bündnisfunktionen, die in den Anfängen primär gewesen waren. Eine Verneinung der Möglichkeit der Gabe, wie bei Derrida (1993), weil sie nie eine „reine Gabe" sein kann, sondern immer mit einem Auge auf eine Erwiderung schiele, wird den Gaben-Gesellschaften, die gerade nicht auf einer funktionalen Differenzierung politischer, ethisch-moralischer und ökonomischer Beziehungs- und Handlungsmomente beruhen, nicht gerecht. Auch Bourdieu unterstellt die moderne Figur des letztendlich von egoistischen Interessen geleiteten Individuums, wenn er die zeitlichen Verzögerungen zwischen Gabe und Gegengabe als eine (fromme) „Verschleierung" der materiellen Interessen im „Gabentausch" entlarven möchte. (Bourdieu 1998)[2] Es ist dagegen die *Großzügigkeit* der Gabe, die Früchte trägt und den Reichtum der Gebenden wie der Empfangenden vergrößert. „Das Land, das du verschenkt hast und das Früchte für den anderen hervorbringt, erhöht deine eigenen Vorteile im Diesseits wie im Jenseits und in den zukünftigen Wiedergeburten" (Mauss 1978, 110).[3] Die Gabe bringt beim endgültigen Empfänger*, der sie nicht mehr weiterreicht, sondern behält und daher erwidern muss, einen Surplus hervor, der an den ursprünglich Gebenden, der weiterhin in der Gabe anwesend ist, zurückerstattet werden muss. (vgl. zur Diskussion Sahlins 1971) Die Überschüsse scheinen hier aus der Zirkulation zu entstehen und je mehr ein Ding zirkuliert, umso wertvoller ist es. Es ist der Geber*, der in Vorleistung tritt, der belohnt wird, während der Nehmer* auf Zeit in eine Schuld versetzt, mit der Gabe belastet wird.

Die Eröffnung des Gabenspiels, die Gabe ohne Vorbedingung, enthält ein genuin transzendierendes Moment, das, wie in der Initial- und Eröffnungsphase der intimen Kommunikation (Wienold 1971), mehr ist als ein materielles Risiko, das zu kalkulieren wäre, sondern eben ein Moment, das den Gebenden und seine Person, seine Geschichte und Ehre exponiert. Die Gabe ist beides: verpflichtend und freiwillig; verpflichtend, weil nur so die sozialen Bande geknüpft werden können; freiwillig, weil sie nur so wirksam ist. Das Moment der freiwilligen Überschreitung, mit der zugleich eine Verpflichtung erfüllt wird, dürfte auch in den verschiedenen Ethiken der Wohltätigkeit, Mildtätigkeit (Caritas) und der Nächstenliebe enthalten sein, die in vielen Religionen zu geben verlangen und regeln. Auf der Empfängerseite stehen dagegen Gebote, etwa für Brahmanen oder buddhistische Mönche, nur solche Gaben anzunehmen, um die nicht gebeten wurde. Während die zeremonielle, Bündnis stiftende Gabe ein Verhältnis von Gleichen impliziert, enthalten die Ethiken der Selbstlosigkeit und Nächstenliebe u.U. Differenzen im Status,

---

2 Zu den Kritiken am Paradigma der Gabe auch Caillé 2008, 82ff.

3 Neben den zeremoniellen Gaben und ihrer Zirkulation (Ringtausch) gibt es immer auch einen alltäglichen oder den Gabentausch begleitenden Austausch von alltäglichen Gütern, in denen die Muschelschnüre als Repräsentanten gesellschaftlichen Reichtums auch als Mittel der Bezahlung von Gütern und Leistungen dienen. Bei den Tobriandern* wird etwa zwischen *kula*, dem Gabentausch, und *gimwali*, den Alltagsgeschäften unterschieden.

in der Befähigung zur Hilfe und in der Verpflichtung, vorhandenen Reichtum zu teilen.

Die Möglichkeit, das Angebot der Gabe abzulehnen, gab dem Güterumlauf bei den Tobriandern* den Aspekt der Großzügigkeit, auch wenn es für eine Ablehnung normalerweise kein Recht und kein Interesse gab. (Mauss 1978, 132) In diesen zum Teil „ziemlich aufgeklärten Gesellschaften" zirkuliert etwas ganz Anderes als das „Nützliche" (ebd., 131). Es ist die Kraft der Bündnisse, die die Dinge „beseelt". Gaben sind nicht nur Leistungen und Gegenleistungen, sondern die Aufforderung sich zusammenzutun. Die ganze Argumentation von Mauss richtet sich darauf zu zeigen, dass die archaischen Gesellschaften nicht – rückblickend – unter den Begriff der Nützlichkeit und des Eigeninteresses gebracht werden können, auch wenn solche Momente etwa im Wettstreit um Ehre und Status vorhanden sind. Die Gabe schafft keine Hierarchien, sondern bestätigt sie dort, wo sie sich bereits durchgesetzt haben. (Hénaff 2009, 324) Nicht die Gabe erzeugt eine Schuld, sondern die Schuld als Form einer hierarchischen Beziehung verändert die Natur der Gabe. Gegenüber Göttern und Göttinnen wird sie zum Opfer.

III.2 Heilige Objekte

Das Soziale kann, folgt man Mauss, nicht als Ergebnis einer endgültigen Determination erklärt werden (Caillé 2008, 125ff.), sondern bedarf eines „Übersprungs" oder „Ursprungs", der in den Mythen eher undurchsichtig als durchsichtig wird. Es sind die Gaben der Ahnen oder mythischer Wesen, von Göttern und Göttinnen, die den Ursprung gestiftet haben. Diese Gaben, die in den Clanen und Bündnissen mit den immer neu zu erzählenden Genealogien (Segalen 1986) weitergegeben werden, sind „heilige" Objekte, mit einem Tabu und Geheimnis bewehrt, die in vielen Gesellschaften vor den Blicken von Frauen und Uneingeweihten beschützt werden müssen. Diese sind die „kostbaren" Dinge oder *sacra*, die verwahrt und niemals oder selten weitergegeben werden. (Mauss 1978, 81)

Die „heiligen Dinge" liegen am imaginierten Ursprung aller Gaben und bilden für Maurice Godelier so etwas wie einen allgemeinen „Wert-Maßstab" der kostbaren Dinge, die im Gabentausch zirkulieren. Godelier scheint, mit Blick auf die von Mauss im Zusammenhang der Magie hervorgehobene „Kraft" des *mana* (s.u.), einer Art

„Wert" der Gaben und heiligen Objekte auf der Spur zu sein, wobei sich, bereits in einer Art Verkehrung, die Kraft der Gabendinge von der Kraft der heiligen Objekte herleitet. „Die kostbaren Objekte, die beim Austausch von Gaben zirkulieren, können dies nur tun, weil sie doppelte Stellvertreter sind, Stellvertreter der heiligen Objekte und Stellvertreter der menschlichen Wesen" (Godelier 1999, 105).

Hier stehen wir nach Godelier an einem Punkt, von dem die religiöse Unterscheidung des „Sakralen" vom „Profanen" im sozialen Leben ihren Ausgang nehmen kann.

> Man sieht also, dass, wenn in einer Gesellschaft, in der das Wesentliche der sozialen Beziehungen die Form von persönlichen Beziehungen annimmt, der Glaube herrscht, wonach die Sachen auch Personen sind, dann nicht nur die Gabe etwas vom Wesen der sozialen Beziehungen in sich aufnimmt, sondern Gegenwart und Wirklichkeit im Bewusstsein der Individuen verstärkt und vergrößert. Sie verstärkt sie, weil der Glaube an die Existenz einer Seele in den Dingen bedeutet, die Form der menschlichen Beziehungen über die Gesellschaft hinaus auszudehnen und sie dem gesamten Kosmos, allen Objekten und allen Beziehungen, die in der Welt existieren, aufzuprägen. [...] Der Glaube an die Seele der Sachen verstärkt die Personen und die sozialen Beziehungen, aber er vergrößert sie auch, weil er sie sakralisiert (ebd., 151).

Godelier sieht die archaischen Menschen ebenso ihren Dingen unterworfen, wie es die Menschen im Kapitalismus unter die Waren-Dinge sind. Hier und dort scheinen die sozialen Verhältnisse einer Verkehrung zu unterliegen. Die Kombination der Logik personalisierter sozialer Beziehungen mit dem Glauben an „Personen-Sachen" produziert eine allgemeine Verkehrung der Wirklichkeiten. „Die Objekte verwandeln sich in Subjekte und die Subjekte in Objekte" (ebd., 152). „Die Stärke der Objekte liegt darin, das Unsichtbare zu materialisieren, das Unvorstellbare zu präsentieren" (ebd., 155). Der von Godelier auch für die Gaben-Gesellschaften diagnostizierte Fetischismus, in dem die Dinge mit Leben begabt zu sein scheinen und sich die kollektiven wie individuellen Kräfte der Menschen anzueignen scheinen, hat jedoch eine radikal andere Basis als der moderne Waren- und Geldfetischismus, der gerade auf einer Entzauberung der Dingwelt beruht, in der die Arbeit als sachlicher Bestandteil der Waren gerechnet wird. Es gibt dagegen in der Gabengesellschaft keine materielle Realität, die nicht zugleich durch und durch imaginär wäre, in der die Dinge oder Objekte Ideen, Geister oder Symbole für den Zusammenhang machtvoller Kräfte (Bündnisse) darstellen. Sie sind Ausdruck der Art und Weise „wie die Untergruppen segmentärer Gesellschaften archaischen Typs ständig ineinandergreifen und fühlen, dass sie einander alles schulden" (Mauss 1978, 59).

Nach dem hier skizzierten Ansatz gründen religiöse Praktiken und Vorstellungen nicht in religiösen Bedürfnissen oder Erfahrungen, etwa des „Heiligen", nicht in Offenbarungen oder Paradoxien der Endlichkeit des menschlichen Geistes, sondern in symbolischen Ausdeutungen und mythologischen Fortspinnungen einer primär rituellen Praxis an der produktiven und reproduktiven Basis des sozialen Lebens. Die Symbole, die die Bündnisse markieren, die kollektiven Repräsentationen (Mythen, heilige Orte und Objekte) sind Produkte kollektiver Praxis. Die Kraft der Symbole sind immer geliehene Kräfte des Sozialen, aber „(d)ie Kraft des Sozialen muss immer auch als eine [notwendigerweise] symbolisch repräsentierte Kraft angesehen werden" (Adloff/Papilloud 2008, 32).

III.3 *mana* als universelle Kraft

In seinem, zusammen mit Henri Hubert verfassten „Entwurf einer allgemeinen Theorie der Magie" (Mauss 2012c) stößt Mauss auf den allgemeinen Begriff einer „Kraft" oder eines „Werts", den er mit dem der melanesischen Vorstellungswelt entlehnten Begriff des *mana* bezeichnet, der aber als bestimmendes Moment magisch-religiöser Praxis allgemeinen Charakter hat. „Die Idee des mana ist eine dieser verworrenen Ideen, von denen wir uns befreit glauben und die wir infolgedessen nur mit Mühe begrifflich fassen können. Sie ist dunkel und verschwommen und doch von einem auf befremdliche Weise genau bestimmten Gebrauch. Sie ist abstrakt und allgemein und dennoch von Konkretem erfüllt" (ebd., 356). Sie erstreckt sich „auf die Gesamtheit der magischen und religiösen Riten, auf die Gesamtheit der magischen und religiösen Geister und auf die Totalität der Personen und Dinge, die in der Totalität des Ritus vorkommen. Das mana ist eigentlich das, was den Wert der Dinge und der Personen ausmacht, magischer Wert, religiöser Wert und sogar sozialer Wert" (ebd., 357).

> Doch das mana ist nicht notwendig die Kraft eines Geistes. Es kann die Kraft eines nicht spirituellen Dinges sein, wie zum Beispiel eines Steins, der die Brotfrüchte sprießen lassen oder die Schweine mästen soll, eines Krauts, mit dem Regen gemacht wird usw. [...] Wir können [...] sagen, dass das mana die Kraft par excellence ist, die eigentliche Wirksamkeit der Dinge, die ihre mechanische Wirkung verstärkt, ohne sie aufzuheben.

> Ihr verdankt sich, dass das Netz hält, dass das Haus fest steht, dass das Boot gut im Wasser liegt (ebd., 359).

Nach Musterung der vielfältigen Befunde magischer Praktiken, ob in den melanesischen, nord-amerikanischen, frühen mexikanischen (*naual*), griechischen oder indischen Gesellschaften (*braman*) (vgl. auch Mauss 2012b, 440) fühlt sich Mauss berechtigt zu sagen,

> dass überall ein Begriff existiert, der den der magischen Macht einhüllt. Es ist der Begriff einer reinen Wirksamkeit, die gleichwohl eine materielle und lokalisierbare, zugleich aber spirituelle Substanz ist, die auf Distanz und dennoch durch direkte Verbindung, wenn nicht durch Berührung wirkt, beweglich und bewegend, ohne sich zu bewegen, unpersönlich und in persönliche Formen gekleidet, teilbar und kontinuierlich (Mauss 2012c, 367).

Die magischen Praktiken beruhen auf dem Glauben an die Wirksamkeit bestimmter Gebärden und Worte, die unter festgelegten Bedingungen vorgenommen oder geäußert werden. „Im Bewusstsein der Individuen existiert diese Kategorie nur aufgrund der Existenz der Gesellschaft, so wie die Ideen der Gerechtigkeit und des Werts; wir wollen damit sagen, dass es eine Kategorie des kollektiven Denkens ist" (ebd., 368). Immer „gehen die magischen Urteile den magischen Erfahrungen voraus: es handelt sich um kanonisches Festlegen von Riten oder Ketten von Vorstellungen, und die Erfahrungen werden nur gemacht, um sie zu bestätigen, fast nie jedoch um sie zu entkräften" (ebd., 374). „Letztlich ist es immer die Gesellschaft, die sich selbst mit dem Falschgeld ihres Traums bezahlt" (ebd., 376).

Der Magier* kann quasi aus einem „unerschöpflichen Fond diffuser Magie" schöpfen. Für die Magie kennzeichnend ist die Person des Magiers*, der besondere Kräfte zugeschrieben werden, die dieser in einem Initiations-Prozess erwerben und beherrschen lernen muss. Die Magie ist strikt an bestimmte Riten gebunden, an deren Wirksamkeit die Gruppe, für die die Magie (Austreibung, Heilung, Vertreibung von Zauber) praktiziert wird, glauben muss. Die strikte Bindung an rituelle Praktiken (Tänze, Gesänge, Masken), die kollektive Emotionen auszulösen in der Lage sind, die für die Wirksamkeit des Ritus unentbehrlich scheinen, ist für Mauss ein Hinweis darauf, dass religiöse und magische Praktiken gemeinsamen Quellen (ebd., 389) entstammen, die von der Vorstellungswelt des *mana* umfasst werden. In jedem Ritus gibt es nach Mauss sowohl Magie als auch Religion. (Mauss 2012b, 443) Das Feld der rituellen Praktiken ist am religiösen Pol vom „Opfer" (vgl. weiter unten) und auf dem magischen Pol von der „Behexung“, dem Schadenszauber markiert. Es sind jedoch nicht so sehr die rituellen Praktiken selbst, die Magisches von Religiösem unterscheiden, sondern ihr gesellschaftlicher Ort, der „organisierte Kultus“ im Unterschied zum partikularen, zum Teil im Verborgenen praktizierten Zauber. Bei bestimmten Ritualen, wie einem Regenzauber, sind die religiösen und magischen Momente kaum voneinander getrennt. Doch fehlt bei den magischen Praktiken eine offenkundige gesellschaftliche Zustimmung. (ebd., 437) Weite Bereiche etwa des häuslichen Lebens, der Reinheits- und Speisegebote sind von magischem Gemeinschaftshandeln bestimmt, die auf die Erfüllung unmittelbarer Bedürfnisse und sozialer Verpflichtungen gerichtet sind.

Die Untersuchung der magischen Praktiken liefert Mauss den Begriff des *mana. Mana* ist sowohl die Kraft, die alles durchdringen und vereinen kann, wie die Substanz, der Reichtum, der sich durch Geben und Nehmen vermehrt. *Mana* besitzen besonders die von den Ahnen und Ursprüngen her weitergegebenen Dinge, die, worauf Godelier insistiert, unveräußerlich sind und damit als „heilige“ dem öffentlichen Gebrauch entzogen sind. Die *Sacra*, die bei Durkheim ursprünglich mit Totemismus und Tabu verbunden waren, sind machtvolle Objekte (und Symbole solcher Objekte), die sich an heiligen, d.h. dem Zugang Uneingeweihter entzogenen Plätzen befinden und nicht nur Kraft und Leben spenden, sondern, mit Gefahren verbunden sind und Furcht und Schauder bereiten. Zu heiligen Objekten können auch Bäume, Berge, Tiere, Zeichen, Worte und Sprüche sowie Texte werden, die von den *spirits* der Geber* bewohnt werden. Diese Ambivalenz des Heiligen ist auch in der Gabe beinhaltet, die vom Nehmenden* Besitz ergreift und ihn zum Besessenen* machen kann (vgl. oben). Am mythischen Ausgangspunkt der *Sacra* stehen die „unvordenklichen“ Geber*, die nach den Gesetzen der Gabenpraxis Eigentümer* der heiligen Objekte bleiben. Je weiter die Kette der Überlieferungen zurückreicht, um so heiliger das Überlieferte.

III.4 Die Praxis der Opfer

Die Gaben der „ersten“ Geber* verlangen nach einer Erwiderung.[4] Die mächtigen Geber* müssen zu weiteren Gaben, zur Erneuerung des Lebens, der Zyklen und der Bündnisse ermuntert werden. Die von Mauss und Hubert untersuchte Praxis der „Natur und Funktion des Opfers“ (1899) stellte bereits Jahre vor der Abfassung „Der Gabe“ den Zusammenhang zwischen Opferpraxis und dem Modell der Gabenbeziehung her.[5] Mit der Praxis des Opferns betreten wir explizit religiösen Boden. „Das Opfer ist ein religiöser Akt, der durch die Heiligung eines zerstörten Objektes den Zustand der moralischen Person, die es vollzieht, oder bestimmter sie betreffender Objekte verändert“ (Mauss 2012d, 110). Das Opfer hat das Ziel, „zwischen der sakralen Welt und der profanen Welt mittels einer geopferten Sache, das heißt einer Sache, die im Laufe der Zeremonie zerstört wird [eine Kommunikation herzustellen]“ (ebd., 211).

> In der Tat steht fest, dass das Opfer immer eine Heiligung impliziert; bei jedem Opfer geht eine Sache aus dem gewöhnlichen Bereich in den religiösen Bereich über: Sie ist geheiligt. Aber nicht alle Heiligungen sind von gleicher Natur. Einige beschränken ihre Wirkungen auf die geheiligte Sache, was immer sie sei, Mensch oder Ding. [...] Beim Opfer dagegen strahlt die Heiligung über die geheiligte Sache hinaus; sie betrifft unter anderem die moralische Person, die die Kosten der Zeremonie trägt. Der Gläubige, der das Opfertier geliefert hat, den Gegenstand der Heiligung, ist am Ende der Operation nicht derselbe, der er zu Beginn war. Er hat einen religiösen Charakter erworben, den er nicht hatte, oder er hat sich eines ungünstigen Charakterzuges entledigt, mit dem er behaftet war: er hat sich in einen Stand der Gnade erhoben oder hat einen Stand der Sünde verlassen (ebd., 105).

4 Dass in den Mythologien, etwa der indischen, die ersten Gebenden zugleich Wesen waren, die sich selbst geopfert haben, im Beispiel Prajapati, der das Weltall durch sein Opfer erzeugt, sollte nicht dazu führen, das Opfer, die rituell zerstörte Gabe, als primär, die Gabe als sekundär anzusehen. Die von Godelier erkannte Tendenz zur Verkehrung gilt für die Mythen und theologischen Spekulationen uneingeschränkt.

5 Ich folge hier Caillé, das Opfer im Lichte der Gabe zu analysieren. Es gibt jedoch auch die gegenteilige Position, „nachdem das System von Gabe und Gegen-Gabe, von Gewalt und Tod, aus denen die Rache besteht, [...] nur durch die Institution des Opfers zu stabilisieren“ ist (Caillé 2008 144). Der ursprüngliche soziale Antagonismus wäre nur durch die Hereinkunft der Götter* zu dämpfen. Man kann den Göttern* jedoch nur opfern, sprich zu Garanten* des stets gefährdeten Friedens machen, wenn es die Kraft der Gabe bereits gibt. (ebd.: 145)

Die Dreigliedrigkeit des Opfers, 1) der Auftraggeber* oder Opferer*, als „moralische" Person auch ein Kollektiv oder eine (staatliche) Institution, 2) das zu zerstörende Objekt (Haustiere, Ackerfrüchte, in seltenen Fällen auch Menschen), 3) der Adressat* des Opfers, eine nicht der sichtbaren Welt angehörige Macht, sind definitorische Bestandteile des religiösen Opfers, die es von anderen „Opfern" (Verzichtleistungen, Kriegstote u.a.) unterscheidet. Das religiöse Opfer ist eine rituell von der Vorbereitung (z.B. Reinigungen) über die Durchführung (Art und Weise der Zerstörung) bis zum Ausgang (u.a. Desakralisierung der beteiligten Personen, Verwendung der Überreste des Opfergegenstandes, z.B. durch Verzehr, Rückführung der Gegenstände und Plätze in die profane Welt) streng geregelte kollektive Praxis. „Opfern bedeutet etwas sakral machen. Das erst im Opferritual sakralisierte Opfer ermöglicht einen Pakt zwischen den Opfernden und dem Sakralen" (Moebius 2012, 644).

Die auf der Gabenpraxis aufruhende und sie transformierende Opferpraxis kann als explizite religiöse Praxis angesehen werden, sie ist jedoch weder elementar noch universell. Nach Hénaff entstehen die allgegenwärtigen Opfer erst mit den agro-pastoralen Gesellschaften, während sie bei den Jägern* und Sammlern und dem für sie geltenden symbiotischen Austausch mit den sie umgebenen Naturmächten kaum anzutreffen sind. Die ersten großen Gemeinschaftsleistungen, Ergebnisse kollektiver kooperativer Arbeit im Übergang zu den frühen Agrargesellschaften, können auch als Produkte kollektiver religiöser Anstrengungen aufgefasst werden. Ein bedeutsames Beispiel ist der „Tempel" am Göbekli Tepe (GT) in der heutigen Türkei, der zwischen dem zehnten und achten Jahrtausend vor unserer Zeitrechnung entstand, also bereits vor oder zu Beginn der sog. neolithischen Revolution im „Goldenen Halbmond" (Schmidt 2008). Ihre Träger waren vermutlich Jäger-Gesellschaften, die bei der Jagd der Tiere im Tal von Euphrat und Tigris in großem Stil kooperierten. Das Eigentümliche der Anlage am GT scheint zu sein, dass sie nicht auf einem bereits reproduzierbaren agrarischen Mehrprodukt beruht, sondern zur Schaffung eines agrarischen Überschusses zur Unterhaltung der Arbeitskräfte beim Bau des „Tempels" angeregt zu haben scheint. (Schmidt 2008, 255f.) Solche frühen Kollektivleistungen geben Hinweise darauf, dass die materiellen Kräfte der frühen Gesellschaften von ihren religiösen Kräften kaum zu unterscheiden sind.

Die Menschen in den agro-pastoralen Gesellschaften übernehmen von den Göttern und Göttinnen die Macht, die Menge des verfügbaren Lebens zu vermehren. Von der Fruchtbarkeit der Tiere und Pflanzen hängt nun der ihnen verfügbare Reichtum ab, den sie aber nur bedingt kontrollieren. Die Opfer haben nach Hénaff die Funktion, darauf hinzuwirken, dass die Gottheiten die neue Macht der Menschen und ihrer Gesellschaften über die Naturkräfte akzeptieren und sie wohlwollend fördern, also lebendigen Überfluss schaffen, der ihnen im Opfer (Haustiere, insb. Stiere und Feldfrüchte) als Gegengabe angeboten wird.

III.5 Göttliche Gestalten

Mit der agro-pastoralen Gesellschaft verändert sich grundlegend das Verhältnis zwischen Gebern* und Nehmern*. Das Opferuniversum ist nicht mehr egalitär wie in den Gaben-Gesellschaften (trotz ihrer Rivalitäten um Status und Ehre). Es gilt nun durch die Zerstörung der Opferdinge eine Schuld abzutragen, was von den Göttern und Göttinnen großzügigerweise angenommen wird. Das Opfer ist jedoch auch riskant, weil die Empfangenden es ablehnen können (wie bei Adams Sohn, dem Ackerbauern Kain). Es zeigt, wenn angenommen, dass auch der Opfernde* angenommen ist. Auch hier fragt sich, worauf die Wirksamkeit der zeremoniellen Opfergaben beruht. „Die Zerstörung der Opfergabe zielte gerade darauf ab, eine Schenkung zu sein, die notwendig vergolten wird" (Mauss 1978, 33). Die „Seele" oder „Kraft" im Ding wird durch seine Zerstörung freigesetzt. Die sakralen Qualitäten des Opfers können sowohl auf die Opfernden wie auf die Adressaten des Opfers gelenkt werden. Durch die Zerstörung werden sie unwiederbringlich in Umlauf gebracht und stellen damit auch eine nicht ungefährliche Herausforderung dar. Das Opfer muss, um wirksam zu sein, tatsächlich vollzogen werden. Was bezweckt das Opfer? Eben die Annahme der Gabe und die Wiederherstellung der Ordnung in der rechten Entfernung zwischen Opfernden und Göttern. (Hénaff 2009, 288)

Den hierarchischen Strukturen der Agrargesellschaften, die die segmentären Strukturen der Gesellschaft durch eine zentrale Macht eingrenzen oder ersetzen (die Verwaltung der Speicher durch Älteste, Priester* oder den König, die Königin, die Fruchtbarmachung des Bodens durch Bewässerungsarbeiten unter der Knute des Pharao), entsprechen nun die hierarchischen Strukturen zwischen den Menschen und den übermächtigen Wesen der Götter und Göttinnen, die die Gaben in Opfer verwandeln. An Stelle der Allianzen zwischen den Clans treten die Filiationsbeziehungen, „bei denen das Erbe, die Ahnenschaft und damit die Identität der Lineages privilegiert werden" (Hénaff 2009, 264f.). Dies führt u.a. zu einer Zentralisierung der Kulte und Opfer (wie der Gerichtsbarkeit) unter einer starken Autorität oder staatlichen Institution. Das soziale Band zwischen den Angehörigen einer Gesellschaft ist nicht mehr allein durch die Gabe zwischen Gleichen zu stiften, auch wenn diese nicht verschwindet. Das Opfer ersetzt die zeremonielle Gabe dort, wo die Unterwerfung unter eine höhere Macht zum sozialen Imperativ wird. Im Unterschied zur Gabe ist nach Caillé (2008, 132) „mit dem Begriff des Opfers jede Gabe zu bezeichnen, die einem Wesen gegeben wird, das höher steht als das gebende Subjekt". Der soziale Zyklus der Freiwilligkeit der Gabe wird im Opfer an die „Höheren" durchbrochen. Die Opfer können geschuldete sein, doch steht bei den Opfern stärker als bei den Gaben das Eigeninteresse des Opfernden im Mittelpunkt der praktischen Arrangements der Opfer. Opfer sollen wie Gaben zu einem Rückfluss/Überfluss an Reichtum führen. (ebd., 153) Der Überfluss folgt hier dem Opfer, nicht umgekehrt. Im Hinduismus, Judentum, Taoismus wie in anderen „Religionen" zielen die Opfer nach Caillé darauf ab, das von den Göttern und Göttinnen im Überfluss zurück bekommen, was man ihnen anbietet. Auch Äquivalente für eine Vielzahl von Gütern in Form von rituellem Geld können geopfert werden. Allgemein werden die Opfer durch das „kosmische Gesetz" regiert, dem sich auch die Götter* fügen, dass die Dinge mit einem „Mehrwert" dorthin zurückkehren, wo sie hergekommen sind. Insofern können Götter und Göttinnen durch Opfer zur Gegenleistung gezwungen werden. Während die Gabe eine Herausforderung der Großzügigkeit des Empfängers* und eine Provokation verschwenderischer Gegengaben (Potlatsch) darstellt, zielt das Opfer letztlich auf einen Vertrag mit den Mächtigen, die zur Rückerstattung verpflichtet werden sollen. (vgl. ebd., 157) „Vom Gesetz der Gegen-Gabe gezwungen, das befiehlt, immer mehr zu erwidern, müssen sie das Zehn- oder Hundertfache zurückgeben" (ebd., 158). Die Opfer sind dabei auch eine Herausforderung, ein Test auf die noch vorhandene Kraft von Götter und Göttinnen, den Menschen beizustehen, andernfalls man sich mächtigere Bündnispartner* sucht

Nach Caillé wird im Opfer an die höheren Mächte das Prinzip der großzügigen Vorleistung der ohne Bedingungen angebotenen Gabe durchbrochen. Für das religiöse Opfer gilt viel eher als für die Gabenbeziehung der Tauschimperativ *„do ut des"*. Caillé spricht auch von einem „utilitaristischen Opfer" (ebd., 133). Mauss, so Caillé, folgt nicht einer religionswissenschaftlichen, letztlich christlichen Tendenz, Opfer und Opferbereitschaft, die Gabe des Selbst und damit die Tugend des Verzichts und des Leidens an den Ursprung der Religion zu versetzen. (ebd., 130.)

In einer faszinierenden Untersuchung der sozialen Organisation und der Rituale in südindischen[6] Tempeln (Madurai) zeigen Arjun Appadurai und Carol Appadurai Breckenridge (2011) den Tempel als Zentrum eines redistributiven Prozesses, der durch die Gaben (Opfer) eines Gebers*, häufig korporative Einheiten wie Familien, Gilden, Kasten, Klöster oder der König*, an die im Tempel personifiziert anwesende Gottheit eröffnet wird, die wiederum die in den zyklischen Ritualen angesammelten Gaben großzügig an die Opfernden, die Gläubigen und das Tempelpersonal in Form von ihren Status markierenden Ehrerweisungen (*mariyatai*) verteilt. „The authority to command and redistribute resources places the deity at the centre of a transactional nexus in which the deity is expected to be generous" (Appadurai/Appadurai Breckenridge 2011, 338). Auf Grund des öffentlichen Charakters der Rituale sind Form und Ordnung der redistributiven Akte bedeutsamer als ihr materieller Inhalt. Der Tempel und die Durchführung der zyklischen Rituale basieren auf Dotationen, durch die die freiwilligen Stifter*, die auch als Akteure* der Rituale (s.o.) auftreten, Anteile am Tempel erwerben. Diese Stiftungen verbinden den Tempel mit der Stadt und dem Hinterland und schaffen ein (stets prekäres) Netz zwischen den korporativen Einheiten der Gesellschaft.

Auch im Opfer ist das *Ritual* der eigentliche Mechanismus der Transformation der kollektiven Kräfte in sakrale Kräfte. Für Mauss wie für Durkheim beruht das Religiöse auf der Abspaltung des Sakralen vom Profanem, die getragen wird von tiefreichenden kollektiven emotionalen Bewegungen, den kollektiven „Gärungsprozessen" (Efferveszenz), in denen die Gesellschaften sich selbst erfahren. „[D]urch das im Ritual virulent gewordene Sakrale" erfährt die

6 Südindien steht hier für die indischen Bundesstaaten Tamil Nadu, Karnataka und Andhra Pradesh (in den Grenzen der 70er Jahre).

Gesellschaft „eine periodische Erneuerung und Wiederbelebung der Kollektivkräfte“ (Moebius 2012, 645). Der Unterschied von Profanem und Sakralem ist bei Mauss/Hubert keiner der Substanz und kein unwandelbarer. Im Gegenteil gibt es eine beständige Zirkulation der Götter und Göttinnen, „wenn diese jeweils zu ihrer Zeit den Tempel verlassen und zu profanen Gestalten werden“ (Mauss 2012b, 436; vgl. Caillé 2008, 135).

Im Zeichen des Gabe-Paradigmas erhalten die sakralen Mächte ein anthropomorphes Gesicht als Ahnen* oder Gottheiten, die Gaben geben und Gaben nehmen. Mit den Opfern als Pakte stiftende Gaben, als Herausforderung der Großzügigkeit der überweltlichen Mächte oder als Gegenleistung für gewährte Gaben (Fruchtbarkeit, Gesundheit etc.) treten die den Menschen umgebenden Mächte (*spirits*) aus den Wäldern, Flüssen und Seen heraus und nehmen als Götter und Göttinnen Gestalt an, denen die Menschen sich zu Dank verpflichtet sehen und die sich in den Kreislauf von Gabe und Gegengabe durch Opfer hineinziehen und zu Großzügigkeit provozieren lassen. Gegenüber dem weiten Feld der Vorstellungswelt des *mana*, an dem die Magie partizipiert, erhalten „religiöse Phänomene“ erst mit dem Auftritt der Ahnenwesen und der Gottheiten als den Menschen überlegene Wesen, mit denen es zu interagieren gilt, ihre explizite Erscheinungsform.

Es sind nach Max Weber vor allem die Priester* in den auf Dauer gestellten Kulten, die den Mächten ihre anthropomorphe Gott-Gestalt geben. „Ist einmal die Kontinuierlichkeit der Göttergestalten gesichert, so kann das Denken der berufsmäßig mit ihnen Befassten sich mit der systematisierenden Ordnung dieser Vorstellungsgebiete beschäftigen“ (Weber 1972, 250). Der Kultus und die theologische Arbeit der Priester* beruhen aber vielfach weiter auf der Gabenpraxis. Wie Mauss an den Brahmanen* zeigt, lässt die Priesterherrschaft das Modell der „reichlichen Gabe“ nicht obsolet werden. „Eine ganze Kaste, die von Gaben lebt, gibt vor, sie abzulehnen, schließt dann einen Kompromiß und nimmt nur jene Gaben an, die aus freien Stücken dargeboten werden“ (Mauss 1978, 114). Im Zusammenhang eines organisierten Opferkultes können nach Ilana F. Silber (2000) die Gaben an die Götter und Göttinnen, die Gaben an die Tempel und Klöster und die Gaben an Hilfsbedürftige im Umkreis der religiösen Institutionen unterschieden werden. Diese Gaben können sich gegenseitig ersetzen, d.h. die Gabe an eine arme Person kann u.U. auch als Gabe an den

Gott* aufgefasst werden. Die drei von Ilana F. Silber unterschiedenen Formen können sich jedoch auch verselbständigen und eigene Entwicklungen nehmen. Insbesondere dürften mit schwindender Bedeutung der Opfer an die Götter* die Gaben an die Bedürftigen wie die Priesterschaft an Gewicht gewinnen. In dieser Form bleibt die „großzügige Gabe" und „Selbsthingabe" als religiöses Band bis in die Gegenwart in den verschiedenen Religionsgemeinschaften von anhaltender Bedeutung, gerade auch weil sich kapitalistische Vertrags-und Tauschbeziehungen kategorisch von einer Ethik der Großzügigkeit und Selbstlosigkeit unterscheiden.

Nach Veyne bildeten die Götter und Göttinnen in der Antike eine eigene „lebendige Spezies, eine Rasse, ein *genus*." (Veyne 2008, 15). Die Götter* hatten bei dem Ausgang von Ereignissen ungewisser Art (z.B. Schlachten) ihre Hand im Spiel. Zufall, Glück, Erfolg spielten die Rolle „personifizierter und divinisierter Abstraktionen als Gottheiten" (ebd., 17). Die Gottheiten waren für Seuchen verantwortlich, umgedreht verschmilzt das Ereignis mit seinem Urheber zu einer Gottheit. (ebd.) Die Griechen* begegneten ihren Göttern und Göttinnen mit Demut und auch von Liebe getragener Frömmigkeit, legten aber auch Wert auf eine eigene Würde und eine „diplomatischen Abstand zu den fremden Wesen" (ebd., 19). Als Größere und Stärkere verdienten sie Respekt und Verehrung und man stellte sich für bestimmte Gelegenheiten unter ihren Schutz. Die meisten Götter und Göttinnen waren ortsgebunden, in bestimmten, ihnen geweihten Tempeln etc. anwesend und existierten in vielen lokalen Ausprägungen. „Jeder konnte für die Gottheit seiner Wahl ein privates Heiligtum eröffnen und wie ein Ladeninhaber auf Kunden warten" (ebd., 20). Man bittet die Götter und Göttinnen um Gefallen und legt dazu ein Gelöbnis ab, das bei Erhörung eingehalten werden muss und dessen Nichteinhaltung evtl. von den Mächten bestraft wird. (ebd.) Die Götter und Göttinnen sind nicht uneigennützig und man begegnet ihren Schwächen mit Humor und auch mit Spott (etwa Götter und Göttinnen als Vielfraße, die nach den Opfern gieren). (ebd., 22)

Die Götter und Göttinnen waren bei den Griechen* und Römern* „heilig" und unterschieden sich hierin von einer Menge anderer unsichtbarer und geheimnisvoller Wesen, die mit ihnen die Welt bevölkerten. „Was heilig ist, ist noch nicht göttlich." (ebd., 151, Fußnote 42). Das Heilige ist nach Veyne eine soziale oder ethische Unterteilung, während er das Göttliche als eine „Qualität *sui ge-*

neris" bezeichnet, die „ausreichend spezifisch ist, um die Existenz des Wortes 'Religion' zu rechtfertigen, selbst wenn das Bewusstsein des Göttlichen in den konfusen und variablen Konglomeraten der verschiedenen Religionen im allgemeinen nur einen beschränkten Raum einnimmt. [ ] Das Heilige, eine anonyme, gesichtslose Macht, würde nicht ausreichen, um die Gefühle und Verhaltensweisen hervorzurufen, die nur eine Gottheit als Person hervorrufen kann" (ebd.).

Stowers definiert Religion durch die beteiligten „Aktanten". (Stowers 2008, 442) Menschliche Akteure*, symbolische Objekte und unsichtbare Wesen sind gleichermaßen Aktanten einer *religiösen* kollektiven Praxis. Doch auch die *Sacra*, die geheiligten (Opfer-) Dinge, was immer sie sind, sind unentbehrlich, weil sie, wie Hubert und Mauss erklären, „soziale Dinge" sind, die als Mittler in jenem gefährlichen Raum dienen können, den die Gemeinschaften für ihre Götter und Göttinnen freihalten.[7] Um nicht selbst im Opferfeuer zu verbrennen, halten die Opfernden durch die (sachlichen) Mittler die drohenden Mächte auf Distanz und im Gleichgewicht. Gleichzeitig finden sie in den heiligen Handlungen ihren Vorteil. (Mauss 2012d, 215) Sie umgeben ihr Haus und Feld mit einem schützenden Kreis. Sie kaufen sich los vom sozialen Fluch und kehren in die Gemeinschaft zurück. (ebd.) In den frühen staatlichen Organisationen gerät das Opfer unter die Regie einer Priesterschaft. Die Opfer sind nun auch eine Art Steuer für ein Gemeinwohl, von dem man hofft, dass es sich nicht nur um „vergebliche und kostspielige Illusionen" (ebd., 214) handelt.

III.6 Das Gemeinschaftsband der Polis

Mit der Entwicklung der Opferpraxis, bei der die Opfernden durch Spezialisten* (Priester*) vertreten werden, wird die Gabe als gesellschaftliches Band nicht obsolet, sondern ändert ihre Form. Für die griechische Polis entwickeln die griechischen Philosophen, wie Platon und Aristoteles, ein erweitertes Modell der Gabenpra-

7 Auch für die „gelebte Religion", der McGuire (2008) im Alltag vieler Amerikanerinnen und Amerikaner nachgeht, ist das „Heilige" im Strom der Dinge und Handlungen die zentrale Kategorie, um religiöse von nichtreligiösen Praktiken zu unterscheiden.

xis. „Die Idee einer kollektiven Gabe“ erlaubt es, „die Einheit des Staates als solchen zu denken, ein staatsbürgerliches Band, das die verschwundene gegenseitige zeremonielle Gabe ersetzt“ (Hénaff 2009, 385). Gleichzeitig wird an den Einzelnen die Forderung nach großzügigen Gaben gestellt, die der individuellen Initiative bedürfen und die damit im Unterschied zur Verpflichtung des Gebens im Paradigma der Gabe zu einer moralischen Forderung werden. (ebd.) Die an alle Bürgerinnen und Bürger gerichtete Forderung nach Großzügigkeit führt unter Anleitung der göttlichen Gabe der *philia* (Freundschaft) im Prinzip zu einer wechselseitigen Gewährung von reichlich bemessenen Gaben. Die Praxis der Gabe „auf Gegenseitigkeit“ verschwindet nicht, verliert aber in der neu entstehenden politischen Theorie des Gemeinwesens und Staats (und vermutlich auch in der politischen Praxis) ihren zentralen Platz. So formuliert der stoische Philosoph Seneca im Imperium des Augustus die Ethik einer „reinen Gabe“. „Wer gegeben hat, um etwas dafür zu erhalten, hat nicht gegeben“ (De Beneficiis, I,I,12; zitiert nach Hénaff 2009, 396). Die Gabe ist hier ein moralischer Akt, dessen Wert durch die Reinheit der Absicht bemessen ist. Die großzügigen Gaben, die das Gemeinwesen aufrechterhalten, scheinen in Senecas Augen bereits durch die „Idee des gewinnbringenden Tausches“ von Waren gegen Geld korrumpiert zu sein. Deshalb werden von ihm Zins und Profit an den Pranger gestellt: „Erweisen wollen wir Wohltaten, nicht Zinsen bringen lassen“ (De Beneficiis I,I,9; zitiert nach Hénaff 2009, 396). Das Paradigma der Gabe steht jedoch nicht nur im Zeichen der zunehmenden Bedeutung des Geldes im Verkehr der Individuen in Frage, sondern auch angesichts der Unfähigkeit eines großen Teils der Bevölkerung in Rom, des Plebs, selbst Gaben zu geben oder sie zu erwidern. In dieser Situation war es in den Augen der wohlhabenden Bürgerinnen und Bürger, der Freien und Reichen, der verschiedenen Stände des Adels nahezu eine Pflicht, der Stadt quantitativ beachtliche Schenkungen zu machen, von der alle Klassen der Bevölkerung in Form von „Brot und Spielen“ (Veyne 1994) profitierten. Die Rolle des Mäzens oder der Mäzenin mag Anerkennung, Ehre und Macht einbringen, die Ethik der „reinen Gaben“ lässt die Gebenden vor allem jedoch nicht auf die Dankbarkeit derjenigen warten, die ihre Gaben nicht erwidern können. (Hénaff 2009; 405)

III.7 Das Gnaden-Modell

Mit Senecas Ethik der „reinen Gabe", die von ihm auch als Praxis der Götter und Göttinnen ausgegeben wurde, war jedoch weder die Praxis der rituellen Gaben noch die Praxis der Opfer, etwa in Form der staatlichen Kulte, an denen teilzunehmen Pflicht der Römerinnen und Römer war, an ein Ende gekommen. Auch blühten alle Arten von Kulten und magischen Praktiken. Trotzdem sieht Hénaff die Ethik der Stoa in enger Nachbarschaft zur auch im römischen Adel Akzeptanz findenden individualisierten Ethik des jungen, aufstrebenden Christentums, dessen Theologie der Gnade den vielfältigen Opferpraktiken der Römer* und der von ihnen beherrschten Völker ein Ende bereitete bzw. sie radikal transformieren sollte. Das Gnaden-Paradigma, das von Augustinus bis zur calvinistischen Prädestinationslehre ein Zentrum christlicher Theologie bildet, entwickelte sich jedoch in einem von der Praxis der Großzügigkeit des römischen Patriziats verschiedenen Kontext. Beide liefen quasi parallel, wenn sie den Staatsbürger* wie den (Recht-)Gläubigen zu einem moralischen Individuum stilisieren, zu einer Person, deren „Inneres" von ethischen Imperativen regiert wird. Im Konzept des einen und allmächtigen Gottes, auf dessen Gaben als Gnadenakte es keine Erwiderung in Form einer Gegengabe mehr geben kann, werden auch die Opfer der Menschen unwirksam und ihre Annahme durch den Gott selbst zum Gnadenakt. Die Erwählung des Volkes Israels durch Jahwe war durch nichts gerechtfertigt oder durch Opfer „verdient" und konnte nur durch unbedingte Treue beantwortet werden, in dem Israel sich verpflichtete, einzig Jahwe als seinen Gott anzubeten und zu verherrlichen. Das aufstrebende, in den jüdischen Gemeinden am Mittelmeer und in Griechenland und Rom missionierende Christentum begann das jüdische Gnadenmodell zu verallgemeinern und zu radikalisieren. Zwischen Juden und Nicht-Juden, Beschnittenen und Unbeschnittenen, Mann und Frau, Reich und Arm „gibt es keinen Unterschied. [...] Ohne es verdient zu haben, werden [alle] gerecht, dank seiner Gnade, durch die Erlösung in Christus Jesus" (Römer, 3, 22-24 [Neue Jerusalemer Bibel]; zitiert nach Hénaff 2009; 409). „Gerecht" wird der Mensch in der paulinischen Theologie nur durch den Glauben – „sola fide" – „unabhängig von seinen Werken" (Römer3. 28; zitiert nach Hénaff 2009, 408). Auch der Glaube kann als Gabe begriffen werden, entweder als bedingungslose (Hin-)Gabe (Liebesgabe) der Gläubigen selbst eben durch ihren Glauben oder der Glaube wird zur Gnade Gottes, die u.U. vom Menschen angenommen oder abgelehnt werden kann. (Auch hierüber verfeindeten sich die Theologen der christlichen Glaubensrichtungen bis aufs Blut.) Aus christlicher Sicht wird Religion nun zum „Glaubensbekenntnis", das auch die rituelle Form des öffentlichen Gebets annimmt.

Aus der Sicht religiöser Traditionen, wie besonders dem Christentum, aus dem Opfer-Rituale weitgehend verschwunden sind oder sich in symbolische Gesten transformiert haben, erscheint die Opfer-Praxis nun als eine Praxis des Verzichts, das als ethisches Moment in ein neues Zeitalter (Hénaff) übernommen wird, als Verzicht um seiner selbst willen, als in den Augen Gottes wohlgefällige Askese, die fromme Unterwerfung unter eine göttliche Ökonomie anzeigt, die der Opfer jedoch nicht mehr bedarf. „Wenn das Opfer seine rituelle Funktion verloren hat, bleibt die moralische Geste des Verzichts, die für das sein Heil suchende Individuum die Gaben ersetzt, die nicht mehr stattfinden" (Hénaff 2008, 246). Je weiter die Menschen die Götter und Göttinnen aus ihrer Nähe rücken, je unbegreiflicher und unvorstellbarer diese werden, umso größer scheint die Gabe zu werden, die ihnen zu erstatten ist, umso geringer scheinen die (notwendig) begrenzten Opfer auf die Neigungen der fernen Götter und Göttinnen einwirken zu können. Das Paradigma der Gabe erreicht dort seine äußerste Grenze, wo die Gabe nicht mehr zu erwidern ist. Die durch die Opfer freigesetzten Kräfte müssen dann wirkungslos verwehen. Doch noch die christliche Metaphorik von „Erlösung" und „Vergebung" ist vom Topos des Gebens und Nehmens geprägt. Man sieht, worauf diese Entwicklung zulaufen wird: auf die Installierung einer nicht tilgbar erscheinenden Schuld, zumindest nicht durch die Sterblichen, und auf die unbeirrbare Gnade dessen, nach dessen Ratschluss Erlösung oder Verdammnis vorherbestimmt sind. Die Prädestinationslehre, die im Christentum bis in die Gegenwart für Unruhe und Streit sorgte, wurde von Augustinus im 4./5. Jahrhundert zusammen mit der Gnadenlehre formuliert, zu einem Zeitpunkt, als die christliche Bewegung im spätrömischen Reich fest im Sattel saß.

Wie Weber schreibt, kann ein übermächtiger Gott nicht mehr magisch und auch nicht durch das Gebet gezwungen werden. (Weber 1988, 544) An Stelle von „langem Leben, Gesundheit, Ehre, Nachfahren, und, eventuell, Besserung des Jenseitsschicksals" (ebd.) als „Preis" eines frommen Lebens tritt nun, christlich-theologisch zugespitzt, die niederschmetternde Alternative von Heil oder Verdammnis, die dem Einzelnen vorherbestimmt erscheint und die von Calvin zu einem Abgrund zwischen Gott und seiner Kreatur radikalisiert wird.

Im Ursprung des Christentums hatte die Unmöglichkeit einer Erwiderung der Gaben Gottes jedoch noch eine andere radikale Perspektive eröffnet: die der bedingungslosen Mildtätigkeit oder auch Nächstenliebe. „Auf die Frage, wer wem und was geben soll, antwortet Jesus: Wer? Jedermann; wem: Jedem; und was? Alles ..." (C. Tarot; zit. n. Hénaff 2009, 407). Diese Radikalität der Forderung nach einer bedingungslosen Gabe, die „Brüderlichkeitsethik" (Max Weber), hat das Christentum in seinen Anfängen für einen Teil der römischen Gesellschaft attraktiv gemacht und in den ersten Jahrhunderten seiner Ausbreitung zu einer Orientierung an einem asketischen, mönchischem Lebensstil geführt.[8] Das Ideal der Besitzlosigkeit leitete auch viele religiöse Unruhestifter* u.a. in Bewegungen gegen eine Reichtümer ansammelnde Kirche und mönchische Oppositionsbewegungen, wie die der Franziskaner. Sie bedingte mit die Ablehnung der Zinsnahme, die Androhung von Höllenqualen für die Reichen und die zum Teil beträchtlichen caritativen Anstrengungen christlicher Gemeinden und Organisationen. (Le Goff 2008) Sie steht im Konflikt mit der kapitalistischen Erwerbsgesinnung und dem unbegrenzten Gewinnstreben, hat jedoch nicht zu einer radikalen Gegenbewegung geführt, nicht nur, weil die die vor allem vom Protestantismus entwickelte Arbeitsethik den Unterhalt des Einzelnen durch die Gesellschaft an seinen „Arbeitsbeitrag" gemäß dem Äquivalenzprinzip bindet, sondern tiefergehend, weil die durch den „Wert" geregelte Austauschbeziehung von Ware und Geld dem sozialen Wert des „Gabentausches" den Boden als allgemeines gesellschaftliches Regulationsprinzip entzieht (vgl. auch das Schlusskapitel).

8 Nach Weber finden sich vor allem in sog. Erlösungsreligionen mit ihrer Verinnerlichung der Heilswege, auch in Form von Askese, ausgearbeitete Ethiken religiöser „Brüderlichkeit" bis hin zu einem weltflüchtigen, objektfreien Liebesakosmismus und zu einer Ethik der Selbsthingabe. (Weber 1988) Eine Vermittlung zwischen der Ethik der „asketischen Weltflucht" nach Weber und dem Gaben-Paradigma von Mauss bliebe noch zu leisten.

III.8 Glaube und Gebet

Kennzeichnend für den Charakter als Glaubensreligion ist der Kampf um die Formeln des Bekenntnisses, die mit dem Konzil von Nicäa für das römische Christentum entschieden wurde und zu tiefen Schismen führte. In diesen Kämpfen um den wahren Glauben wurde auch der Begriff von „Religion" geprägt, der bis in die Gegenwart das Verständnis von Religionen, auch im Verhältnis der Weltreligionen zueinander prägt (vgl. zum Religionsbegriff Kapitel V).

Für Glaubensreligionen kennzeichnend ist der als ein „seelischer Zustand" oder „seelischer Akt" verstandene „Glaube" als Ergebnis ritueller Übungen, die einen Habitus des „Gläubigen" oder „Frommen" erzeugen (vgl. hierzu das Kapitel „Glauben-Machen"). Glaubensakte in Form spezieller körperlich-seelischer Hingabe etwa im Umgang mit sakralen Objekten jedweder Art sind in vielen religiösen Praktiken (u.a. Sufi-Islam, Bhakti-Hinduismus) anzutreffen. Dieser sich der Form nach aus der „Innerlichkeit" speisende Religiosität entspricht vor allem die rituelle Praxis des Gebets. Wie Durkheim folgt Mauss einem evolutionären Schema fortschreitender „Individualisierung", die auch vor den Religionen nicht Halt macht oder gerade von ihnen gefördert wird. In den immer „spiritueller" werdenden Religionen sind die Riten „mehr Haltungen der Seele als des Köpers geworden, sie haben sich mit geistigen Elementen, Gefühlen und Ideen angereichert" (Mauss 2012a, 472). Mit der Tendenz sich zu spiritualisieren, „zeigten die Religionen [gedacht wohl zunächst an die christliche] die Tendenz sich mehr und mehr zu individualisieren" (ebd.). Das Gebet in seinen verschiedenen Formen scheint diesen Tendenzen entgegenzukommen. „Im liberalen Protestantismus ist es fast zum Inbegriff des religiösen Lebens geworden" (ebd., 471).

Mauss versuchte in seiner Dissertation, das „Gebet" als elementare und universelle religiöse Praxis nachzuweisen, jedoch brach er den Versuch, wohl auch angesichts der Lage der ethnologischen Befunde zu seiner Zeit, unvollendet ab. (Moebius 2012, 665ff.) Auch das Gebet „als ein oraler religiöser Ritus, der sich unmittelbar auf die sakralen Dinge bezieht" (Mauss 2012a, 525) lässt sich dem Gaben-Paradigma als „orale Gabe" einfügen, auch hier ist ein „Ursprung" und eine Grundlage in einer kollektiven rituellen Praxis auszumachen: „Das bedeutet, hinter dem individuellen Gebet steht das kollektive Gebet, die kollektive Sprache" (Moebius 2012, 669).

> Jedes Gebet ist eine Handlung. Es ist weder reine Träumerei über den Mythos noch reine Spekulation über das Dogma, sondern es impliziert immer eine Anstrengung, eine Verausgabung an körperlicher und seelische Energie, um bestimmte Wirkungen zu erzielen. Selbst wenn es rein geistig ist, kein Wort gesprochen wird, jede Gebärde fast verschwunden ist, ist es dennoch eine Bewegung, eine Haltung der Seele (Mauss 2012a, 520).

Gebete wirken auf die sakralen Wesenheiten ein und dringen in das Feld der sakralen Mächte vor. Das Gebet erscheint so als die ideale Praxis für eine „verinnerlichte" Religionsausübung, wie sie die Glaubensreligion anstrebt. Das Feld der „oralen Rituale" ist jedoch weit und die Grenzen zwischen Religion und Magie sind in vielen Fällen verwischt: „Aber zwischen den Zauberformeln und den Gebeten, wie allgemein zwischen den Riten der Magie und denen der Religion, existieren alle Arten von Abstufungen. Gewisse Gebete sind in der Tat in mancher Hinsicht regelrechte Zauberformeln" (Moebius 2012, 670). Nicht alle oralen religiösen Riten, die Sakrales bemühen, sind jedoch nach Mauss Gebete: so etwa Eide, Verträge, Wünsche, Segnungen, Verwünschungen, Gelübde, Widmungen etc. (Mauss 2012a, , 523) Ob Formeln der Versenkung (Mantren), die direkt auf die Befindlichkeit einer Person selbst gerichtet sind, nach der Definition von Mauss zu den Gebeten gezählt werden sollen, bleibt hier offen. Die Praxis der Meditation wird für die Gegenwart von den am weltweiten „Religionsmonitor" der Bertelsmann Stiftung (vgl. Kapitel I) beteiligten Forschern* als religiöse Praxis gewertet, die dem (privaten) Gebet gleichzusetzen sei. In diesen „Praktiken des Selbst" (Foucault), die Knoblauch als spiritualistisch bezeichnet, wird „das Selbst" zum „Subjekt der Transzendenz". (Knoblauch 2009, 559) Die sich individuierenden Subjekte scheinen aus sich heraus die Erfahrung einer Transzendenz zu produzieren, wobei auch diese Produktionsanleitungen (z.B. Vipassna) folgen und sich auf von Gurus gelieferte Deutungsmuster stützen. Mit den „weltflüchtigen" Praktiken positioniert sich das reflektierende Selbst in und gegenüber einem Alltag, der durch zentrifugale Kräfte bestimmt zu sein scheint. Dagegen verlassen Bemühungen von Einzelnen oder von Gruppen, „alle Bande" von sich zu werfen, den vom Geben und Nehmen und seinen Verpflichtungen ausgehenden Kreis des Religiösen.

IV. „Religion als kulturelles System" Die Produktion „religiöser Wirklichkeiten" bei Clifford Geertz

Der vielzitierte Begriff der Religion als einem „kulturellem System" stammt aus einer frühen Phase des Geertz'schen Werkes, in der Geertz sich vom Parsonianischen Kulturfunktionalismus freizumachen begann und den sog. *cultural turn* in den Sozialwissenschaften mit einleitete. Diese Wende zeigte sich dabei eher in seinen methodologischen Schriften als in den Äußerungen zu religiösen Symbolsystemen und Praktiken. Doch die Veränderungen in der Auffassung von Kultur als *acted document* (Geertz 1973g) hatten auch weitreichende Konsequenzen für die Geertz'sche Analyse religiöser Praxis, der in diesem Beitrag nachgegangen werden soll.

Gefördert von der Ford Foundation und dem MIT ging er 1952 mit seiner Frau Hildred Geertz, die ebenfalls als Ethnologin arbeitete, nach Java, wo ihm im Rahmen der Forschungsgruppe das Studium der javanischen Religionen zufiel. Auf Java wurde er mit unterschiedlichen, konfligierenden religiösen Gemeinschaftsbildungen konfrontiert. „If the 'function' of religion was, as we were still taught to say in those days, 'the tuning up of ultimate value attitudes of the society', the tuning here was various, contrastive and contrapuntal, and so were the attitudes" (Geertz 2010b, 221). Dabei waren im Fluss des Alltagslebens drei mit einander verflochtene und zugleich konkurrierende religiöse Strömungen zu unterscheiden: 1. ein Zusammenspiel von malaisch-polynesischen Strömungen (abangan), die eine Art primordialer, im wesentlichen ländlich-bäuerlicher Volkskultur und Volksreligion bildeten, 2. hinduistisch-buddhistische Vorstellungen und Rituale (prijaji), deren Trägergruppen sich vor allem beim Adel und in den städtischen Verwaltungsapparaten, bei Lehrern* und Angestellten* auch der ehemaligen Kolonialverwaltung fanden, und 3. islamische Traditionen (santri), die sich mit islamisierten Händlern auf den Handelsrouten über die Insel ausbreiteten und ihre institutionelle Basis in zahlreichen Koranschulen fanden.[1]

Die *cultural anthropology* in den USA hielt die tribalen Riten, Zeremonien und religiösen Vorstellungen bis in die Nachkriegszeit für Vorläufer der „Hochreligionen", deren elementare Formen sie hier zu finden glaubte (wie schon Emile Durkheim und seine Schule). Die jungen Anthropologen* und Ethnologen* in Indonesien oder Indien sahen sich nun damit konfrontiert, „Religionen" direkt im Alltag, in ihren allgegenwärtigen und zutiefst emotionalisierten Formen zu erforschen. Dabei stand die Frage nach Rolle und Bedeutung von „Religion", über deren sozialen Charakter wenig ausgemacht war, im Vordergrund. Worin lag ihre Kraft, ihre Dauerhaftigkeit, ihre Reichweite? Geertz und seine Kollegen* wurden in Indonesien wie auch in Indien oder Nigeria mit postkolonialen Gesellschaften konfrontiert, die tief von forcierten Entkolonisierungs- und Modernisierungsprozessen gezeichnet waren, die die tradierten, elaborierten sozialen und kulturellen Formationen zu durchdringen begannen.

Geertz Erfahrungen in Java und auf Bali waren doppelter Natur: „adversative, religiously phrased divisions within a single, many-minded society, but the realization of these divisions and these many-mindedness did not preclude a distinct and particular sort of spiritual temper" (Geertz 2010b, 221). Die Spannungen zwischen vereinheitlichenden und divergierenden Tendenzen in den ethnographischen Beschreibungen verdanken sich dabei gleicherweise den lokalen Verhältnissen wie den methodologischen Perspektiven. Dabei widerlegten die Erfahrungen in der Erforschung von Religionen in den „Neuen Staaten" die funktionalistische Annahme von der integrativen gesellschaftlichen Funktion von „Religion", die bei Talcott Parsons zur Hüterin der Orientierungsmuster in einer individualisierten Gesellschaft avanciert war.

Die Geertz'sche Auffassung von Religion wird hier als ein „Ensemble von Wirklichkeiten produzierenden Symbolsystemen und Praktiken" rekonstruiert. Dabei stellt sich die Frage doppelt: ob und wie Religion spezifische (religiöse) Wirklichkeiten produziert bzw. ob es spezifisch religiöse Formen der Produktion von Wirklichkeiten gibt. Wie für Bourdieu ist Religion für Geertz eine Form von Kultur;

1 Die Fragen der sozialstrukturellen Verankerung der Religionsgruppen, ihren Praktiken und Vorstellungen können hier nicht weiterverfolgt werden (vgl. etwa Cruikshank 1972).

die Begriffe Religion und Kultur überschneiden sich in irritierendem Maße, Kultur erscheint als religiöse Praxis, religiöse Praktiken verrichten die Aufgaben der Kultur. Geertz interessiert sich dabei vor allem für die Wirkungen von Religion im Alltag der Menschen.

Zunächst wird es im Folgenden um die anthropologische Fundierung des Kulturbegriffs bei Geertz gehen (1), von wo aus sich der Begriff der Kultur als Bedeutungssystem und Lebensform (2) erschließt. Effekte und Wirkungen der „kulturellen Systeme", zu denen zentral auch Religion gehört, glaubt Geertz aus der Materialität und Öffentlichkeit von „Symbolsystemen" erklären zu können. Die Analyse von Kultur und Religion erhält so die Form einer „semiotischen Analyse". Nach diesen Vorüberlegungen wird „Religion als kulturelles System" dargestellt, das „Wirklichkeiten" als Amalgam aus „Sein und Sollen" produziert (3). Dabei wird auch der für Religionen charakteristische Effekt der „Verdoppelung" sichtbar. Gestützt auf Symboltheorien von Cassirer, Morris und anderen weist Geertz den „heiligen Symbolen" einen besonderen Platz in den religiösen Systemen an, die auf „Glauben" beruhen (4). Religiöser Glaube ist für Geertz dem *common sense* eng verwandt. Religiöse Wirklichkeiten sind mit den Alltagswirklichkeiten verwoben und stehen zu ihnen in einem Verhältnis der Ergänzung und Verstärkung (5). In den von Geertz untersuchten nachkolonialen Gesellschaften geraten *common sense* und Religionen gemeinsam in eine Krise, aus der die „religiöse Gesinnung" als „Zerfallsprodukt" der Modernisierung hervorgeht (6). Für den Ethnologen Geertz stellte sich die „Moderne" als Prozess der Fragmentierung des Alltags dar, in dem Religionen ihr Monopol auf die „heiligen Symbole" verlieren.

IV.1 Anthropologische Grundzüge des Kulturbegriffs bei Geertz

Geertz teilt mit vielen Anthropologen* die Auffassung, dass der Mensch ein Mängelwesen sei, das der Komplettierung durch technische Instrumente, kulturelle Konzepte und soziale Institutionen bedürfe. Angesichts der mangelhaften Ausstattung des Menschen, seiner Instinktungebundenheit und „Offenheit" stellt sich Geertz die Grundfrage nach der Schaffung von (stabilen) „Wirklichkeiten" als Bedingung der Lebens- und Überlebensweisen der Kollektive und der Einzelnen in ihren jeweiligen Umwelten. Dabei gilt ihm als unfraglich, dass die „Wirklichkeiten" nur als sozial konstituiert verstanden werden können. Das menschliche Denken mit seinen Kategorien, Unterscheidungen und Modalitäten entsteht in einer kooperativen sozialen Praxis. Der gleichförmigen Grundausstattung der Menschen stellt Geertz dabei die schier unendliche Vielfalt der kulturellen Hervorbringungen gegenüber, die nur einer sozialen Erklärung zugänglich sind.

Allgemein besteht die gesellschaftliche Leistung von Kultur für Geertz in der Schaffung von Ordnungen, die das hinter den „Wirklichkeiten" drohende „Chaos" zurückdrängen, dem der Mensch bei direkter Konfrontation mit der ihn umgebenden Vielfalt von Lebewesen und Naturkräften ausgeliefert wäre. Das Chaos wird von Kultur gebändigt, aber nie beseitigt. Es bleibt als Angst erzeugende Macht latent und ist tief in die emotionalen Grundierungen der Wirklichkeiten eingelassen.

Die Wirklichkeiten, entstehend in der kollektiven Produktion von Bedeutungen, die sich aus den Verweis- und Beziehungsverhältnissen der Praxen auskristallisieren, werden von Geertz nur begrenzt in der Perspektive von Macht und Herrschaft gedacht. Zumindest scheinen für ihn die Individuen nicht, wie bei Bourdieu, unter „symbolischer Gewalt" zu leiden. Wirklichkeiten können jedoch in Frage gestellt werden: durch jähe Katastrophen, durch unlösbar scheinende moralische Dilemmata oder durch kognitive Rätsel und Paradoxa.

Ausgehend vom Kulturbegriff der Kulturanthropologie stellte sich Geertz die Frage, wie Kultur wirksam wird, wie sie in öffentlichen, symbolischen Formen den Handlungen der Akteure* Bedeutung verleiht. Kultur ist so Teil des Alltagslebens. So analysierte Geertz in den Ritualen des balinesischen Hahnenkampfs (vgl. Geertz 1973a) die Emotionen und Leidenschaften der beteiligten Männer, in denen sich ihre Männlichkeits- und Ehrgefühle formen.

In der Analyse der öffentlichen Formen von Kultur meint Geertz zu einem kollektiven Bewusstsein, zu einer kollektiven Subjektivität vorstoßen zu können, die die Verhaltensstile prägen. So zeigt Geertz (vgl. Geertz 1973d), wie die balinesischen Diskurse um Personalität zu einer Zeremonialisierung der sozialen Interaktionen führen, die bestimmte, „kreatürliche" Verhaltensaspekte (Spontaneität, Emotionalität, Verletzlichkeit) der öffentlichen Sichtbarkeit entziehen.

IV.2 Kulturen: Bedeutungen und Lebensformen

Wie ihre „inneren Welten“ sind auch die „Umwelten“ der Menschen sozial konstituiert und produzieren Wechselwirkungen, die als ihre Bedeutungen erscheinen. Die Zuschreibung von Bedeutungen, die aufeinander verweisen, bildet den Kern des Geertz'schen Kulturbegriffs. „The concept of culture I espouse [...] is essentially a semiotic one. Believing, with Max Weber, that man is an animal suspended in webs of significance he himself has spun, I take culture to be those webs [...]“ (Geertz 1973g, 5). Die „Verstrickung in die Bedeutungsgewebe“ verweist auf ihre Herkunft aus Praktiken, die die Menschen als soziale Wesen bereits immer vorfinden und in die sie unmittelbar, durch Mitmachen und Nachahmung eingebunden werden. Die Praxis selbst macht den Test auf das Verstehen von Bedeutungen. Dabei kann es immer nur um ein „praktisches“ Verständnis gehen.

Kulturen stellen nach Geertz die Formen dar, in denen Menschen ihr individuelles und kollektives Leben leben, wahrnehmen und reflektieren können. Kultur als „Bedeutungsgewebe“ ist mit dem „Leben“ jedoch nicht identisch. Geertz bezeichnet Kultur als „informal logic of actual life“ (Geertz 1973a). Die kulturellen Formen artikulieren sich im „Fluss des alltäglichen Lebens“ und sind als Bedeutungen mit dem Gebrauch, der von ihnen gemacht wird, quasi verwachsen.

Gegenüber dieser Gebrauchstheorie der Bedeutung, die Geertz in den Arbeiten von *Local Knowledge* (1993a) vertritt, findet sich im Religionsaufsatz von 1966 noch die Vorstellung von der Abstrahierbarkeit „kultureller Muster“, denen quasi eine eigene Seinsweise zukommt. Die kulturellen Muster bilden hiernach „Muster von etwas“ und „Muster für etwas“, Muster von und für die „Wirklichkeiten“ bzw. die Praxen, in denen die Menschen ihr Leben reproduzieren. Die allgemeine Leistung von Kultur besteht darin, die Vorstellung von dem, was ist, mit Vorstellungen von dem, was sein soll, zu amalgamieren. Wie erschütterungsfrei diese Moralisierung des Natürlichen bzw. Naturalisierung des Moralischen jeweils ist, muss sich jedoch erweisen.

Auch wenn ein geeigneter analytischer Begriff fehlt, stellt Geertz „Wirklichkeit“ als einen Effekt kultureller Praxis vor. Im Vergleich zu Mehan/Wood (1976), die sich wie Geertz auf den Begriff der Lebensform von Wittgenstein beziehen, hebt Geertz die intentionalen, moralischen und emotionalen Grundierungen der „Wirklichkeiten" hervor. Die Isolierbarkeit der kulturellen Muster beruht nicht nur auf einem analytischen Kunstgriff, sondern zunächst auf der Distanzierungsfähigkeit der Akteure* gegenüber ihren Handlungen und Gegenständen, die sie in Form von „Bedeutungen" oder „Konzepten" reflektieren.[2]

Die kulturellen Bedeutungsmuster haben für Geertz die Form von paradigmatischen Stilen. Dies zeigt sich im Vergleich der islamischen Kulturen auf Java und in Marokko. (vgl. Geertz 1968) Der Islam als „kulturelles System" verändert nach Geertz auf seinem Weg in den äußersten Westen und den äußersten Osten sein „Gesicht" bis hin zur Gegensätzlichkeit, repräsentiert und exemplifiziert durch die jeweiligen „klassischen Stile": der indonesische Prophet und Mystiker Sunan Kalijaga, dem eine führende Rolle bei der Islamisierung Indonesiens zugeschrieben wird, auf der einen und die marokkanische Gestalt des Marabut, personifiziert in dem unter dem Namen Sidi Lahsen Lyusi bekannten „Heiligen", der die politische Gewalt im 17. Jahrhundert in ihre Schranken verwies, auf der anderen Seite. In Indonesien waren es vor allem die indisch-hinduistischen Prägungen, in Nordwestafrika die Lebensweisen der Berber-Stämme, die dem Islam ihre Stile aufprägten.

Die Betonung ihres paradigmatischen Charakters ermöglicht es Geertz, die kulturellen Formen als einen objektivierten, les- und interpretierbaren „Text" zu verstehen und sie als Gegenstand von Verständigungs- und Aushandlungsprozeduren zu begreifen, also gerade nicht nur als eine zweite (kulturelle oder soziale) Haut, die die Akteure* nahtlos umschließt.

Das Geertz'sche Konzept der Theatralität von Kultur, für das Rhetorik und Dramatik des öffentlichen Lebens zentral sind, geht vor allem auf Burke (vgl. 1989; auch Inglis 2010, 7) zurück. Mit der aus der Theaterpraxis stammenden Figur des *enactments* kann Geertz von Kultur als „this acted document"[3] sprechen. Der Verhaltenstext ist öffentlich und wird von den Mitwirkenden am „Spiel" oder „Drama", in ihren Aktionen zugleich „geschrieben" und „gelesen". Erst jedoch in den Feldnotizen des Beobachters* und durch seine verdichtenden Interpretationen gewinnen die kulturel-

2 Die Beobachtung kultureller Konzepte durch die Ethnologen* verdankt sich weitgehend der Reflexionsfähigkeit ihrer Informanten*, wenn auch Geertz für sich selbst einen eigenen Zugang zu den öffentlichen Bedeutungen von Symbolen und Handlungen reklamiert.

3 So im englischen Original (Geertz 1973g, 10).

len „Texte“ tatsächlich eine Textgestalt. Der Ethnologe* wird zum Autor*, die Aufgabe der Ethnographie wird zum „writing culture“ mit weitreichenden und auch problematischen Implikationen (Clifford/Marcus 1986).[4]

Kulturelle Systeme bestehen nach Geertz materiell aus öffentlich sichtbaren Symbolen, die den einzelnen Akteuren* als vorgefundene Zeichenträger gegenübertreten. Als Ensemble von Symbolsystemen kommt den Kulturen gegenüber ihren Produzenten eine verselbständigte Existenzform und eine spezifische Wirksamkeit zu.

IV.3 Religion als „kulturelles System"

In *Religion as a Cultural System* wollte Geertz eine *road-map-definition* von Religion liefern, mit der die Selbstzufriedenheiten von Funktionalismus (Parsons) und Strukturalismus (Lévi-Strauss) untergraben werden sollten. Untersucht werden soll die Praxis, in der Gruppen oder Gemeinschaften ihre Vorstellungen von Ordnung und ihre Weltsichten so aufeinander beziehen, dass diese sich gegenseitig verstärken: in religiösen Praktiken, in Ritualen, in Mythen, in geistiger Disziplin und den „reflexive pieties of every day life“ (Geertz 1973e, 90). Es handelt sich darum, „that sacred symbols function to synthesize a people's ethos [...] and their worldview“ (ebd., 89). In der folgenden, häufig zitierten Definition von Religion geht es daher darum, Religion in ihren Wirkungen und Funktionen zu bestimmen:

> [A] religion is (1) a system of symbols which acts to (2) establish powerful, pervasive, and long-lasting moods and motivations in men by (3) formulation of conceptions of a general order of existence and (4) clothing these conceptions with such an aura of factuality that (5) the moods and motivations seem uniquely realistic (ebd., 90).

Religion wird als etwas definiert, das auf bestimmte Weisen bestimmte Wirkungen erzielt. Für religiöse Menschen ist ihre Religion etwas, das etwas für sie bewirkt. Als System von Symbolen, die Geertz auch als „heilige Symbole“ bezeichnet, bedient sie sich der Wirkungsweise von Symbolen und ist damit Teil einer Kultur.

---

4 Die Geertz'schen Strategien der „dichten Beschreibung“ sind insbesondere in Bezug auf den „balinesischen Hahnenkampf“ zum Gegenstand heftiger Auseinandersetzungen geworden (Crapanzano 1986, Roseberry 1982, Smith 2011).

Kultur kann auf diese Weise mehr oder weniger durchsetzt sein mit Religiösem. Andererseits können andere kulturelle Symbolsysteme vergleichbare Wirkungen (etwa der Verstärkung oder Verdoppelung von Wirklichkeiten) erzielen und damit der religiösen Praxis ähneln oder diese ersetzen. Gemeinschaften und ihre Individuen können sich jedoch auch in ihren Wirklichkeiten ohne Religion zurechtfinden.

Kulturelle Systeme haben nach Geertz die Tendenz sich selbst zu erzeugen und zu stabilisieren, indem sie sich selbstverstärkende, reflexive Wirklichkeiten produzieren. In diesem Sinne produzieren auch Religionen Wirklichkeiten mit der „Aura der Faktizität", auf die die Menschen intentional und emotional eingestimmt werden.[5] Religiöse Praktiken entwerfen Wirklichkeiten „hinter" den Wirklichkeiten bzw. verdoppeln sie in bestimmten Aspekten.[6] Wie Geertz sagt,

> it is this sense of 'really real' upon which the religious perspective rests and which the symbolic activities of religion as a cultural system are devoted to poducing, intensifying, and, so far as possible, rendering inviolable by the discordant revelations of secular experience (Geertz 1973e, 112).

„Wirkliche Wirklichkeit" scheint nur im Singular möglich zu sein. Die religiöse Perspektive wirkt „by inducing in the worshipper a certain distinctive set of dispositions [...] which lend a chronic character to the flow of his activity and the quality of his experience" (ebd., 95). Das Religiöse wird an „religiöse" Dispositionen gebunden, die es sich selbst schafft. „The major characteristic of religious beliefs [...] is that they are regarded as being not conclusions from experience [...] but as being prior to it. For those who hold them, religious beliefs are not inductive, they are paradicmatic" (Geertz 1968, 98). Die Wirkungen von religiösen Symbolen hängen vor allem davon ab,

---

5 Aus der Sicht christlicher Religion geht es um das Verhältnis von weltlicher und göttlicher Ordnung, also von weltlicher *oeconomia* und einer *oeconomia divina* zur Verherrlichung Gottes (Agamben 2010; Priddat 2013). Eschatologisch gehört hierher die Vorstellung vom Reich Gottes auf Erden. Geertz betont die ethischen und moralisch-emotionalen Grundierungen solcher Konzeptionen. Dagegen treten die Fragen der (individuellen) „Heilsökonomie" (Bourdieu) zurück.

6 Die Geertz'sche Bestimmung von Form und Inhalt des Religiösen als Verbindung von „Weltanschauung und Ethos" oder, wie seine Formel lautet, als „wirkliche Wirklichkeit" sollte phänomenologisch gelesen und nicht theologisch missverstanden werden.

dass an sie, d.h. an ihre spezifische Wirklichkeit und damit Wirksamkeit geglaubt wird.

Angesichts seines antimentalistischen Programms mag es überraschen, dass die Geertz'sche Analyse von Religion auf die Frage des „Glaubens" zutreibt. Wie kommt es, dass ein Mensch auf seine beunruhigenden Erfahrungen im Glauben an eine Wirklichkeit hinter der Wirklichkeit eine Antwort findet? „*Whence comes faith?*" (ebd., 99) Die Antwort scheint einfach: „it comes from the social and psychological workings of religious symbols" (ebd.). Religiöse Symbole, religiöse Sprachen und religiöse Praktiken sind für den Einzelnen immer schon vorfindlich; niemand muss Religion erfinden, um religiös zu sein. Religion ist und kann keine Privatangelegenheit sein, auch wenn sie von vielen dazu gemacht wird.

> For the overwhelming majority of the religious in any population [...] engagement in some form of ritualized traffic with sacred symbols is the major mechanism by means of which they come not only to encounter a world view but actually adopt it, to internalize it as a part of their personality (ebd., 100)[7].

Hier nähert sich Geertz dem Konzept der Inkorporierung eines religiösen Habitus von Bourdieu. Neben individuellen Bedürfnissen nach Zuwendung und äußerer Autorität sind es auch für Geertz vor allem soziale Zwänge, die „Glauben machen". Der Zwang zur rituellen Konformität bewirkt „a significant degree of genuine faith" (ebd.). Die soziale Einbettung der religiösen Bedürfnisse in das Mitmachen religiöser Praktiken lässt wenig Raum für einen individuellen „Sprung in die Religion". Der „innere Drang" nach Religion sollte daher nicht zu hoch veranschlagt werden. (ebd., 101)

Der religiöse Glaube entwickelt sich nach Geertz nicht aus „religiösen Erfahrungen", sondern folgt Autoritäten, die es vermögen, Erfahrungen als religiös zu deuten. „The basic axiom underlying what we may perhaps call 'the religious perspective' is everywhere the same: he who would know must first believe" (Geertz 1973e,

---

7 Zu den religiös stimmenden Praxen bei Geertz zählen vor allem die Gemeinschaftsrituale. Der *slametan*, der rituelle gemeinschaftliche Verzehr bestimmter Speisen ist für Geertz „the Javane version of what is perhaps the world's most common religious ritual, the communal feast, and, as almost everywhere, it symbolizes the mystic and social unity of those participating in it. Friends, neighbours, fellow workers, relatives, local spirits, dead ancestors, and near-forgotten gods all get bound, by virtue of their commensality, into a defined social group pledged to mutual support and cooperation" (Geertz 1960, 11).

110). Geertz paraphrasiert hier – en passant – Augustinus: „nisi crederitis, non intelligitis". Allerdings gibt er sich nicht die Mühe, die Bedeutung von „Glauben" etwa in Form von „belief systems" nach Michael Polanyi (1958) näher zu untersuchen. Im Ergebnis scheint bei Geertz die Frage der Einnahme einer religiösen Perspektive (Glauben) eine Frage der rituellen Einübung in sie zu sein. „In a ritual, the world as lived and the world as imagined, fused under the agency of a single set of symbolic forms, turn out to be the same world producing thus that idiosyncratic transformation in one's sense of reality [...]" (ebd., 112). In den öffentlichen Ritualen kommt es zu einer Verschmelzung von Weltauffassung und Ethos, die das religiöse Bewusstsein einer Gruppe oder Gemeinschaft prägen. Die öffentlichen Inszenierungen und Materialisierungen der religiösen Perspektive sind Modell nicht nur für die Gestaltung des Lebens, sondern auch Modell für das, was „Glauben" heißen kann. (vgl. ebd., 114) „In these plastic dramas men attain their faith as they portray it" (ebd.). „The acceptance of authority that underlies the religious perspective that the ritual embodies thus flows from the enactment of the ritual itself" (ebd., 118). Die rituelle/öffentliche Praktizierung des Glaubens produziert den „Glauben an den Glauben" (vgl. näher auch das Kapitel zu Bourdieu).

Religion ist für Geertz das Ergebnis einer autorisierten „Glaubenspraxis". In einigen Gesellschaften scheinen die Wirkungen der Religion alles zu durchdringen, während sie in anderen eher beschränkt sind. Nicht alle Menschen in einer Gemeinschaft bedienen sich ihrer im Krisenfall. (vgl. Geertz 1973e, Anm. 33) Auch ist es eine empirisch offene Frage, wieweit ihr die „Abdichtung" fragiler Wirklichkeiten gegen den Einbruch des Unwirklichen im Einzelfall gelingt.

IV.4 „Heilige Symbole"

Kernelemente der semiotischen Kulturanalyse bei Geertz sind Symbole, die sich zu selbstverstärkenden Systemen zusammenschließen. Diese stiften Wirklichkeiten, zwischen denen intermittierend das Leben verläuft und die Dank der „Aura des Faktischen" kontrafaktische Erfahrungen neutralisieren können. Bedingt durch die „Kraft" der Symbole verbleiben die Akteure* im Bann ihrer Wirklichkeiten – solange eben diese Kräfte wirksam sind.

Symbole können nach Geertz Zeichen aller Art sein: konventionelle Zeichen, Artefakte, Naturgegenstände wie Berge, Bäume oder Tiere, aber auch Körperhaltungen und Gesten. Ein Mandala, aber auch der ferne Mount Kailash selbst, können Symbole für den mythischen Berg Meru sein, auf dem die Götter* wohnen. Als konnotative Zeichen besitzen die Symbole bei Geertz einen Bedeutungsüberschuss über ihre Gegenstandsbedeutung hinaus: „Hammer und Sichel" als Symbole des Kommunismus, „Stars and Stripes" als Symbole der Vereinigten Staaten. Nach Nöth (2000) haben sogenannte repräsentative Symbole die Funktion, das Repräsentierte in einer Situation zu vertreten und dadurch die Wertschätzung auf sich zu ziehen, die dem Repräsentierten zugeschrieben wird. Von besonderem Interesse sind im Zusammenhang der „heiligen Symbole" die ikonischen Zeichen, die in der Lage sind, auf sich selbst zu verweisen, wodurch eine Art Anwesenheit des Symbolisierten im Symbol ermöglicht wird.

„Heiliges" ist für Geertz etwas, das intrinsische Verpflichtungen mit sich bringt, das Verehrung erheischt und emotionale Bindungen stiftet. Was immer als „Heiliges" oder „heilige Kraft" gilt, *Mana* oder *Brahma* (vgl. Kapitel III zu Marcel Mauss), nach Geertz gehen von ihm moralische Ansprüche aus, die in die Fundamente des „Wirklichen" eingelassen zu sein scheinen. „Sacred symbols thus relate an ontology and a cosmology to an aesthetics and a morality: their peculiar power comes from their presumed ability to identify fact with value at the most fundamental level" (Geertz 1973b, 127f.).

Die „Kraft" der heiligen Symbole ist an ein sinnliches Zeichen geheftet, das mehrere bedeutungsträchtige Dimensionen zusammenbindet: So beruht die Macht des Kreis-Symbols bei den Ogalala auf seinem umfassenden Charakter und seiner Fähigkeit Erfahrungen zu ordnen. (vgl. ebd.) Ein Cluster heiliger Symbole, verflochten zu einer Art Ganzheit, bildet dann ein „religiöses System". Für diejenigen, die ihnen verbunden sind, vermitteln die Symbole ein genuines Wissen über Welt und Leben. Moralität besitzt hierdurch eine Art Realismus, eine praktische Weisheit: „so ist es und nicht anders". Auf diese Weise ragt Religion in den Alltag und in den *common sense* hinein.

In den heiligen Symbolen erfahren positive und negative kulturelle Werte eine Form der Dramatisierung. So verschmilzt etwa im javanischen Schatten-Puppenspiel eine Kunstform mit einem religiösen Ritual. Das Puppenspiel drückt die Fusion von mystischer

Weltsicht und dem auf Verhaltens-Etikette ausgerichteten Ethos der Javaner* aus. Auch wenn der Zuschauer* laut Geertz diese Einsichten nicht formulieren kann, formt das Puppenspiel doch „the ordinary Javanese experience." Das Spiel mit den Schatten und die javanische Religion bieten in Einem zugleich Mystik, spirituelle Disziplin, *rasa* in den „Tiefen des Selbst" und eine abgehobene Ruhe, die im gesellschaftlichen Leben demonstriert werden muss.

Die Wirkungen der Teilnahme an religiösen Praktiken schreibt Geertz den verwendeten Symbolen (Wörter, Gesten, Orte etc.) zu, die scheinbar aus ihrer spezifischen Zeichenstruktur heraus ihre spezifischen Effekte entfalten und eine Fusion von Wirklichkeitsrepräsentationen und Verhaltensregeln zu erzeugen scheinen.

Mit seinem Verständnis von „heiligen Symbolen" kann sich Geertz auf Cassirer beziehen, der in der symbolischen Form des Mythos eine ähnliche Zirkularität oder Selbstbezüglichkeit erkennt. So schreibt Cassirer über das mythische Bewusstsein, das dem religiösen Bewusstsein verwandt ist:

> Das Bewusstsein steht dem Inhalt nicht in freier Reflexion gegenüber [...], sondern es ist von ihm in seiner unmittelbaren Ganzheit gefangen genommen. [...] Hier drückt demnach das Wort nicht als bloß konventionelles Symbol den Inhalt der Anschauung aus, sondern es verschmilzt mit ihm zu einer unlöslichen Einheit. Der Inhalt der Anschauung geht in das Wort nicht nur in irgendeiner Weise ein, sondern er geht in ihm auf. Was einmal im Wort oder Namen festgehalten ist, das erscheint nun nicht mehr als ein Wirkliches, sondern geradezu als das Wirkliche (Cassirer 1956, 123f.).

Hierin sieht Cassirer begründet, was er die „Macht des Wortes" nennt. Das mythisch-religiöse Zeichen, das seinen Referenten, der quasi in dieses eingewandert ist, verloren hat, scheint aus sich selbst zu sprechen, wie der Gott Moses im Dornbusch.

Eigenschaften, die Geertz den heiligen Symbolen zuschreibt, finden sich bei Charles William Morris als Kennzeichen ästhetischer Zeichen, die er zu den ikonischen Zeichen zählt, deren Designat ein „Wert" ist. Hierbei kommt es nach Morris „zur unmittelbaren Wahrnehmung von Werteigenschaften vermittels der bloßen Gegenwart dessen, was selbst den Wert besitzt, den es designiert" (Morris 1972, 98). Bei der ästhetischen Wahrnehmung werden die Werteigenschaften nicht nur mittelbar, sondern auch unmittelbar erfasst: mittelbar deshalb, weil sie durch Zeichen dargestellt werden, unmittelbar deshalb, weil die Zeichenträger, die verwendet werden, in unterschiedlichen Graden die Werteigenschaften in sich tragen, die sie verkörpern. (vgl. ebd., 103)

Schließlich kann auch die Symboltheorie von Michael Polanyi herangezogen werden. Angeleitet durch die Gestalttheorie versteht Polanyi allgemein ein Zeichen als eine Fusion von Mengen von Partikularitäten, Subsidien aus Erfahrungspartikeln, zusammengefasst zu einem sie umfassenden Ganzen (*self-giving integration*), dem ein „intrinsisches Interesse" und damit ein „Bedeutungsüberschuss" zukommt. So wird in einem Symbol eine Menge werthaltiger und emotionsgeladener Partikel in einem an sich interessefreien Material „verkörpert". Aus einem Stück Stoff wird so eine Nationalflagge. Von besonderem Interesse sind die Symbole oder symbolischen Aktionen, die Polanyi Rituale und Metaphern nennt und denen eine besondere bewegende Kraft innezuwohnen scheint. „The result is that a metaphor like a symbol carries us away, embodies us in itself, and moves us deeply as we surrender ourselves to it" (Polanyi 1975, 79). Man kann hier durchaus auch von „symbolischer Gewalt" sprechen, und wie bei Bourdieu setzt diese Kraft, „die uns fortträgt", voraus, dass wir uns ihr unterworfen haben bzw. ihr unterworfen wurden, sprich an sie „glauben". Metaphern haben für Polanyi eine tragende Funktion in Mythen, die durch diese eine besondere Tiefe und Evidenz und damit einen „Wahrheitsgehalt" erlangen, wie ihn auch Bellah (1971) den religiösen Symbolen zuschreibt.[8]

„Kraft" scheint Symbolen so aus fusionierenden Prozessen der Zeichenbildung zuzuwachsen, durch die sie emotional und werthaltig aufgeladen werden, durch metaphorische und metonymische Prozesse, mit denen auch „der Stoff, aus dem die Träume sind", bearbeitet wird. Neben oder hinter diesen „semiotischen" Kräften stehen aber auch unübersehbar die Kräfte des „Glaubens", das heißt einer Unterwerfung unter die Symbole und ihre Wirkungen, die in Ritualen vollzogen wird, denen ebenfalls fusionierende und entgrenzende Wirkungen attestiert werden.

Der knappe Durchgang durch einige prominente Symboltheorien, der auch bei Turner (dominante Symbole) oder Barthes (Mythos) hätte Station machen können, zeigt, dass sich Geertz mit seiner Vorstellung von „heiligen Symbolen" auf gewichtige Stimmen be-

8 Die Symbole in Form eines „symbolic realism" drücken für Bellah wie Geertz eine eigene kulturelle Realität aus. Bellahs Definiton der Religion ähnelt daher der von Geertz. Er definiert „religion as that symbol system that serves to evoke what Herbert Richardson calls the 'felt-whole' that is, the totality that includes subject and object and provides the context in which life and action have meaning [...]" (Bellah 1971, 252f.).

rufen kann, zumindest was ihre Zeichenstruktur anbetrifft.[9] Was er allerdings in seiner „semiotischen Kulturanalyse" weitgehend vernachlässigt, sind die Prozesse der Autorisierung und Sakralisierung, durch die bestimmte Symbole als „heilig" etc. ausgesondert werden.[10] Dabei erfahren auch die Kämpfe um die Repräsentation von Identitäten und Differenzen bei Geertz zu geringe Beachtung, wie Martin Fuchs (1999) im Zusammenhang seiner Untersuchung der Kämpfe der Dalits in Indien um Anerkennung und Autonomie kritisch feststellt.

Trotz aller Meriten der semiotischen Analyse bleibt insgesamt offen, ob durch die von Geertz bemühten „heiligen Symbole" religiöse Systeme hinreichend charakterisiert sind. Wie die religiösen Bedeutungssysteme „Wirklichkeiten" produzieren, Sein und Sollen, Ethos und Weltsichten zusammenfügen und aus ihnen Faktizitäten machen, so verfahren auch andere kulturelle Systeme (Wissenschaft, Kunst, Recht etc.). Die „Heiligkeit" von Symbolen scheint nicht auf Religion begrenzt zu sein, sondern findet sich auch bei nationalen Symbolen (Nationalflaggen),[11] die vom Staat sakralisiert werden, in Mythen und bei Ikonen des Sports und den Inkarnationen der Pop-Kultur.

IV.5 Religion und *Common Sense*

Common sense als „kulturelles System" bildet für Geertz „a relatively organized body of considered thought" (Geertz 1993b, 75). Der *common-sense* leugnet dies jedoch und behauptet, sich unmittelbar

---

9 Zum Stand heutiger Symboltheorien vgl. Nöth 2000.

10 Asad (1983) kritisiert Geertz daher zu Recht, dass sich für diesen die Frage der machtvollen Autorisierung von Interpretationen und die Unterwerfung unter die Zwänge der religiösen Symbole, nicht stelle. Asad kann sich hier auf seine Studien der mittelalterlichen Klosterdisziplin und der mönchischen Regeln des Heiligen Benedikts berufen. Die Arbeit der religiösen Spezialisten* am Symbolsystem bleibt bei Geertz ausgespart, als hätte es in der Vergangenheit keine Autorität und Gelehrsamkeit der Brahmanen oder der muslimischen Schriftgelehrten gegeben. Die von Geertz ins Auge gefasste Doppelwirkung der heiligen Symbole, Heiliges zu repräsentieren und Heiliges zugleich zu sein, setzt ihre Heiligsprechung voraus und den Glauben an die Autorität der sakralisierenden Instanzen.

11 Erinnert sei an den Mythos der französischen Imperialität, der nach Barthes im Bild des die Trikolore grüßenden (schwarzen) Kolonialsoldaten dingfest wird (Barthes 1964).

aus der Erfahrung zu ergeben. (vgl. ebd.) Als kulturelles System ist der *common sense* nach Geertz so zu behandeln wie jedes andere kulturelle Bedeutungssystem, das sich selbst verstärkt und begründet, indem es seine Evidenzen produziert.

Der *common sense* scheint als einziges unter den kulturellen Systemen unentbehrlich zu sein. Wie Religion ist er für das „Wirkliche" zuständig. Common sense „renders the strange familiar, the paradoxical logical" (Geertz 1968, 101). Der *common sense* reicht jedoch nicht immer zur Bewältigung existenzieller Probleme aus. Hier gibt es ein Wechselspiel zwischen *common sense* und religiösen Perspektiven, die den Alltagsverstand durch umfassendere Ordnungskonzepte ergänzen und vertiefen können. (vgl. ebd.) Es bleibt aber auch Platz für „eine Menge Zweifel", die für eine dauerhafte Spannung zwischen *common sense* und religiösen Überhöhungen sorgen. Auch in „traditionellen" Gesellschaften ist das Leben nie vollständig von Religion durchdrungen. Andererseits lagen *common sense* und Religiosität in den von Geertz beobachteten Gesellschaften so nahe beieinander, dass „an nichts zu glauben" (ebd.) für verrückt gehalten worden wäre.

Im alltäglichen Durcheinander besteht die Wirksamkeit der religiösen Perspektive nicht in ihrem Glaubensinhalt, etwa jene zweite, unsichtbare Welt oder eine göttliche Kraft, die in der Welt wirkt. „Rather, it is the conviction that the values one holds are grounded in the inherent structure of reality, that between the way one ought to live and the way things really are there is an unbreakable inner connection." (Geertz 1968, 97) Religion bildet hier eine Form, die zu den Formen des *common sense* in einem Verhältnis der Verstärkung steht.

Eine explizite religiöse Perspektive, ähnlich den wissenschaftlichen, ästhetischen oder juridischen Perspektiven, wird im Alltag nur sporadisch eingenommen. (vgl. Geertz 1968, 107) In die Interpretationen des Religiösen werden Versatzstücke des *common sense* und Rationalisierungen einfließen, die kaum zu entwirren sind. Die praktische Wirkung der Religion beruht daher auf „a kind of pale, remembered reflection of religious experience proper, in the midst of every day life" (ebd., 110).

Religion und *common sense* unterscheiden sich nicht darin, dass sie die Form des Glaubens besitzen (ebd., 95f.), sondern darin, dass der *common sense* glaubt, dass die Dinge so sind, wie sie sind, während Religion neben der einen Wirklichkeit noch eine weitere „wirkliche

Wirklichkeit" bereitstellt.[12] Religion ist Ergänzung und Gegenbild des common sense zugleich.

> Religion must be viewed against the background of the insufficiency, or anyway the felt insufficiency, of common sense as a total orientation toward life; and it must be also viewed in terms of it formative impact upon common sense, the way in which, by questioning the unquestionable, it shapes our apprehension of the quotidian world of 'what there is' in which [...] we are all obliged to live (ebd., 95).

Die Religion kann den *common sense* aber nicht aufheben, wie es etwa die ästhetische Perspektive auf die Welt versucht, sondern setzt ihn geradezu voraus. Das hat weitreichende Konsequenzen, da mit der Veränderung der Glaubenswahrheiten des *common sense,* etwa durch die Erschütterungen des modernen Alltags, sich auch der religiöse Glaube verändern muss.

Anstelle der Universalität des Religiösen finden wir bei Geertz also eine Universalität des *common sense*, der für viele Individuen in den meisten Kulturen auszureichen scheint, um durch das Leben zu kommen. Wie die Aufrechterhaltung des religiösen Glaubens ist auch „maintaining faith in the reliability of the axioms and arguments of common sense [...] no less problematical" (ebd., 86). Wie die Religion kann auch der *common sense* in die Krise geraten, genauer: Sie geraten beide gemeinsam in die Krise, etwa durch den Einbruch neuer Praxen, überlegener Techniken, Waffen oder durch Missionierung.

IV.6 Religion in „nach-traditionellen" Gesellschaften

Die heterogenen Gefüge von Religion und *common sense* waren für Geertz in den Gesellschaften Südostasiens und Nordafrikas eingetaucht in eine je spezifische kulturelle Färbung, einen Lebensstil, in dem das Verständnis der Gruppen und Kollektive vom Charakter des menschlichen Lebens zum Tragen kam. Der Islam hatte in seiner

12 Die von Geertz immer wieder hervorgehobene Wirkung von Religion in der Herstellung eines „wirklich Wirklichen" sollte nicht im Sinne einer Transzendenz verstanden werden, die ähnlich dem Platonismus die (sichtbare) Wirklichkeit als Schein oder als Abglanz eines Anderen abwertet. Die religiösen Vorstellungen sind im Gegenteil durchaus auch in der Lage, Alltagswirklichkeiten zu bejahen und zu verstärken. Aus dieser Perspektive erscheint die Konstruktion des Transzendenten bei Platon oder Paulus eher als Sonderfall denn als allgemeines Charakteristikum von Religion(en) (vgl. auch Clément Rosset 2012).

Durchdringung der Berber-Stämme in Marokko und der hinduistischen Reiche auf Java äußerst unterschiedliche Prägungen erfahren. In *Islam observed* markiert Geertz die unterschiedlichen klassischen Stile: Java, hierarchisch und synkretistisch, diffus, Marokko, streng, konfrontativ, puristisch, mit weltverbesserischem Moralismus. Die religiösen Glaubensanschauungen entspringen hier nicht aus theologischen Beweisen, sondern aus Exempeln und Paradigmen, denen des Marabuts der Berber oder des Mystikers auf Java, die in der Anschauung ihrer Gefolgschaften aus ihrem Glauben leben und sterben. Jene exemplarischen Lebensführungen verbinden Ethos und Weltanschauung und hinterlassen ihre Spuren in Form von Reliquien, Sufi-Gräbern, Heiligenlegenden oder Schattenspielen.

Besteht nach Geertz die symbolische Kraft des Religiösen in der Schließung des „ontologischen Spaltes" zwischen Sein und Sollen, dann muss ein Auseinanderdriften von Ethos und Weltanschauung zerstörerisch für die Religion sein, so etwa bei Ersetzung der traditionellen Kosmologien durch wissenschaftliche Weltkonzepte. Auch die radikale Entzauberung der Welt in der Neuzeit, an der die christliche Theologie maßgeblich beteiligt war, kann verstanden werden als eine Vergrößerung jenes Spaltes zwischen „Wirklichkeit" und „wirklicher Wirklichkeit".[13] Nach der Anlage der Geertz'schen Religionskonzeption sind es daher auch die Erschütterungen der Glaubenssysteme des *common sense*, die die religiösen Überbauten ins Wanken bringen.

Die Selbstverständlichkeiten des Alltagslebens sind in Indonesien oder Marokko über die letzten zwei Jahrhunderte vielfach umgebrochen worden, durch Kolonialismus, Nationalismus, sozialistische Reformbewegungen und islamischen Skripturalismus. Jenes „Zusammenspiel von innerem Bedürfnis, Gemeinschaftsdruck und Sinnproblemen", das den Einzelnen* nach Geertz in den ritualisierten Kontakt mit den „heiligen Symbolen" treten ließ, löst sich auf. Dabei bleiben Rituale und Symbole weiterhin als Formen erhalten und gelten als Ausdruck des Religiösen, allein es fällt vielen Menschen schwer, sie für „wirklich" zu halten. Die „Moderne" zeigt sich hier nicht so sehr im Unglauben gegenüber den religiösen Mustern, sondern im Zweifel an der Möglichkeit zu glauben überhaupt. Nicht

13 Soweit ich sehe, benutzt Geertz den Weber'schen Ausdruck der „Entzauberung" nicht. Das mag daran liegen, dass er der Vorstellung einer faktischen Entschleierung der Wirklichkeit, einer quasi nackten Wirklichkeit, nicht folgen kann.

die Symbolwelt wird in Zweifel gezogen, sondern der „Glaube an den Glauben", also daran, dass Glauben eine besondere Wirksamkeit besitzt oder einen speziellen Nutzen stiftet. Mit Michel de Certeau ließe sich dieser Vorgang auch als Dominant-Werden des Sichtbaren gegenüber dem Unsichtbaren beschreiben. Der Glaube an das Sichtbare verdrängt zunehmend den Glauben an das Unsichtbare.

Während die Ablösung des Glaubens von den Praktiken und Symbolen in der säkularisierten Welt Europas jene tendenziell in „Folklore" (Daniel Bogner 2010) zu verwandeln scheint, führt nach Geertz dieser Vorgang in den islamischen Welten Marokkos und Indonesiens zu ihrer „Ideologisierung", deren Akteure* allerdings nicht weniger emotional und nicht weniger heftig in ihren Aktionen und Reaktionen sind, wie es die Virtuosen* des Religiösen der Vergangenheit waren. Neben und gegenüber dem alltäglichen reflexiven Vertrauen (*faith*) kommt nun ein doktrinärer Glaube (*belief*) auf. Salafismus, Skripturalismus, Reformismus, Purismus und Doppelbödigkeit durchziehen nun die gesamte muslimische Welt als „Islamismus". (vgl. Geertz 2010b, 229)

In den Augen von Geertz schwächten sich in den „Neuen Staaten" die religiösen Verbindungen ab und transformierten sich in flache, abstrakte Verteidigungshaltungen und Identitätspaniken. Für große Segmente der Bevölkerungen wurden die religiösen Komplexe „more elusive, intricate, unsteady and uncertain" (ebd.). Die „Säkularisierung des Denkens" resultierte für Geertz aus einer explosionsartigen Ausbreitung der „positiven Wissenschaft", ebenfalls ein Glauben in Anspruch nehmendes „kulturelles System", das den *common sense* ergänzt und zugleich transzendiert. Sie setzt sich mit der ihr eigentümlichen Selbstversicherung an die Stelle der Religion, die nun für andere, ideologische und politische Aufgaben in Anspruch genommen werden kann, nämlich „*religious minded*" zu sein, d.h. religiöse Gesinnung zu zeigen. Religiöse Anschauungen und Praktiken, die lange Zeit ausreichten, „for plugging leaks in the hand-crafted dike of common sense" (Geertz 1968, 103), verlieren den „struggle for the real" (ebd., 104). Die positivierte Wirklichkeit verschließt sich der Einbettung in eine religiös imaginierte „wirkliche Wirklichkeit" (und umgekehrt), ähnlich den Säkularisierungen durch das positive Denken im „Westen", und verändert die „Bedingungen des Glaubens". (vgl. Taylor 2009, Teil V)

Die von Geertz als Skripturalisten titulierten Reformer* versuchen den Islam auf eine Weise neu zu formulieren, dass er in einer modernen, ihm wenig geneigten Welt überdauern kann. Dazu wird er aus den lokalen Traditionen, d.h. seinen Korrespondenzen zum *common sense* gelöst, gereinigt, unter Berufung auf „den einen und einzigen" authentischen Ursprung universalisiert und zugleich auf verschiedene Weise gegenüber Wissenschaft und säkularem Denken immunisiert. (vgl. Geertz 1968, 105) Der Versuch, „to isolate a purified Islamic faith from contamination with everyday life" (ebd., 106) muss, zumindest für große Mengen vormals Gläubiger, jene Quellen des Glaubens, die in den Alltag eingebundenen Rituale, zum Versiegen bringen. Übrig bleibt jene „religiöse Gesinnung", die nach Geertz in Indonesien und Marokko in den „modernen" Gestalten von Sukarno und Muhammed V. ihre Personifizierung fand.

Die Welt erscheint für Geertz heute voller religiöser Gesinnungen: Hindutva, Neo-Evangelismus, engagierte Buddhisten, Eretz Israel, Befreiungstheologie, universeller Sufismus, charismatische Christen, Wahhabis, Shiísmus, Qtub. Alle diese Strömungen sind hyperaktiv, expansiv und auf der Suche nach Geltung (und Geld). Auf der von ihnen verkündeten Suche nach einer besseren Welt lösen sich die größeren Religionen sowie auch kleinere wie Soka Gakkai, Mormonen, Cao Dai oder Bahai von jenen Orten und sozialen Formationen, in denen sie historisch geformt wurden. „The emergence of religious persuasion, inherited or self-ascribed, thinned-out or reinforced, as broadly negotiable, mobile, fungible, instrument of public identity – a portable, a movable subject position" (Geertz 2010b, 231).

Beliefs, creeds, faiths gehen auf die Reise und transformieren sich mit unterschiedlichem Erfolg *into the finest of fine structure of the most local of local histories.*[14] Die ehemalige, zentrifugale Ausbreitung durch Eroberung und koloniale Infiltration durch Armeen, Missionare*, vergleichende Religionsforscher und Händler weicht einer diffusen Zerstreuung religiöser Formationen in Folge der Migrationen, die ganze Völkerscharen an die scheinbar entferntesten Orte versetzt. Die Folge ist für Geertz ein ökumenisches „watering down of belief, a double-minded dividing of the self's life." (ebd., 234) Statt das Chaos religiös zu befrieden, geht es nun darum, mit ihm und in ihm zu leben.

14 In Anlehung an die *ethnoscapes* von Appadurai bietet sich für diese Erscheinungen der Ausdruck *religioscapes* an.

V. „Glauben-Machen" Religiöses Feld und religiöse Herrschaft bei Pierre Bourdieu

V.1 Auf dem Weg zu einer Analyse religiöser Praxis

Mit der Einführung des Begriffs des religiösen Feldes vermeidet es Bourdieu, Religion in idealistischer Manier als Ganzheit, Wesenheit oder System zu adressieren. Der Begriff des Feldes erlaubt es, ein heterogenes Ensemble von Akteuren*, Institutionen, Praktiken und Objekten in den Blick zu nehmen, in dem um ein spezifisches Verständnis von Religion als Form der Herrschaft, Unterwerfung und Gemeinschaft gekämpft wird. In dem vom Christentum als Glaubensreligion dominierten religiösen Feld sind es vor allem Praktiken des Glauben-Machens, die die Akteure* ins gesellschaftliche Verhältnis setzen.

Eine soziologische Praxistheorie *religiöser* Phänomene im Sinne Bourdieus muss sich die Aufgabe stellen, den gesellschaftlichen Schutz der Heiligkeit *heiliger* Dinge zu dekonstruieren. So sehen auch prominente soziologische Lesarten des *Heiligen* in der *Religion* weiterhin oder sogar verstärkt einen gesellschaftlichen Bereich, der auf sog. anthropologischen Grundkonstanten wie der *großen Transzendenz* bei Luckmann, *Kontingenzerfahrung* und *Kontingenzbewusstsein* (Pollack 2003), oder, im Rückgriff auf William James, auf vorgängigen Qualitäten *religiöser Erfahrung*, z.B. die Erfahrung einer *Fülle* bei Charles Taylor oder die *Selbsttranszendenz* bei Hans Joas, beruht und von hier her eine spezifische Funktionalität erhält. Im Gegensatz zu Ansätzen, die in *Religion* eine universelle *spirituelle* Kraft im Individuum erblicken, verortet sie Bourdieu in den Praktiken unterschiedlicher Gruppen von religiösen Protagonisten* und Spezialisten*, die elementare Interessen ihrer Klientel in religiöse Motivationen umformen. Wie für Max Weber, dessen herrschaftssoziologische Analysen der *großen Religionen* für Bourdieu Ende der

1960er Jahre eine zentrale Bedeutung für die Ausarbeitung seines Begriffs des *sozialen Feldes* erhielten, dienen auch für Bourdieu die von den Religionen ausformulierten symbolischen Ordnungen und die mit ihnen verbundenen Praktiken der Auferlegung eines religiösen Habitus der Unterwerfung unter gesellschaftliche Herrschaft und der Legitimation der Hierarchien der gesellschaftlichen Positionen und Privilegien. In den Religionsschriften von 1972 (Bourdieu 2009a; 2009b) unternimmt Bourdieu den anspruchsvollen Versuch, Weber, Marx und Durkheim in der Analyse der *religiösen Arbeit* im *religiösen Feld* zusammenzubringen.

Der folgende Beitrag hat nicht die Absicht Wurzeln der soziologischen Beschäftigung Bourdieus mit Religion, ihren Akteuren*, ihren Praktiken, ihren Institutionen und Dogmen zu rekonstruieren und eine Bourdieu'sche Religionssoziologie zu entwerfen, die es als solche nicht gibt. Stattdessen sollen in der Skizzierung des Konzepts des *religiösen Feldes*, das in der Rezeption hohe Aufmerksamkeit erlangt hat (u.a. Streib und Hood (2010); Seibert (2010); Malik (Hg.) (2009); Schlehe und Rehbein (2008); Terry Rey (2007); Franz Schultheis (2005); oder Bradford Verter (2003)), vor allem Elemente herausgearbeitet werden, mit denen Bourdieu an die Analyse *religiöser* Praxis herangeht, die wir als *Praxis des Glauben-Machens* apostrophieren. Zu diesen gehören die *religiösen* Akteure (Prophetinnen und Priesterinnen) als Produzenten* des Feldes, die von ihnen verrichtete *religiöse Arbeit* und die *Interessen* der Laien, der Gruppen und Klassen, die von den Protagonisten* des Feldes in *religiöse Bedürfnisse* transformiert, bearbeitet und bedient werden.

Mit dem Aufstieg des Christentums im Rahmen des antiken Pluralismus von Göttern* und Kulten zur Staatsreligion ist das *religiöse Feld* in Europa bereits präformiert, bevor es sich in der *Moderne* als ein Feld kultureller Produktion neben anderen *ausdifferenziert*. Mit der zumindest formellen Christianisierung der europäischen Gesellschaften setzt sich der spezifisch christliche Religionsbegriff als bestimmender Begriff dessen durch, was gesellschaftlich Religion ist und nicht ist, und gibt damit dem sozialen Feld den Namen. Im vornehmlich christlichen Verständnis von *Religion* als *Glaubensreligion* besteht die Zugehörigkeit zur *Religion* und damit zum *religiösen Feld* im Besitz und im Bekenntnis nicht nur eines, sondern unabdinglich des *wahren Glaubens*. Die Praktiken der Protagonisten* und Spezialisten* richten sich auf den Erwerb *religiösen*

Kapitals durch vorbildlichen Glaubenseifer, mit dem sie sich und die Laien den Praktiken des Glauben-Machens unterziehen. Unter der Perspektive der feldspezifischen *Illusio* nimmt der Glaube die Form des *Glaubens an den Glauben* an.

In der Auseinandersetzung mit Blaise Pascal schärft Bourdieu den Begriff des Glaubens insbesondere hinsichtlich der in der *religiösen* Praxis ausgebildeten Techniken zur körperlichen Einschreibung des Glaubens. Schließlich übernimmt bei Bourdieu der moderne Staat die Fähigkeiten der Konsekration und wird zum Regisseur im *Theater der Glaubwürdigkeiten*.

In der Genese des religiösen Feldes im christlichen Europa wird für dieses die Spannung konstitutiv, die zwischen den Glaubensforderungen der religiösen Eliten auf der einen Seite und einer Massen- oder Volksreligion, die sich an den Bedürfnissen der Laiengruppierungen orientiert, auf der anderen Seite besteht. Das Verhältnis der religiösen Spezialisten* zu den Laien charakterisiert Bourdieu als Enteignung, in dem die *enteigneten Laien* die Geschäfte des Glaubens an die Spezialisten* übergeben. Die produktiven Potenzen der Laiengruppen und *religiösen* Gemeinschaften und ihre Fähigkeiten zur religiösen *Selbstversorgung* spielen allerdings bei der *Auflösung* des religiösen Feldes eine beträchtliche Rolle.

Die tendenzielle Auflösung des *religiösen* Feldes in der Gegenwart wird durch das Auftreten *neuer Geistlicher** angekündigt, das zur Verunklärung und Verschiebung der Grenzen des Feldes führt. Dynamiken der *Vergemeinschaftung* in neuen *religiösen* Bewegungen, die auch die Form kommerzieller Unternehmungen annehmen können, die Füllung der vom Rückzug des Staates hinterlassenen Nischen mit *religiösen* Gruppen führen in der *postsäkularen Stadt* zu neuen Konfigurationen städtischer Räume und Öffentlichkeiten, die das *religiöse Feld* überschreiten und verblassen lassen.

V.2 Produktion und Grenzen des religiösen Feldes

V.2.1 Die Akteure* produzieren das Feld

Eine differenzierte Gesellschaft beschreibt Bourdieu als ein „[...] Ensemble von relativ autonomen Spiel-Räumen, die sich nicht unter eine einzige Logik, ob Kapitalismus, Moderne oder Postmoderne, subsumieren lassen“ (Bourdieu 1996, 37). Dabei hat Bourdieu vor allem die objektiven Relationen zwischen den verschiedenen Positionen der Akteure* im Blick: „In Feldbegriffen denken heißt relational denken" (Bourdieu/Wacquant 1996, 126). In der Analyse von Praktiken und deren historischen, materiellen und kulturellen Verankerungen fokussiert Bourdieu die verschiedenen Felder kultureller Produktion, die als diskrete und homogene *Universen der Vorstellung* (Bourdieu 1993a) den Raum der Möglichkeiten konstituieren.

Die verschiedenen Felder sind homolog, weil sie durch die gleichen Dynamiken, durch Kämpfe, Machtakkumulation, *Illusio* und spezifische Interessen strukturiert werden. Die dabei im Spiel befindlichen *Kräfte* sind jedoch jeweils andere bzw. bewegen unterschiedliche Spielweisen. Diese Kräfte sind jedoch keine anderen als die physischen und psychischen Kräfte der jeweiligen Akteure*. Die Kräfte werden durch Interessen gelenkt und beherrscht, insbesondere durch Spaltungen von Interessen (individuelles Glück vs. Gemeinwohl). Mit dem Begriff des *religiösen Feldes* öffnet Bourdieu den Blick für die Akteure*, die sich hier wie auch in anderen gesellschaftlichen Bereichen im Kampf um spezifische Formen des Vorteils, der Macht und der Anerkennung verstricken, machtvolle Strukturen errichten bzw. sich ihnen unterwerfen.

In Bourdieus Sicht bilden die Akteure* in einem zirkulären Prozess im sozialen Raum einen spezifischen Habitus aus, der sie zum Betreten des religiösen Feldes bewegt, da ihr praktischer Sinn ihnen suggeriert, dass es sich auf diesem *Spielfeld* lohnt, Kapital zu investieren und im religiösen Feld um Heilsgüter zu *spielen*. Wenn wir unter diesem Aspekt das christlich-religiöse Feld betrachten, erweist es sich als durch und durch heterogen, da in ihm divergierende bzw. antagonistische Vorstellungen vom *religiösen* Feld selbst um die Vorherrschaft kämpfen.

V.2.2 Religiöse Arbeit und Herrschaft im religiösen Feld

Seinen spezifischen Begriff des *religiösen Feldes* entwickelt Bourdieu in Auseinandersetzung mit Webers religionssoziologischen Analysen, vor allen dem Kapitel V *Religionssoziologie (Typen religiöser Vergemeinschaftung)* in *Wirtschaft und Gesellschaft*. *Religion*, wie er sie bei Weber in idealtypischer Form beschrieben findet, wird für Bourdieu zu einem Paradebeispiel für gesellschaftliche Felder, in denen kulturelles Kapital produziert wird, d.h. von symbolischen Ordnungen, denen die Individuen durch symbolische Gewalt unterworfen sind. Was ihn an Weber fasziniert, ist dessen Behandlung der Religionssoziologie als Teil der Herrschaftssoziologie. Gegenüber idealistischen Positionen, die in *Religion* wesentlich die geistige Hervorbringung *religiöser* Botschaften sehen, und einem Reduktionismus, der *Religion* zum reinen Reflex ökonomischer und sozialer Bedingungen erklärt, interpretiert Bourdieu Webers Religionssoziologie so, dass sie ihren Ausgangspunkt bei der *religiösen Arbeit* nimmt, „[...] welche mit institutioneller oder nicht-institutioneller Macht ausgestattete Produzenten und spezialisierte Wortführer verrichten, um mittels eines bestimmten Typs von Praxis und Diskurs auf eine besondere Kategorie von Bedürfnissen zu antworten, die bestimmten sozialen Gruppen eigen sind" (Bourdieu 2009b, 37). Erweitert man in dieser bemerkenswerten Bestimmung von *religiöser* Praxis als *religiöser Arbeit* den harmlosen Ausdruck *gesellschaftliche Gruppen* um *gesellschaftliche Klassen*, dann wird Religionssoziologie von Bourdieu im Schnittpunkt der Soziologie der Arbeitsteilung (Durkheim), der Soziologie gesellschaftlicher Macht und Herrschaft (Weber) und der Soziologie der Klassen (Marx) verortet. Dies ergibt zwar keine Definition von *Religion* oder des *Religiösen*, allerdings finden sich wichtige Qualifizierungen hinsichtlich ihrer materiellen sozialen Daseinsweise:[1] Auf diese Weise vermeidet Bourdieu anthropologische oder funktionale Bestimmungen von Religion (Kontingenz, Sinnstiftung), die – quasi kryptotheologisch – eine fast unauflöslich scheinende Allianz eingehen. Bourdieu hält sich konsequent auf Distanz zu allen Spekulationen über eine substantielle Natur des Religiösen (das Heilige, das Unsagbare, das Transzendente), die, offen oder insgeheim, als selbst *religiös* inspirierte Theorien, *Religion* als ein *Phänomen sui generis*[2] oder in der Nachfolge von Schleiermacher und einer spezifischen protestantischen Theologie als spezifische Form von *Erfahrung* (prominent bei William James 1997/1901) ausweisen.

Mit dem Begriff der *religiösen Arbeit* bietet sich Bourdieu die Möglichkeit im *religiösen Feld* eine eigenlogische *symbolische Ökonomie religiöser* Güter zu untersuchen. Das *religiöse Feld* entwickelt Bourdieu als Begriff eines dynamischen Raumes, der aus den Kräfterelationen der von den *religiösen* Protagonisten*, Wortführern* und Spezialisten*, namentlich den Propheten*, Priestern* und Magiern*

---

1 Auf Webers grundlegende (ontologische) Bestimmung von *Religion* als *Gemeinschaftshandeln* (Weber 1972, 245) kommen wir an späterer Stelle zurück.

2 Zu einer durchgreifenden Kritik dieser Vorstellungen vgl. McCutcheon (1997), insb. seine Auseinandersetzung mit Eliade.

eingenommenen Positionen und der ihnen gegenüberstehenden *Laien* resultiert. In diesem dynamischen Rahmen werden Kämpfe um die legitime Verfügungsmacht über von den Laien begehrte Heilsgüter, ihre Monopolisierung und Verwaltung ausgetragen.

In seinen *Méditations pascaliennes* sieht Bourdieu den *entscheidenden Beitrag* von Webers *Religionssoziologie* zu einer Theorie der symbolischen Ordnung darin, dass sie die spezialisierten Akteure* und ihre spezifischen Interessen zur Geltung bringt. Wie Marx interessiert sich Weber weniger für die Struktur der Symbolsysteme – so wie Bourdieu – sondern für ihre Funktionen, „[...] aber er hat das Verdienst, die Aufmerksamkeit auf die Produzenten dieser Produkte und auf ihre Interaktionen zu lenken" (Bourdieu 2010, 227).

Neben den Anleihen bei Weber findet sich in Bourdieus Religionsanalysen unübersehbar der Einfluss von Durkheim. Schnittpunkte mit Durkheims Religionssoziologie finden sich besonders in den Konzepten der symbolischen Ordnung bzw. der *Kraft*, in der vermittelt über religiöse Symbole die Gemeinschaft auf den Einzelnen einwirkt. Symbolische Macht vermittelt sich über die Denkkategorien,[3] die aus den Formen der Vergemeinschaftung entspringen. Nicht nur die theoretische Annahme, dass in der im *religiösen Feld* ausgearbeiteten *Religion* als Symbolsystem Entsprechungen zwischen sozialen und mentalen Strukturen bestehen, auch der Fokus auf der symbolischen Wirksamkeit von *Religion* als symbolischer Ordnung oder symbolischer Gewalt folgt der Traditionslinie von Émile Durkheim und Marcel Mauss. Aber auch in dieser Hinsicht ist Religionssoziologie bei Bourdieu immer auch Herrschaftssoziologie. In noch wenig differenzierten Gesellschaften gelingt es den *religiösen* Spezialisten* unmittelbar über Praktiken des Glauben-Machens, die willkürliche soziale Ordnung inklusive einer privilegierten Position der *Religion* zu naturalisieren und zu legitimieren. Der Effekt der Legitimation von Herrschaft, auch in Form einer *Theodizee des Privilegs*, situiert das *religiöse* Feld letztlich im durch die gesellschaftlichen Klassen bestimmten *Feld der Macht*, weshalb *religiöse* Praktiken stets als klassenspezifisch ausgetragene Interessenwettbewerbe im Form einer *Ökonomie der Heilsgüter* interpretiert werden können (Kneer

3 Die von Durkheim und Mauss begonnene Ableitung von gesellschaftlichen Denkkategorien findet sich in ihrem richtungweisenden Aufsatz von 1903 (in Durkheim 1993).

2004, 32). Bourdieu fokussiert dabei weniger den Wandel durch revolutionäre Prophetien, sondern eher die Kontinuitätslinien der Stabilisierung und Reproduktion von Machtverhältnissen durch *religiöse* Institutionen und Bürokratien.

a Religiöse Interessen

Die Grenzen des Feldes sind bei Bourdieu rückgebunden an die gesellschaftlichen Gruppen oder Klassen, deren spezifische *religiöse Interessen* von den Existenzbedingungen der Akteure* geprägt sind.[4] Die *religiösen Interessen*, verschiedentlich von Bourdieu auch als *Bedürfnisse* bezeichnet, müssen als „[...] Teil der Systeme möglicher menschlicher Dispositionen [...]" verstanden werden (Bourdieu 2009a, 11) und unterliegen damit allgemein den Bedingungen der Formierung von Handlungs-Dispositionen, sprich der klassen- und feldspezifischen Habitusformationen. Die *religiösen Bedürfnisse* sind „in Form und Ausdrucksbedingungen vom Angebot und dem Handeln professioneller religiöser Akteure bestimmt" (ebd.).

Angelehnt an Webers Sicht sieht Bourdieu *religiöses Interesse* insbesondere in einem Bedarf nach Rechtfertigung der gesellschaftlichen Positionen und der damit verbundenen sozialen Lagen. Dieses Bedürfnis wird von den Spezialisten* im religiösen Feld in ein spezifisches Interesse an *religiösen Heilsgütern* transformiert, welche von den Spezialisten* verwaltet werden, legitime Begründungen gegenüber den Zufälligkeiten der gesellschaftlichen Existenz liefern und das Sein symbolisch in ein Sein-Sollen überführen. (Bourdieu 2009a, 15) Die in *religiöse* Bedürfnisse transformierten Interessen fallen je nach sozialer Lage und Klassenzugehörigkeit historisch unterschiedlich aus, da sie nach Rechtfertigung sowohl positiver wie auch negativer Privilegierungen suchen.

---

4 In *Genese und Struktur des religiösen Feldes* von 1971 streicht Bourdieu folgenden Satz von Weber heraus: „Religiös oder magisch motiviertes Handeln ist, in seinem urwüchsigen Bestande, diesseitig (i.O. gesperrt) ausgerichtet" (Weber 1972, 245). Diese Orientierung des religiösen Handelns, das „noch nicht" durch eine Aufspaltung in ein „Diesseits" und „Jenseits" überformt ist, lässt das religiös oder magisch motivierte Handeln „als ein mindestens relativ rationales Handeln" erscheinen. In der Konsequenz ist das religiöse oder magische Handeln oder Denken „gar nicht aus dem Kreis des alltäglichen Zweckhandelns auszusondern, zumal auch seine Zwecke selbst überwiegend ökonomische sind" (ebd.). Diese materialistische Perspektive auf die religiösen Motivationen verbindet Bourdieu im Grundsatz mit Weber, auch wenn sein Materialismus andere Quellen besitzen dürfte.

Wie auch in anderen Feldern sind diese *religiösen Interessen* nicht als *primäre*, dem Feld vorausgesetzte, zu denken, sondern als geformt in den Praktiken und Kämpfen des Feldes selbst. Die von Bourdieu herausgestellten *urwüchsigen* Interessen wie Gesundheit, Glück, langes Leben, Wohlstand sind daher nicht spezifisch *religiös*, werden jedoch durch religiöse Praktiken bedient. So zeigt Davis am Beispiel der *religiösen* Gemeinschaft von Mahikari in Japan die Rückbindung des Erfolgs religiöser Manipulationen an jene urwüchsigen Interessen, insbesondere an Gesundheit. (Davis 1980) Die Deutung eines Zustandes des Unwohlseins, Krankseins, von Unglücken aller Art als Ergebnis von Aktionen *hungriger Ahnen*, die von den Betroffenen Besitz zu ergreifen suchen, gibt dem Interesse einen *religiösen* Sinn, das es religiösen Praktiken zugänglich macht.[5] Davis macht deutlich, dass die Beteiligung an den Praktiken der Gemeinschaft bei den *Gläubigen* Vorstellungen und Zustände hervortreten lässt, die dann erfolgreich durch die Gemeinschaft *behandelt* werden können. *Erfolgreiche Behandlungen* zählen in Folge zu den Werten, die akkumuliert werden können und in der Gemeinschaft Status vermitteln.

Die Übersetzung von Herrschaftsstrukturen in Glaubensfragen gelingt in Klassengesellschaften, insofern durch Religion alle Gruppen einer Gesellschaft inkludiert werden dadurch, dass die religiösen Kategorien, Maximen und Praktiken variable und dehnbare Bedeutungen annehmen. So müssen die großen christlichen Kirchen, die sich an Massen von Gläubigen richten, unterschiedliche bis gegensätzliche Interessen befriedigen und entsprechend differenziertes Personal für die Seelsorge ausbilden (Landpfarrer, Arbeiterpastoral, Katecheten der Befreiungstheologie).[6] Mit Bezug auf den französischen Klerus schreibt Bourdieu: „Die Struktur des religiösen Feldes reproduziert also tendenziell die Topologie des Feldes der Klassenkämpfe und hält dabei, ohne dass diese Anpassung bewusst angestrebt wurde, für jede Klasse die zu ihr passenden

5 In Abgrenzung von den starken Verpflichtungsgedanken z.B. gegenüber den „Ahnen" in religiösen Bindungen in Japan bezeichnet Davis diese Bedürfnisse als Triebkräfte einer „motivated religious affiliation" (Davis 1992,23ff.).

6 Die in der Diözese San Christobal de las Casas in Chiapas, Mexiko, in den 1960er und 1970er Jahren unter Führung des Bischofs Samuel Ruiz García entstehende Befreiungstheologie ist letztlich Resultat der Erfahrungen von tausenden von indigenen Katecheten, die für die Missionierung indigener Gemeinden ausgebildet und eingesetzt wurden. (Saavedra 2007, 211ff.)

Einrichtungen und Akteure vor" (Bourdieu 2009e, 161). Die Verwaltung der divergierenden Interessen der Klientel gelingt in der Abschwächung der Gegensätze durch die Einheit der Botschaft, die durch Vagheit erkauft wird, bei gleichzeitiger Differenzierung der angebotenen Güter und Dienstleistungen. (ebd., 172) Den Bischöfen, als „beherrschte Herrschende", obliegt die Vermittlungsaufgabe, die sie durch innere Differenzierung lösen.

b Die Grenzen des *religiösen Feldes*

Die Unterwerfung unter die *Religion*, speziell unter die Macht einer Kirche oder der Ulema von Korangelehrten, ist in der Regel immer auch Unterwerfung unter die politische Macht. Carlo Levi zeigt in seinem wundervollen Buch *Christus kam nur bis Eboli*, wie eng die *religiöse* Intransigenz der seit Jahrhunderten am Abgrund lebenden Bauern Kalabriens mit ihrer Feindschaft gegenüber dem italienischen Staat verheiratet war. Die *Doxa* der subalternen Klassen, die nach Bourdieu die Unabänderlichkeit der gesellschaftlichen Verhältnisse beinhaltet, lässt kaum einen Nährboden für einen Erlösung (noch im Diesseits) versprechenden *Glauben an den Glauben* entstehen. (McLeod 1997, 125) Die wiederkehrenden gewalttätigen Ausbrüche aus der Resignation folgen den Fahnen der charismatischen Propheten (z.B. Jan Hus), die von Kirche und Kaiser mit einem Bann belegt werden.

Die Konzipierung des *religiösen* Feldes bei Bourdieu legt nahe, Grenzziehungen und Topographie als reflexive Leistungen des Feldes und seiner in ihm wirkenden relationalen Kräfte selbst aufzufassen. (Fröhlich/Rehbein 2009, 59) Die Grenzen des Feldes liegen da, wo die Kräfte des Feldes keine Wirkung mehr zeigen. (Bourdieu/Wacquant 2006, 135) Werden im Feld als *religiös* begriffene Praktiken jenseits der Grenzen des *religiösen Feldes* vollzogen, dann erhalten ihre Effekte u.a. eine ästhetische, therapeutische oder *spirituelle* Form. So sind die *religiösen* Praktiken des *Glauben-Machens* nur wirksam, solange sie sich auf die feldinterne *Logik* stützen können, d.h. solange an sie geglaubt wird. Die Feldkräfte werden so im *religiösen Feld* zu *Kräften des Glaubens*.[7]

---

7 Diese offen zu Tage liegende Zirkularität der Selbstreproduktion und Selbstvalidierung der Feldlogiken allgemein und der des *religiösen Feldes* im Besonderen werden durch die *Amnesie des Ursprungs* (vgl. weiter unten) verdeckt.

Auch sind die *Spieler** im *religiösen Feld* nicht immer trennscharf profiliert, sondern können sich in die *religiöse Arbeit* teilen. So können *Propheten** auch zugleich *Wundertätige* oder *Heilende* sein, wie es etwa der historische Jesus von Nazareth gewesen sein dürfte, dessen Lehren und Offenbarungen mit seinen Wundern und Heilungen in einem Verstärkungsverhältnis standen. (Chidester 2000, 12ff.) Die Verteilung der *religiösen* Arbeiten innerhalb *religiöser* Gemeinschaften auf die Spezialisten* kann sich so zu scharfer Konkurrenz von *Propheten** und *Priestern** oder zum Gegensatz von *Zauberern** und *Priestern** zuspitzen. Dies hängt u.a. von der Klientel ab, wie stark etwa ein *Laientraditionalismus* oder *Laienintellektualismus* (Weber) Anforderungen an die Systematisierung von *Lehren* und *Offenbarungen* durch die Priesterschaft artikuliert. Die Trias von Magier*, Prophet* und Priester*, die Bourdieu von Weber übernimmt, verkörpert daher keine Grundfunktionen eines *religiösen Systems*. In manchen Zeiten und Gesellschaften war der Kampf der Religionsgelehrten und Priesterschaften gegen die Wundertäter* und Schamanen* heftig und zeitweise erfolgreich, in manchen Gesellschaften, wie dem heutigen Japan, bestehen Priesterreligionen und Magie, Vorhersage und *religiöse* Heilpraktiken nebeneinander oder verbinden sich.[8] So findet sich in der japanischen Religionsgeschichte nicht jener scharfe Gegensatz zwischen *heilig* und *profan*, der andere Kulturen in bestimmten Zeiten auszeichnet, sondern eher „a continuum of sacred and profane experiences and feelings" (Davis 1992, 246). Das jeweilige *religiöse Feld* ist daher eine historische Fundsache, abhängig von den historischen Wegen, Konjekturen und den Ausgängen der sozialen und *religiösen* Kämpfe, die seine Übertragbarkeit in andere Kulturen begrenzen. (Schlehe/Rehbein 2008) Das *religiöse Feld* ermöglicht daher keinen allgemeinen soziologischen Religionsbegriff. Es spricht eher gegen einen solchen.

c Ausdifferenzierung der Religion oder: das religiöse Feld *avant la lettre*

In der historischen Rekonstruktion der Herausbildung *religiöser* Praktiken und ihrer Akteure* und Institutionen folgt Bourdieu weitgehend den Analysen von Weber. Mit Urbanisierung und Arbeitsteilung, vor allem in materielle und geistige Arbeit, geht ein Bedürfnis nach Ethisierung und Systematisierung der *Religion*

8 So etwa in den Tempeln, in denen Japanerinnen und Japaner einen „leichten und schnellen Tod" erbitten. (Davis 1992, 24)

einher. Aber auch im Vorfeld von Urbanisierungsprozessen haben bereits Spezialisten* religiöser Arbeit (Geisterbeschwörung und Austreibung, Totenriten, Ahnenkult) existiert. Besonders mit Wandlungen im städtischen Handel und Handwerk hin zu rationalisierten Arbeitsformen stellen sich für das ökonomisch abgesicherte und ins Grübeln geratene Bürgertum von der Alltagspraxis abgehobene *Sinnfragen*, die unter die Regie und Deutungshoheit *religiöser* Intellektueller* und Spezialisten* geraten. Besonders bedeutsam für die Herausbildung des *religiösen* Feldes hält Bourdieu die Unterschiede der urbanen von den ländlichen Lebenswelten, die auch in Europa in vielen Gegenden bis in die Gegenwart nur unvollständig christianisiert wurden. Durch die Ausbildung eines Korps von Spezialisten* zur Verwaltung von *Heilsgütern* wird eine besondere priesterliche Qualifikation für den Umgang mit dem *Heiligen* und die Seelsorge entwickelt, die sie zu Agenten* einer Rationalisierung und Disziplinierung der Lebensführung werden lassen.

Auch wenn Bourdieu die Genese des *religiösen Feldes* nicht explizit einem bestimmten gesellschaftlichen und historischen Kontext zuordnet, erweist sich die Durchsetzung des Christentums in Europa und die Geschichte seiner Kirchen als Prototyp und Lieferant der Folie. Die Erhebung des Christentums und seines spezifischen und exklusiven Begriffs von *Religion* von einer häretischen Gruppen- zur Staatsreligion, mit der dem *(religiösen)* Pluralismus der Antike quasi die Luft abgedrückt wurde, führt beginnend mit dem Hochmittelalter zur expliziten Ausdifferenzierung eines *religiösen Feldes* als einem spezifisch europäischen Vorgang. Der aus der Religionssoziologie von Max Weber destillierte Begriff des *religiösen Feldes* hat daher bei Bourdieu etwas Anachronistisches. Als quasi singuläres Feld existiert das *religiöse Feld* schon vor den in der *Moderne* sich herausbildenden gesellschaftlichen Differenzierungen und, in diesem Zusammenhang entscheidend, vor Herausbildung des modernen Territorial- und Nationalstaates.[9] Wie auch bei Luhmann wird bei Bourdieu ein *Religions*typ, die Erlösungs- oder Glaubens*religion* (s.u.), maßgebend für das *Religions*verständnis.[10]

---

9 Auch Luhmann bemerkt, dass sich *Religion* als *Subsystem* bereits vor den Differenzierungsprozessen der *Moderne* aus den alltäglichen Geschäften der Gesellschaften ausgesondert hatte (z.B. in Form der ägyptischen oder israelischen Priesterschaften).

10 Weber kennt durchaus verschiedene Religionstypen: neben den Formen der *Erlösungsreligion* etwa *Gesetzesreligion* und *Staatsreligion*, die ergänzt wer-

Das *religiöse Feld* erweist sich zum anderen als Prototyp eines sozialen Feldes, als in ihm früh die treibenden Kräfte der Autonomisierung und Heteronomisierung, die Dialektik von Orthodoxie und Häresie (Rehbein 2004) zu erkennen sind.[11] Als *autonomes* Feld neben oder zwischen anderen Feldern (Politik, Ökonomie, Kunst, Sport etc.) etabliert sich das *religiöse Feld* jedoch erst in der Neuzeit als ein Feld unter vielen mit dem Auseinanderfallen einer der bis dahin als christlich verstandenen und herrschaftlich zugerichteten Welt.

Die institutionellen Mächte der christlichen *Religionen* und die mit ihnen verbundene symbolische Gewalt ziehen sich im Anbruch der europäischen *Neuzeit* in dem Maße in ein *religiöses Feld* zurück und *autonomisieren* sich auf diese Art, in dem der moderne Staat zum entscheidenden Garanten der *symbolischen Ordnung* wird und damit in den Augen Bourdieus als Sakralmacht selbst einen *religiösen* Charakter annimmt (s.u.). Das im Rahmen der europäischen Territorial- und Nationalstaaten verselbständigte *religiöse Feld* wird nun von Spaltung und Konkurrenz der Kirchen und Differenzierungen in *Kirchen* und *Sekten* bestimmt. Der Säkularismus bestreitet ihm eine öffentliche gesellschaftliche Existenzweise. Zugleich tritt mit der europäischen Expansion die Existenz von nicht-christlichen *Religionen* unwiderruflich ins Bewusstsein.[12]

Der Verselbständigungsprozess erscheint auch bei Bourdieu als Schrumpfungsprozess, in dem die *Religion* sich auf etwas ihr *Wesentliches* zurückzuziehen scheint. In der *Moderne* wird das *religiöse Feld* auf den Status eines der Kultur produzierenden Felder im sozialen Raum reduziert. Die anderen *sozialen Felder* (Ökonomie, Wissenschaft, Kunst, Sport, Medizin etc.) befreien sich aus der Vorherrschaft der „Religion". Zwar ist das religiöse Feld weiterhin Terrain sozialer Kämpfe um symbolische Macht, hat jedoch seine

---

den können um *Gemeinschaftsreligion* und *Funktionsreligion* (Totenkult, Ahnenverehrung). Solche Typen von Religionen können nebeneinander vorkommen, wie das Beispiel Japan zeigt. Auch das römische Reich war von einem Nebeneinander unterschiedlicher *Religionstypen* gekennzeichnet.

11 In seinen späten Schriften zur Religion revidiert Luhmann die Vorstellung einer „funktionalen Differenzierung" und sieht im Religionssystem selbst in der Ausarbeitung eines vereinheitlichenden Codes von Immanenz/Transzendenz Kräfte wirken, die seine Ausdifferenzierung. (Luhmann 1986a, 94; 1986b, 150)

12 Die Frage nach der Genese eines religiösen Feldes im Bereich des Islam muss hier ausgeklammert werden.

ehemals zentrale Stellung im *Feld der Macht* an Staat und Ökonomie abgeben müssen.

V.3 Glauben an den Glauben oder: die Kunst glauben zu machen

„Der Glaube ist daher entscheidend dafür, ob man zu einem Feld gehört." *Bourdieu 1993a, S. 136*

V.3.1 Glauben und *Illusio*

Jedes Feld bildet eine eigene *Logik* und spezifische *Habitusformen* aus, die eine gewisse Unabhängigkeit und Eigenständigkeit haben, wenn sie auch letztlich über den *Klassenhabitus* verklammert sind. Die Felder existieren für Bourdieu jedoch nicht auf Grund gesellschaftlicher Notwendigkeiten oder *funktionaler Differenzierung*, sondern auf Grund des Handelns und der Definitionsmacht von Akteuren*, die aber, weil in Kämpfe verstrickt, nicht *frei* ihren Interessen folgen können. Der durch ein Feld definierte *Wert* oder *Einsatz*, den es in einem Feld anzueignen und zu mehren gilt, setzt sich unter den antagonistischen Verhältnissen in den Feldern, um eine Marx'sche Wendung zu benutzen, *hinter dem Rücken* der Akteure* durch.

An das, was in einem Feld auf dem Spiele steht, müssen die Akteure* glauben, sofern sie in das Feld eintreten wollen. Dieser Glauben, die *Illusio*, ist in der Regel Ergebnis eines längeren Einübungsprozesses, einer Sozialisation im Feld, die schon mit der Geburt einsetzen kann und für die u.U. verschiedene machtvolle Institutionen bereitstehen. Die *Illusio* findet sich in allen Feldern und bildet eine Form der symbolischen Macht, der die Akteure* unterworfen sind, indem sie sich ihr unterwerfen. Die Form der Selbstunterwerfung durch Glauben erfährt in dem durch das Christentum definierten *religiösen Feld* eine Verdoppelung zum *Glauben an den Glauben*, genauer zum *Glauben an die Wirksamkeit des Glaubens.*

Geglaubt wird überall. Alle Urteile und Annahmen, Weltsichten und Wirklichkeiten sind getragen von Glauben. Jede als wahr behauptete Proposition, beinhaltet den „Glauben" an diese Proposition. (Quine/Ullian 1970) Ein *religiöser Glaube* oder ein Glaube an *religiöse* Dinge zeichnet sich daher nicht durch Eigentümlichkeiten zu glauben vor anderen Glaubensangelegenheiten aus.[13] Zu glauben ist weder eine *seelische Handlung* noch ein *seelisches Ereignis.* (vgl. Giegel 1969) Dagegen gibt es ausgesprochene *Akte des Glaubens* wie das gemeinschaftliche oder individuelle Gebet, Opferrituale und Feiern, durch die *Glaube* erzeugt, eingeübt, dargestellt und reproduziert wird. Auch Magie beruht auf Glauben. „Der magische Glaube ist [...] obligatorisch, a priori, und vollkommen dem analog, was sich an die Religion heftet" (Mauss 1978, 124ff.). Die Ubiquität von *Glauben* darf daher nicht mit einer Ubiquität von *Religion* verwechselt werden.

V.3.2 Glaubensreligion: *relegere* oder *religare*?

Das durch *Glauben* geprägte Verständnis von *Religion* kann unter Rückgriff auf Webers Begriff der *Glaubensreligiosität* als *Glaubensreligion* bezeichnet werden.[14] Unter Berufung auf Balagangadhara kann gesagt werden, dass sich das Christentum von seinen frühesten Verlautbarungen, etwa in den Paulus-Briefen, bis in die Gegenwart, durch einen *Glauben* definiert („Das Grab ist leer. Christus ist auferstanden"), auch wenn es unter dem Gesichtspunkt seiner *religiösen* Praxis nicht in diesem Verständnis aufgeht.[15]

Derrida unternimmt eine ausführliche Reflexion des etymologischen Ursprungs von *Religion*. Eine Quelle ist die Lesart von Cicero, der *religio* von lateinisch *relegere* ableitet.

> Sammlung, die dazu dient, zurückzukommen und wiederzubeginnen, und die so religio ergibt, die skrupulöse Aufmerksamkeit, die Achtung, die Geduld, ja die Scham oder die Frömmigkeit; auf der anderen Seite behauptet man, dass das Wort mit religare zusammenhängt (Lactantius und Tertullian) – eine Etymologie, die, nach einer von Beneviste erteilten Auskunft, 'von den Christen erfunden' worden ist, eine Etymologie, die die Religion mit dem Band verbindet, mit der Verpflichtung, der Bin-

---

13 Wie es nach Mauss keine spezifischen religiösen Gefühle gibt, so gibt es auch keinen spezifischen Glauben *sui generis*.

14 So auch Luhmann 2002, 134.

15 Balagangadhara zeigt materialreich, dass der christliche Religionsbegriff als allgemeiner Begriff von *Religion* die Vorstellungs- und Lebenswelten in Indien und China verfehlen muss. An Stelle einer Orthodoxie findet sich dort eine Orthopraxie. Nach chinesischer, indischer oder japanischer Auffassung ist die korrekte Ausführung von Ritualen (z.B. in der Ahnenverehrung) unerlässlich für den Fortbestand der Gesellschaft. (Balagangadhara 1994, 363ff.; vgl. auch Staal 1993)

dung, der Pflicht, der Schuldigkeit im Verhältnis von Mensch und Gott" (Derrida 2001, 60f.).

Auf der einen Seite die Befolgung der Kulte und Riten und die Pietät gegenüber den Überlieferungen,[16] auf der anderen Seite die persönliche, *innere* Bindung im Glauben an den einen Gott. Mit der Umdeutung von *religio* als Verpflichtung auf eine überlieferte Praxis in *religio* als Glaube, aus dem eine bestimmte (*religiöse*) Praxis erwächst, behauptet das Christentum das universelle Modell von *Religion* zu sein, an dem die Anderen zu messen sind, z.B. die indianischen Heiden, die in den Augen der christlichen Missionare* nur über eine degenerierte oder primitive Form von *Religion* verfügten. (vgl. Pagden 1982)

Webers Verständnis von *Glaubensreligiosität* ist Teil dessen, was hier als *Glaubensreligion* bezeichnet werden soll. „Glaubensreligiosität setzt jedenfalls stets einen persönlichen Gott, Mittler, Propheten voraus, zu dessen Gunsten an irgendeinem Punkt auf Selbstgerechtigkeit und eigenes Wissen verzichtet wird. Sie ist daher den asiatischen *Religiositäten* in dieser Form spezifisch fremd" (Weber 1972, 344). Eine sich an ein Massenpublikum adressierende *Glaubensreligion* gerät jedoch in Schwierigkeiten, wollte sie von allen *Gläubigen* tatsächlich eine weitgehende Kenntnis von verzweigten und schwierigen Glaubensmaterien verlangen, wie dies in bestimmten protestantischen Gemeinschaften der Fall ist. Daher verlangt die katholische Kirche von den *religiös Unqualifizierten* (Weber) nur eine *fides implicita*, „die allgemeine Bereitschaft der Unterstellung aller eigenen Überzeugung unter die im Einzelfall maßgebende Glaubensautorität. [...] Eine *fides implicita* aber ist tatsächlich eben kein persönliches Fürwahr-Halten von Dogmen mehr, sondern eine Erklärung des Vertrauens und der Hingabe an einen Propheten oder an eine übergeordnete Autorität" (Weber 1972, 342). Das „außeralltägliche Vertrauen auf Gottes ganz persönliche Providenz" erscheint als Charisma, als Leistung der „Seelenhirten oder Glaubenshelden", mit denen der „Vertrauensmann der Gemeinde als Glaubensvirtuose" praktisch andere Dinge zu vollbringen vermag als der Laie (Weber 1972, 343). „Der Glaube gibt hier eine Art Surrogat magischer Fähigkeiten" (ebd.). Hier zeichnet sich eine

16 Hier gibt es eine Verbindungslinie zum *Religions*begriff von Hervieu-Léger, der sich auf Gemeinschaften, die sich einer autoritativ verbürgten Tradition unterstellen, bezieht.

Art von Stellvertretung des Glaubens im Glauben der Spezialisten* ab, die die *Arbeit des Glaubens* für den in Glaubenssachen schwachen Laien verrichten. Der Kampf der Spezialisten* im *religiösen* Feld kann so auch als Kampf um den Glauben der Laien betrachtet werden. Die Laien *investieren* in das Feld den ihnen von den Spezialisten* auferlegten und zugleich wieder enteigneten, d.h. einen geborgten Glauben, der eine Schuld konstituiert. „Die Laienschaft delegiert religiöses Handeln an religiöse Experten, indem sie diese qua Konfession zu Repräsentanten ihres Glaubens erklärt. Laien lassen glauben" (Seibert 2010, 101).

V.3.3 Glauben-Machen

Der für das *religiöse Feld* charakteristische *Glauben an den Glauben* erhält in der Sicht Bourdieus die Form des Glaubens an die Glaubenskraft der religiösen Experten* und Virtuosen*. Da es sich hierbei um einen Enteignungsvorgang handelt, stehen die Experten* stets unter strengster Beobachtung durch die Subalternen.[17] Natürlich muss der Virtuose*, Glaubensmann und Glaubensfrau, zunächst selbst und in erster Linie an die Kraft seines/ihres Glaubens glauben. So Mauss über den Magier: „Dieser Glaube ist zugleich beim Zauberer und in der Gesellschaft gegeben" (Mauss 1978a, 126). Der *religiöse Habitus* in Form einer „genuin religiösen Glaubensfrömmigkeit" muss also zunächst den Spezialisten* durch Training und Exerzitium auferlegt werden, auch in Form einer *Selbstauferlegung*, die etwa durch Ordensstifter* (z.B. Ignatius von Loyola) praktiziert und kodifiziert wird. Das Weber'sche *Opfer des Intellekts* (*„credo, non quod, sed quia absurdum est"*) steht nicht am Anfang, sondern am Ende der *Arbeit am Glauben*, als eine abrufbare Leistung. Der *Glaube an den Glauben* ist bei den Spezialisten* zugleich auch „Willen zum Glauben", ohne damit aufzuhören „wirklicher Glaube" zu sein (Mauss 1978a, 127). Die Überzeugungen des Spezialisten*, auch des Magiers*, sind nach Mauss in dem Maße aufrichtig, „als sie die Überzeugung seiner Gruppe ist" (ebd., 129). Wie Renn (2009) ausführt, erscheint der *feste Glaube*, auf den das Vertrauen (Gott-

17 Liederliches oder anmaßendes Verhalten des Klerus stand daher immer wieder im Zentrum von häretischen Reformbewegungen (Angenendt 2004). In diesem Sinne kann Seibert (2010) das *religiöse Kapital* der religiösen Akteure und Institutionen auch mit *Glaubwürdigkeit* (in den Augen der Subalternen) umschreiben.

vertrauen) baut, als untrennbares Moment einer *kollektiv geteilten Lebensweise*, die den Glauben zur *Glaubensgewissheit* macht.[18] Die tiefste und rein persönlich erscheinende Hingabe an eine religiöse Überzeugung ist nicht möglich ohne tatsächliche und imaginierte Gemeinschaft.

Die Antworten, die der Spezialist* (Theologe*) auf Fragen des *Glaubens an den Glauben* gibt, nehmen die Form von Begrifflichkeiten, Klassifikationsschemata, Definitionen, Trennungen, Einteilungen, Hierarchien usw. an, die sich durch Übung und Nachahmung in die Körper der Akteure* einschreiben. Die Praktiken des *Glauben-Machens* erzeugen einen religiösen Habitus, eine *praktische Logik* der Akteure*, und betten *Religion* in die Lebenspraxis ein. Vor diesem Hintergrund lässt Bourdieu *Glauben* nicht als Willensentscheidung gelten, sondern sieht in ihm das Ergebnis eines allmählichen Gewöhnungsprozesses, der in seiner Entstehung vergessen wird. In Anlehnung an Pascal spricht Bourdieu von der *Amnesie der Entstehung* (Bourdieu 1993a, 93), die nicht nur für die *Illusio* des *religiösen* Feldes, sondern in allen sozialen Feldern gelten soll.

Der Erfolg des *Glauben-Machens* hängt von der sozialen Position der Spezialisten* und ihrer Verfügung über symbolische Macht ab. (Bourdieu 1996, 176f.) Symbolische Macht befähigt zur (performativen) Konstitution des *Gegebenen* durch Benennung, Aussprache, *religiös* durch *Verkündigung.* In einem Vortragsmanuskript aus den 1980er Jahren bezeichnet Bourdieu symbolische Macht im praktischen Vollzug auch als ein 'Vermögen des *worldmaking*'. Die Praktiken symbolischer Macht sind Praktiken des Einteilens, des Trennens, des Vereinens, des Auflösens, des Analysierens, des Zusammenfügens, des Synthetisierens, die zu Ritualen, Gebeten, körperlichen Exerzitien und Großformen wie Gottesdiensten, Wallfahrten oder Weltjugendtagen verkettet werden. (Bourdieu 1992, 151) Die Inkorporierung von Wahrnehmungsschemata und Dispositionen (zu achten, zu bewundern, zu lieben etc.) in die Körper der unterworfenen/sich unterwerfenden Laien naturalisieren den *Glauben* auch als *inneres Sprechen und* als imaginären Raum *religiöser Erfahrung.* Die Laien stellen so, indem sie die differenzierenden und Welt einteilenden Worte der Priestersprache inkorporieren und

18 Renn übergeht jedoch zu schnell die Tatsache, dass den *Glaubensgewissheiten* immer tiefste Glaubenszweifel benachbart sind (vgl. das Beispiel Martin Luthers bei Erickson 1975).

kniend das Gebet nachsprechen, die Legitimation des *religiösen* Spezialisten* her.

Für den christlichen Laien ist *Frömmigkeit* als *religiöser Habitus* die dem *religiösen Feld* angemessene, von den Protagonisten* geforderte und auferlegte Weise, sich Glaubensdingen gegenüber zu verhalten. *Frömmigkeit* wird eingeübt durch frommes Verhalten und seine Nachahmung. *Glauben* als habituelle Frömmigkeit ist Vorbedingung wie Ergebnis *religiöser* Praktiken. Diese erzeugen die nötige *Offenheit*, die Bereitschaft, sich auf etwas einzulassen, das von Autoritäten oder Praxen verbürgt ist. Vielleicht ist dieser Habitus mit dem von Veyne benannten *religiösen Vorgefühl* einer „gewohnheitsmäßigen Frömmigkeit" (Veyne 2011, 114) vergleichbar, die der Religion aus Gewohnheit Respekt zollt und ihr gegenüber *Pflichtgefühle* hegt. Dieser gewohnheitsmäßige Glaube des *Alltagsmenschen* reicht jedoch nicht sehr weit, etwa in Bezug auf die zeitliche Belastung durch Glaubenspraktiken, und steht damit ständig in der disziplinierenden Kritik der Spezialisten* und Verwalter* der Heilsgüter.

V.3.4 Glauben an den Glauben

Ist der spezifische *Wert* in dem vom Christentum und seinen Traditionen geprägten *religiösen Feld* der *Glaube*, der ins Feld zu investieren ist, dann besteht die *Illusio* des *religiösen Feldes* im *Glauben an den Glauben*. Mit Luhmann könnte man auch sagen, dass der Glaube an die „Wirklichkeit der Transzendenz" in den „Glauben an die Wirklichkeit des Glaubens" übergeht. (Luhmann 2002, 314)[19] Diese Verdopplung des Glaubens im *religiösen Feld* reflektiert sich in der von Certeau in *Kunst des Handelns* (Certeau 1988) und in späteren Texten benutzten Unterscheidung von Glaubensinhalt (*fides quae*) und Glaubensakt (*fides qua*), geht jedoch nicht in dieser auf. In der Diktion Luhmanns muss man an die *fides qua*, d.h. an die Macht und Wirksamkeit des *Glaubensaktes* glauben, um gegen die Beliebigkeit der *Glaubensinhalte* gefeit zu sein. Hierzu bedarf es der „untrügli-

19 Transzendenz selbst ist inkommunikabel, beobachtet wird der die *Transzendenz* erschließende Glaube, an dessen Kraft zur Erschließung (Empfang der Offenbarung, Konversionserfahrung, Wahrnehmung des „Wunders") geglaubt werden muss. Innertheologisch beginnt die Moderne mit der *Unerkennbarkeit* und *Unverfügbarkeit Gottes* im Nominalismus etwa bei Ockham.

chen Zeichen" des Glaubens im Gläubigen selbst bzw. in der Natur („Wunder"). Glauben selbst wird zum Glaubensinhalt, ohne dass auf die *fides quae* verzichtet werden kann. Damit ist unvermeidbar eine Pluralisierung von *Glaubensreligionen* im *religiösen Feld* verbunden, die zum Aufstieg anderer Religionen führt, sofern diese sich der dominanten christlichen *Religion* und ihrem Religionsbegriff anverwandeln. Das religiöse Feld wird zum Feld der *Weltreligionen* (vgl. Kapitel VI in diesem Band).

Untersucht werden müssen nach Certeau die historischen Konfigurationen der Beziehungen zwischen den formellen Modalitäten des Glaubens (Wie glaubt man?)[20] und den verfügbaren Glaubensinhalten (Was glaubt man? Was ist glaubwürdig?). Die gemeinsame Tatsache, dass geglaubt wird, gibt jedoch den verschiedenen gesellschaftlichen Feldern keinen gemeinsamen *religiösen* Charakter. So ist der Glaube an den Wert der Kunst als Kunst weder *religiös*, noch machte es wenig Sinn, ihn als *quasi-religiös* zu bezeichnen. Allerdings sind Wechselwirkungen zu vermuten, indem bestimmte Glaubensinhalte bestimmte Praxen des Glauben-Machens und des Einübens in den Glauben nahelegen (z.B. in Form der Unterwerfung unter die *allein seligmachende* Institution der Kirche). Andererseits bestimmen die Glaubens-Praxen mit über die Glaubwürdigkeit der Glaubensinhalte. So wandelt sich nach Certeau in der *Moderne* der Glauben an das Unsichtbare in einen Glauben an das Sichtbare. Für die *rezitierte Gesellschaft* gilt: „Das Zitat ist also die absolute Waffe des Glaubenmachens" (Certeau 1988, 332). „Zitieren bedeutet, dem von einer Macht erzeugten Simulakrum Realität zu verleihen, indem man glauben macht, dass die anderen daran glauben, ohne allerdings irgendeinen glaubwürdigen Gegenstand zu liefern" (ebd., 332f.).[21]

In *Faire croire* bezeichnet Certeau Glauben als „Willen zu glauben" (*Croire, c'est vouloir croire*) (zit. nach Bogner 2008, 169). Certeau sieht im Glauben eine Art *Besetzungsenergie*, die den Glaubensinhalten wie den religiösen Praktiken verliehen bzw. entzogen werden kann. „Wo Religion sich dieses Zusammenhangs nicht gewahr wird,

20 Diese können eine eigene von den Inhalten gelöste Existenz erhalten und vom Staat wiederverwendet werden (de Certeau 2008).

21 Allgemein lässt sich sagen, dass in einer Offenbarungsreligion wie der christlichen die Glaubenssätze die Form des Zitates besitzen mit der zugehörigen Praxis des Rezitierens, etwa in Form des Gebets und des Glaubensbekenntnisses.

droht sie zur Folklore zu degenerieren" (Bogner 2010, 528).[22] Die Monopolisierung der Heilsgüter im religiösen Feld nützt also nichts mehr, wenn diese keine Energien mehr binden und das Interesse an ihnen erloschen ist.

In so genannten traditionellen Gesellschaften gehen nach Certeau Glauben und Handeln in eins. „Die Gläubigkeiten haben hier die Form von Praktiken" (Certeau 1984, 369.). Ritus als praktizierter *Glauben an den Glauben* lässt keinen Platz für ein Auseinandertreten von Akt und Glauben. (Staal 1993) Erst durch *Repräsentation* fallen Aussagen und Verrichtungen auseinander, wobei die Aussagen die Verrichtungen überdauern können und rückwirkend als Ausdruck eines (vergangenen) *Glaubens* verstanden werden können.

Der den *Glauben an den Glauben* begründende Glauben ist nicht selbst grundlos oder *fideistisch*, sondern gründet sich auf bürgende Instanzen (Autoritäten, Wahrscheinlichkeiten, Institutionen).[23] Das Vertrauen in diese Instanzen „verdoppelt die Gläubigkeit" (ebd., 373). Die Praxis des Glaubens bedarf der bürgenden Instanz, die mit Macht, Wissen und Willen ausgestattet ist, die Einsätze oder Gaben rückzuerstatten. Der Bürge* muss selbst an die Erstattung glauben; er ist daher der Spiegel oder die Dublette des Glaubenden*. Man glaubt dem Bürgen*, weil dieser glaubt.

Aber die Garantien sind nie gewiss und multiplizieren sich in einer Kette von Substituten (die Familie, die Gruppe, die Kirche, letztinstanzlich *Gott*). Der Glauben im Namen der Gesellschaft oder Gottes ist daher nichts anderes als der Fluchtpunkt der Bürgschaften, der dem Postulat des Glaubens entspringt, dass es einen Bürgen* geben muss. (ebd., 374) Die Tatsache, dass „viele andere" glauben, berechtigt zur Annahme, dass es irgendwo einen „Gewährsmann" gibt. (ebd., 375f.) „Damit es Gläubigkeit gibt, muss es schon irgendwo Glauben geben" (ebd., 377). Ein Glaube kann nicht durch

22 Bogner möchte den Glaubensakt selbst als *religiöse* Praxis ausweisen, die hierin eine *Tiefenstruktur* besitze, die auf Dauer gestellt ist und in andere Felder überwechseln kann. In Bogners Interpretation von Certeau vermag heute das *Religiöse* „als Religion allein nicht länger, glauben zu machen" (Bogner 2008b, 168). Das *Religiöse* wandert aus dem *religiösen System* aus. Die *religiöse* Libido, emanzipiert von den Praktiken, wäre nunmehr freischwebend, aber auch ohne jeden Namen.

23 Die Figur *des Glaubens an den Glauben* wird auch als Fideismus (z.B. Wooton 1992) bezeichnet, sofern der Glaube keiner rationalen Gründe zu seiner Rechtfertigung bedarf. Fideismus ist also insbesondere eine Gegenposition zum Aristotelismus der Scholastik und ihrer Gottesbeweise.

sich selbst verbürgt sein. Wie es keine Privatsprache geben kann, so keinen Privatglauben.[24]

Der vom *religiösen Feld* eingeforderte *Glauben an den Glauben*, der einen Regress *ad infinitum* impliziert, kann diesen nur dadurch vermeiden, dass er in eine Praxis – oder *Lebensform* nach Wittgenstein – *zurückreicht*, in der alle Begründungen zu Ende kommen.[25] Nur eine Praxis kann den (*religiösen*) Glauben an die (erlösende) Kraft eines Glauben, mit Luhmann gesprochen, *entparadoxialisieren*. Diese praxissoziologische Formulierung wird gedeckt durch Hervieu-Léger, die das von ihr konstatierte *Bedürfnis nach Validierung des Glaubens* zu Typen der *Gemeinschaftsbildung* ausarbeitet. (Hervieu-Léger 2000; 2004) Der Niedergang der Institutionen in der *Moderne*, die den *Wert des Glaubens* autoritativ zu verbürgen schienen, führt nach Hervieu-Léger zur Suche nach *Validierung* in offenen Formen kommunitärer Praxen. Es sind dann diese neuen Vergemeinschaftungen, die irgendwelchen Glaubensvorstellungen neue Strahlkraft verleihen. „Man definiere also als `Religion´ jede – ideologisch, praktisch und symbolisch – Konfiguration, durch die das individuelle und kollektive Bewusstsein der Zugehörigkeit zu einer besonderen Glaubenssequenz gebildet, unterhalten, entwickelt und kontrolliert wird" (Hervieu-Léger zit. nach Galembert 2004, XL). Nennen wir jene „ideologische, praktische und symbolische

24 „Nur in dem Maße, in dem eine Gruppe von Menschen ein seelisches Ereignis in Erfahrung bringen kann, kann auch der, bei dem sich der innere Vorgang abspielt, von diesem Ereignis wissen. Seelische Ereignisse sind eingebettet in die Welt der öffentlichen Gegenstände, in Handlungsmuster, die kulturellen Regeln folgen, und schließlich in die intersubjektiv eingeübte Sprache" (Giegel 1969, 89).

25 Die Mystiker möchten dem Abgrund durch eine unmittelbare Erfahrung entkommen, die sie jedoch nicht selbst validieren können. Nach Certeau erarbeiteten die Mystiker und Mystikerinnen ab dem 13. Jahrhundert eine Reihe von Techniken oder Praktiken wie Gebet, Kontemplation, Kasteiung, die eine Leere produzieren sollen, in der die Erfahrung Gottes als „Wort", „Logos", zur Welt kommen kann. (Certeau2010, 4) Die Mystik verfährt so, als ob sie das erlauscht, von dem sie spricht. Die gesuchte Annäherung des Wortes „drückt sich aus in unleserlichen Botschaften auf einem Körper, der sich in ein von Liebesschmerzen gezeichnetes Emblem oder Memorial verwandelt hat" (ebd.). Die Mystik ist eine Erfahrung, die durch ein Sprechen oder ein Schreiben produziert wird, dass die Paradoxa des Unaussprechlichen mitteilbar machen will. Als Sprech- und Schreibweise erzeugt die Mystik einen *corpus mysticum*, eine mystische Tradition, die sich selbst wieder auf Vorläufer wie Meister Eckart etc. zurückführen kann.

Konfiguration“ schlicht eine religiöse Praxis oder Gemeinschaft. Das entscheidende Moment einer Religionsgemeinschaft ist dann, dass sie eine auf die Autorität der Tradition fixierte Gemeinschaft (bis hin zum Herrschaftsverband) darstellt, durchzogen vom „Band der Kontinuität, das die Religion stets zwischen den Gläubigen der aufeinanderfolgenden Generationen herstellt“ (Hervieu-Léger 2004, 10). Die Glaubenssequenz muss zugleich praktisch und symbolisch, d.h. rituell hergestellt werden. Mitmachen und Nachahmung der Riten sind der eigentliche Kern der religiösen Vergemeinschaftung. Auch wenn Hervieu-Léger das Konzept des religiösen Feldes nur für begrenzt fruchtbar hält (Hervieu-Léger 2000), ist ihr Religionsbegriff mit ihm durchaus vereinbar. Allerdings weisen die neuen religiösen Vergemeinschaftungen in der Gegenwart und die ihnen eigenen Dynamiken über das religiöse Feld hinaus.

V.4 Bourdieus Glauben oder die Einwilligung in die Unterwerfung

V.4.1 Symbolische Gewalt

Eine der zentralen Fragen, die Bourdieu seit seinen Schriften zur Religionssoziologie umtreibt, lautet, „warum die etablierte Ordnung selbst denen, die sie am meisten benachteiligt, fast stets als selbstverständlich und naturnotwendig [erscheint]; als notwendiger und naturgemäßer jedenfalls, als man vom Standpunkt derer annehmen möchte, die, von weniger unerbittlichen Bedingungen geformt, jene spontan nur unerträglich und empörend finden können“ (Bourdieu 2001a, 222). So konstatiert er „eine Beziehung oft unüberwindlicher Unterwürfigkeit, die alle sozialen Akteure mit der sozialen Welt verbindet, deren Produkte sie im Guten wie im Schlechten sind“ (ebd.). Die Antwort findet Bourdieu in der Analyse der *symbolischen Gewalt*, die in Form der Inkorporierung der *symbolischen Ordnung* die äußeren Zwänge auf der Grundlage innerer Zwänge wirksam werden lässt. (ebd., 216) Den Beherrschten ist die Macht in Form von dauerhaften Dispositionen und Wahrnehmungsschemata auf den Körper und in den Körper geschrieben. „Der praktische Glaube ist kein ‘Gemütszustand’ und noch weniger eine willentliche Anerkennung eines Korpus von Dogmen und gestifteten Lehren (‘Überzeugungen’), sondern, wenn die Formulierung gestattet ist, ein Zustand des Leibes“ (Bourdieu 1993a, 126).

Solange die gesellschaftlichen Mächte durch die *Mächte der Religion* weitgehend gedeckt waren, oblag die Inkorporierung der symbolischen Ordnung über entsprechende Haltungen der Unterworfenen und Unterwerfenden den religiösen Institutionen, die mit Hilfe diverser Praktiken den Glauben an die Botschaften, Heilsgüter und insbesondere an die diese verwaltenden Institutionen erzeugten.

V.4.2 Die Macht der Gewohnheit

Bourdieu setzt alles daran, die mit dem Theorem gesellschaftlicher Differenzierung fest verbundene These von der *Individualisierung* und der Zunahme von Wahl- und Entscheidungsmöglichkeiten des Einzelnen als eine Illusion zu entlarven. Auch wenn er selbst der Vorstellung von einem *Markt der Religionen* Vorschub leistet, auf dem der Einzelne heute das, was er glauben möchte, frei zusammensuchen kann, hält er *Glauben* und *freie Entscheidung* für unvereinbar.[26] Auch wenn Glaubensinhalte kontingent sind und es schon immer waren, ist weder die Einübung in *Religion* noch der Bruch mit ihr Ergebnis einer Wahl. „Man wählt, was einen wählt" (Bourdieu 1993a, 124).

Bruno Latour sagt hierzu: „Den Glauben an den Glauben teilen die drinnen aber mit denen draußen, und gerade damit schaffen sie es, innen und außen zu unterscheiden" (Latour 2011, 9f.). Es ist nicht ein bestimmter Glaubensinhalt (z.B. der *Glaube an Gott),* der eine Grenze zwischen Gläubigen und Ungläubigen, Produzenten* und Konsumenten* im religiösen Feld zieht, sondern der Glaube daran, dass es *einen Unterschied macht* zu glauben, welcher immer er auch sein mag. Wie aber überschreitet oder überspringt man diese *Schwelle* zum *Glauben*? Hier setzt Bourdieus Auseinandersetzung mit Blaise Pascal um die Frage ein, ob man sich für einen bzw. *den einen* Glauben entscheiden kann. Dabei geht es für Bourdieu um die Widersprüche, die sich daraus ergeben, die Involvierung in eine Praxis in der Logik von Willensentscheidungen zu denken. „Die Paradoxien bei dem Versuch, den Glauben in der Logik der Entscheidung zu denken, lassen erkennen, dass der tatsächliche Glaubenserwerb

26 Bourdieu zitiert das von Bernard Williams (1978) formulierte Paradox, dass man nicht p glauben kann und zugleich glauben, dass der Glaube an p auf der Entscheidung fußt, p zu glauben. (Bourdieu 1993, 92) In diesem Sinne wird auf dem Markt der Religionen nicht mit Glauben gehandelt, sondern nur mit seinen Emblemen.

dadurch definiert ist, dass er diese Antinomien in praxi auflöst" (Bourdieu 1993a, 93). Es gibt „[...] eine den Praktiken innewohnende Vernunft, die ihren 'Ursprung' weder in 'Entscheidungen' der Vernunft als bewusster Berechnung noch in den Bestimmtheiten der äußerlichen und den Handelnden übergeordneten Mechanismen findet" (ebd., 95).

Wie Certeau (s.o.) sagt, muss man, um zu glauben, einen *Willen zu glauben* besitzen, der nach Bourdieu bereits Ergebnis einer Praxis ist, auf die man sich eingelassen hat.[27] An Stelle des Modells der Entscheidung, die von Willensschwäche (*Akrasie*) bedroht ist, setzt Bourdieu ein Konzept, in dem das Handeln immer schon durch eine Praxis und ihre inhärenten Zwecke und praktischen Logiken bestimmt ist. „Die Praxiswelt, die sich im Verhältnis zum Habitus als System kognitiver und motivierender Strukturen bildet, ist eine Welt von bereits realisierten Zwecken, Gebrauchsanleitungen, Wegweisungen und von Objekten, die nach Husserl mit einem 'dauerhaft teleologischen Charakter' ausgestattet sind" (ebd., 100).

In der Praxiswelt, in der man kein Gast sein kann, gilt unmittelbar und fundamental das Prinzip des Mitmachens und der Nachahmung. Demjenigen, der glauben möchte, empfiehlt daher Pascal das Beispiel anderer in der gleichen Lage: „Handeln Sie so, wie diese begonnen haben, nämlich alles zu tun, als ob sie gläubig wären, Weihwasser zu benutzen und Messen lesen zu lassen usf. Ganz natürlich wird Sie das sogar glauben machen und verdummen" (Pascal 1987, Fragment 233, 126).[28] Man kann Pascal so lesen: Zum Glauben gelangt man nicht durch eine Entscheidung auf der Grundlage von Vernunft, sondern nur durch eine Praxis, in der man sich so verhält, als ob man (bereits) glaube. Hierauf muss man sich einlassen und sich für bestimmte Erfahrungen *öffnen*.

Für Pascal ist die *Macht der Gewohnheit*, die zur Verdummung, d.h. zum Vergessen des Ursprungs führende Praxis des Glaubens, so zu tun, als ob man glaube, stärker als alle Beweise der Vernunft.

---

27 Mit Wittgenstein gesprochen: Es gibt keine *innere Handlung*, die *Entscheiden* heißt, es gibt kein Kriterium, dass man innerlich anwenden könnte, um festzustellen, dass man sich gerade entscheidet. Man entscheidet sich, in so genannten *Entscheidungssituationen*; aber es handelt sich dabei nicht um eine *Handlung*, sondern um eine Art *Ratifizierung*. Allein das Ergebnis wird als *Handlung* (Entscheidung) zugerechnet.

28 Sein fiktiver Gesprächspartner* antwortet (was Bourdieu unterschlägt): „Das fürchte ich ja gerade."

> Die Beweise überzeugen nur die Vernunft; die Gewohnheit macht unsere Beweise stärker und deutlicher [...] Folglich ist es die Gewohnheit, die davon überzeugt, sie macht so viele zu Christen, sie macht zu Türken, zu Heiden, die Berufe, Soldaten usw. [...] Man muss einen leichteren Glauben haben, und das ist der, der in die Gewohnheit eingeht, der uns zwanglos, kunstlos, ohne Beweise glauben lässt und unsere ganze Vernunft unter diesen Glauben beugt, so dass unsere Seele ihm völlig natürlich zufällt. [...] Folglich muss man den Glauben im Gefühl verankern, sonst wird er immer schwankend sein (Pascal 1987, Fragment 252, 135).

Man wählt, was einen wählt. „Der Glaube ist daher entscheidend dafür, ob man zu einem Feld gehört" (Bourdieu 1993a, 100). Er ist jedoch kein *pragmatischer Glaube* (Kant), als eine willentlich übernommene, ungewisse Hypothese, die das Handeln ermöglicht (*als ob*). Es ist der *praktische Glaube,* der als Eintrittsgeld gilt, das alle Felder stillschweigend fordern, „indem sie praktisch so tun, als könne durch die Operationen der Auswahl und der Ausbildung Neueingetretener (Initiationsriten, Prüfungen usw.) erreicht werden, dass diese den Grundvoraussetzungen des Feldes die unbestrittene, unreflektierte, naive, eingeborene Anerkennung zollen, die die doxa als Urglauben definiert" (ebd., 124f.).

Zusammenfassend lässt sich mit Pascal und Bourdieu sagen, dass *Religion* durch die in ihren Praktiken angesprochenen Gefühle (*Frömmigkeit, Innerlichkeit*) in der (gewohnheitsmäßigen) Einnahme von Körperhaltungen und Verrichtungen erlernt wird. Es gibt einen *religiösen Habitus,* der durch *religiöse Praxis* erzeugt wird, die den Individuen religiöse Gefühle spendiert, durch die das *Religiöse,* z.B. als *Erfahrung einer Transzendenz,* wiederum bestätigt wird. In diesen Praktiken wächst man auf bzw. man muss sich auf sie mitmachend einlassen. Der Wechsel zwischen Religionen vollzieht sich daher, wenn überhaupt, nur langsam, über Brüche und den Aufbau neuer Praxiskontakte.[29]

V.4.3 Der Staat und das Theater der Glaubwürdigkeiten

Am Ende von Bourdieus Entschlüsselung religiöser Praxis steht der Kampf um *Anerkennung,* der aus der *conditio humana* erwächst. „Der Mensch ist und weiß sich sterblich" (Bourdieu 2001a, 308). Er führt ein Sein ohne Daseinsberechtigung, besessen von dem Bedürf-

---

29 Die Konversionsforschung zeigt, dass neben den kollektiven die individuellen Religionsübertritte in großer Zahl Partnerschaften und anderen engen sozialen Beziehungen folgen. (Hervieu-Léger 2004)

nis nach Rechtfertigung, Legitimierung und Anerkennung. „Und *a contrario* wird auch die quasi göttliche Macht verständlich, die darin besteht, Kontingenz und Zwecklosigkeit zu beseitigen – eine Macht, die, ob man will oder nicht, die soziale Welt innehat und die namentlich durch die Institution Staat ausgeübt wird" (ebd.).

> Die soziale Welt vergibt das seltenste Gut überhaupt: Anerkennung, Ansehen, das heißt ganz einfach Daseinsberechtigung" (ebd., 309f.).
> Alle Bezeugungen sozialer Anerkennung, die das symbolische Kapital ausmachen [...] sind Bezeugungen der Gnade, die diejenigen, denen sie zuteilwird, von dem Elend einer nicht gerechtfertigten Existenz befreit und ihnen nicht nur (wie es die Religion nach Max Weber tut) eine 'Theodizee ihres Privilegs' verleiht – was gar nicht wenig wäre –, sondern auch die Theodizee ihrer Existenz" (ebd., 310).

In dieser weltlichen *Religion* Bourdieus wird um eine Macht gekämpft, die nur die Konkurrenten*um dieselbe Macht verleihen können, eine Macht über die anderen, die ihre ganze Existenz den anderen verdankt.

In den Augen Bourdieus wird in der Gegenwart die Existenzberechtigung des Einzelnen im und durch den Staat und nicht mehr durch die Autorität einer Religion beglaubigt.[30] Ihm gehört die Macht der Konsekration und der Investitur. „Die Einsetzungsriten, Akte symbolischer Investitur, die dazu bestimmt sind, das durch sie geweihte Wesen zu legitimieren als das, was es ist, zu existieren, wie es existiert, schaffen schließlich denjenigen, den sie einsetzen" (ebd., 312). Der Geweihte „muss sich in seine Investitur persönlich investieren, das heißt seine Hingabe, seinen Glauben, seinen Körper einbringen, sie verpfänden und durch sein ganzes Verhalten und Sprechen [...] seinen Glauben an die Funktion und an die Gruppe bezeugen, die sie verleiht und die ihm diese gewaltige Sicherheit nur unter der Bedingung zuteilwerden lässt, dass er sie voll und ganz rückversichert" (ebd., 313). Das ganze Drama der Existenz verwandelt sich in ein *Theater der Glaubwürdigkeiten*, das auf der Bühne des Staates aufgeführt wird.[31] Über allen Benennungen und Ernennungen, Verbeugungen und Bezeugungen steht am Schluss jene Art *Verwirklichung Gottes auf Erden; die der Staat darstellt*

30 Engler (2003) weist daraufhin, dass auch der Staat mittlerweile als „Konsakralisierer" versage und in akute Schwierigkeiten gerate, die soziale Ordnung in ihrer Kontingenz in Bestimmtheit zu transformieren und auf Dauer zu stellen.

31 Auf der Hinterbühne herrscht die Korruption.

(ebd., 313), hinter dem die auch in der Gegenwart fortbestehenden Autoritäten im *religiösen Feld* zurücktreten müssen.

Damit ist jedoch kein Ziel der Geschichte erreicht. Ob mit dem Verblassen des Staates das *religiöse Feld* mit seinen Protagonisten des Glaubens als ein Kampflatz um Seelen und Gemüter fortbestehen wird und ihm aus der *Wiederkehr der Götter* neue Kräfte zuwachsen können, scheint fraglich.

V.5 Enteignung der Laien und populare Religion

Im religiösen Feld geraten die Spezialisten* in den Blick, die über Definitionsmacht und Macht zur Monopolisierung der Heilsgüter und Heilswege verfügen. Diese Macht liegt nicht in der Person der religiösen Protagonisten*, in ihren Worten oder Instrumenten begründet, „sondern in dem gesamten Netz von Produktions- und Austauschbeziehungen, in dem der Glaube und die vom Glauben begründete Macht erzeugt werden" (Bourdieu 2009b, 66). Das in Form des Glaubens angehäufte *religiöse Kapital* entstammt Enteignungsprozessen in Form einer *ursprünglichen Akkumulation* durch Propheten* oder Religionsstifter* bzw. laufender Enteignung durch Priester* in einer *Ökonomie des Heilsgeschehens*. Der handfeste ökonomische Charakter der Beziehungen zwischen religiösen Spezialisten* und Laien muss jedoch verdrängt werden (Bongaerts 2008) und nötigt den Bischöfen u.U. ein „Lachen" ab (Bourdieu 2009c). Dass es die Gruppe, das Kollektiv, die Gemeinschaft ist, die „die über sie ausgeübte Macht erzeugt" (Bourdieu 2009b, 66), muss verdeckt, der Ursprung der Macht und der *Gesetze*, wie Pascal sagt, vergessen gemacht werden. „Die Lüge sich selbst gegenüber", so sagt Bourdieu an dieser Stelle, „die jeder Glaube mit sich bringt, hat nur dann Aussicht auf Erfolg, wenn die individuelle Unehrlichkeit durch die kollektive Unehrlichkeit unterhalten und gestützt wird" (ebd., 66f.). Wieweit die Enteignung tatsächlich gelingt bzw. den Kollektiven *religiöse Produktivkräfte* verbleiben, durch die sie sich selbst versorgen können, wieweit die Verwalter* der Heilswege gezwungen sein könnten, den *Kräften von unten* Raum zu gewähren und sie einzubinden, sind offene empirische Fragen. So war auch der Aufstieg des Christentums in Europa eine Mischung von Unterdrückung und Anverwandlung, die das *Andere* nie vollständig auslöschen konnte.

V.5.1 Charisma und Enteignung

Das von den Protagonisten* im Feld angeeignete *religiöse Kapital* nimmt in der Form des *religiösen Charismas* einen (überirdischen) Glanz an, der seinen Ursprung in den Gemeinschaften und Kollektiven verbirgt. Bourdieu verortet – gegen Weber – das religiöse Charisma nicht in der Außeralltäglichkeit von Worten und Taten (Wunder), vollbracht von einer erhabenen (Führenden) Persönlichkeit, sondern in einer in der Gemeinschaft der Gläubigen kollektiv produzierten „Energie".

> Die Grundlage für diese Macht [des Charismas] findet sich nicht in der Person des religiösen Akteurs, ebenso wenig in seiner Rede oder in den von ihm benutzten Instrumenten, sondern in dem gesamten Netz von Produktions- und Austauschbeziehungen, in dem der Glaube und die vom Glauben begründete Macht erzeugt werden, die er im Kreislauf der Kredite und der Macht begründet, in dem die Gruppe die über sie ausgeübte Macht erzeugt und projiziert (Bourdieu 2009b, 66).

Diejenigen, denen es gelingt, ihre Interessen durch Praktiken, Übungen und Unterweisungen in *religiöse Bedürfnisse* zu transformieren und in sich den für ein Handeln im *religiösen Feld* notwendigen *Glauben* zu erzeugen, qualifizieren sich als religiöse Spezialisten*, als Sakramente verwaltende Priester*, als Propheten*, Lehrende, Gurus, Heilende, Asketen*, Heilige und Märtyrerinnen. Die *religiösen* Laufbahnen verfügen über feine Stufungen *religiöser* Qualifikationen vom Katecheten bis zum Bischof. Um ihren *Glauben an den Glauben* aufrechtzuerhalten, arbeiten die Protagonisten* ununterbrochen an sich, an ihrem *Glauben* und an ihrer *Frömmigkeit*, durch die vielfältigen Rituale von Bußübungen und Exerzitien, Liturgien, durch Sakramente, Kontemplation heiliger Bilder oder Berührung heiliger Objekte, Gebete, Lesungen in heiligen Schriften.[32]

Bourdieu definiert das Verhältnis der Laien zu den religiösen Spezialisten* als eines der *Enteignung*, durch die den Laien vormals eigene, *populare* oder *volksreligiöse* Wissensformen und Praktiken entwendet und entwertet werden. Die Produktionsmittel (Wissen, Symbole und Praktiken), um die es bei der Enteignung geht, sind Mittel des Umgangs mit nicht-weltlichen Aktanten und Entitäten, der Pflege der Toten und Ahnen, Instrumente der Divination,

32 Unklar bleibt bei Bourdieu, wie die Interessen der Spezialisten* zwischen der Suche nach ihrem eigenen Heil und der Anhäufung von *religiösem Kapital* durch Virtuosität des Glaubens verteilt sind.

Glücksbringer und Mittel der Heilung oder der Austreibung von Besessenheit. Zu den volkstümlichen Produzenten* gehören auch Laienintellektuelle, der *proletaroide Intellektualismus*, der *Paria* – Intellektualismus, *die autodidaktische Intelligenz der negativ privilegierten Schichten* und des Kleinbürgertums, wandernde Sänger*, Erzähler* und Handwerker* und andere von Max Weber (1972, 308ff.) aufgeführte Träger* *religiöser* Spekulation und Praxis. Auch wenn Bourdieu dies nicht betont, impliziert der Vorgang der Enteignung, dass auch die Laien zu eigener Produktion von *Religion* oder *Religiösem* fähig sind (oder waren) und über Praktiken verfügen, die *Religiöses*, für den Eigenbedarf, hervorbringen können. So zeigten die wuchernden Häresien, die seit dem 15. Jahrhundert die Brüche zwischen den theologischen Dogmen und den popularen Praktiken vertiefen (Certeau 2010, 34f.), dass der steigende Druck auf die *populare Religiosität* diese zu erhöhter Produktion anregen kann.[33] Eine strikte Unterscheidung der Agierenden im *religiösen Feld* in produzierende Spezialisten* und passiv konsumierende Laien dürfte daher nicht haltbar sein.[34] In Bourdieus Konzept des *religiösen Feldes* muss daher auch Raum für *religiöse* Produktion in Eigenregie von *Laien* unterschiedlicher Provenienz geschaffen werden.

V.5.2 Populare Religion

Im Sinne Bourdieus stellt sich die Geschichte der *Religionen* (nicht nur in Europa) als Auseinandersetzung zwischen den Anforderungen des *wahren Glaubens* auf der einen und den Alltagsbedürfnissen und der alltäglichen *Gottlosigkeit* von Menschen, die an ihrem *diesseitigen* Wohl interessiert sind und Heil zunächst in dieser Welt suchen, auf der anderen Seite dar. Die Stärke der Position, über die die religiösen Spezialisten* in ihrem Bemühen um ein religiöses Oktroi verfügen, hängt dabei mit davon ab, inwieweit es ihnen gelingt, die klassenspezifischen Interessen der ländlichen und städtischen Bevölkerungen in *religiöse Bedürfnisse* im Sinne der dominanten *Religion* zu transformieren. Nicht nur auf dem Land finden sich spezifische Interessen an Riten und magischen Praktiken, auch die

33 Vgl. auch die Untersuchungen von Carlo Ginzburg (1986) über theologische Eigenproduktionen eines Müllers um 1600.

34 Diese Kritik an Bourdieu findet sich auch bei Laura Stone (2001) und Michele Dillon (2001).

mittleren und oberen Schichten in den Städten besitzen Vorlieben für magische und spirituelle Praktiken.[35] Magie und Aberglaube, Festreligion, Massenreligiosität, gewohnheitsmäßige Religiosität und lokalreligiöse Interessen (Ebertz/Schultheis 1986) füllen gewissermaßen die Vorplätze der Tempel.[36] Die Kirchen, soweit sie *Volkskirchen* sein wollen, sind gezwungen, in ihre Rituale volkstümliche und magische Elemente zu aufzunehmen.[37] Die populare *Religion* ist nicht einfach ein *Rest*, sondern selbständige, wenn auch subalterne Form, die sich der verschiedensten Versatzstücke bedient.[38]

Max Weber spricht von einer Art *ständischen Gliederung* zwischen den ungleich *religiös* Qualifizierten, zwischen den Virtuosen*, den Asketen*, den Sekten und Verbänden, Mönchsgemeinschaften, die nur besonders Qualifizierte aufnehmen, und den Massen der *religiös* „Unmusikalischen". Weber macht hierbei die Distanz zwischen dominanten und subalternen Formen „religiöser" Praxis auch zu einer Frage der *religiösen Sensibilität* des Einzelnen. Diese liegt jedoch quer zur hierarchischen Gliederung der Amtskirche, die das Monopol der Kirche an die Stelle der Qualifikation der religiösen Virtuosen* setzt und diesen dort bekämpft, wo er sich nicht der Disziplinierung und Anerkennung durch die Amtskirche unterwerfen will.[39] Die historische Kontextualisierung des religiösen Feldes muss daher unbedingt die Frage nach dem Verhältnis von *Hochreligion*, *Virtuosenreligion* und *Volksreligion* berücksichtigen.

Populare *Religion* (Ebertz/Schultheis 1986), *Volksreligion* oder *Massenreligion* bildet sich innerhalb des *religiösen* Feldes als Gegenstand von Auseinandersetzungen in Bezug auf Häresien erzeugende

---

35 Zu den magischen Vorlieben der englischen Mittelklasse wie Spiritismus, *automatisches* Schreiben, Tischrücken und andere Paraphernalia des Okkulten vgl. Thomas 1991, 799.

36 Der Begriff der *populären religiösen Ausdrucksformen* bei Isambert (1986) umfasst neben traditionellen Kulten und Glaubensformen, magischen Praktiken (z.B. Horoskopen), *religiösen* Massenphänomenen (Massenwallfahrten, Romarias) und *Festreligionen* auch die Verbundenheit mit traditionellen Liturgien, die sich etwa im Widerstand gegen liturgische Neuerungen des II. Vatikanischen Konzils zeigen.

37 Dies stellt Ebertz (1986) anschaulich am Beispiel des Wandels des Marienkults nach seiner Einverleibung durch die katholische Kirche dar.

38 Zu den vielfältigen Erscheinungsformen des religiösen Synkretismus vgl. Leopold/Jensen 2005.

39 Der Mystizismus ist eher ein inneres Produkt der *Hochreligion* und wendet sich an *religiöse* Virtuosen*, die der Vermittlung der Kirche und ihrer Sakramente nicht zu bedürfen glauben.

Glaubensfragen und rigorose Glaubensanforderungen (z.B. permanente *Prüfung des Gewissens* etc.) und entwickelt u.U. spezifische Formen *religiöser* Praxis in Sekten.[40] Populare *Religiosität* befindet sich in ständiger Spannung zu den Vorstellungen und Verhaltensweisen der *religiösen* Eliten und Spezialisten*. „Ob diese relationale Andersartigkeit jedoch eine oppositionelle oder eine komplementäre Ausprägung annimmt bzw. ob sie überhaupt in einem spezifischen sozio-historischen Kontext manifest wird, ist dann jeweils eine Frage des empirischen Bezuges" (Ebertz/Schultheis 1986a, 24).

Ob Bourdieus Figuren der *Monopolisierung der Heilsgüter* und einer (vorgängigen) *Enteignung* der Laien dem Prozess der Christianisierung der römischen Welt und der späteren Ausbreitung des Christentums in Europa angemessen ist, scheint nach den Vorstellungen, die sich u.a. Veyne (2011) und Markus (1990) davon machen, fraglich. Die verschiedenen Gemeinschaften und Gruppen scheinen auf die *Monopolisierung*, die ja wesentlich auch das Verbot und die Zerstörung von Kulten, der Kultstätten und Kultgegenstände beinhaltete, mit Erfindungen neuer oder Umformungen der von der offiziellen *Religion* gestatteten Kultformen und Praktiken geantwortet zu haben, die ihren Bedürfnissen nach einer *Diesseitsreligion* (Heilung, Wunder oder Trost) entsprachen. Andererseits drangen diese Bedürfnisse auch in die offiziellen Praktiken ein oder machten sich in Produktion, Handel und Anhäufung von religiösen Objekten und wertvollen Reliquien z.B. in den Domschätzen geltend. Erst die Reformation versetzte dieser Koexistenz von Amts- und Volksreligion einen schweren Schlag.[41]

Innerhalb der *modernen* Territorialstaaten führte die Überantwortung der schulischen Erziehung und die Übernahme von *Staatsfunktionen* (Eheerlaubnisse, Führung von Melderegistern etc.) durch die Kirchen zu einer modernen Welle der Christianisierung, die erneut versuchte, mit der *popularen Religion* und ihren heidnischen *Überresten* Schluss zu machen. Versuche, einen *religiösen Habitus* als Massenphänomen und nicht nur als Habitus der Priester*, Theolo-

---

40 In vom Protestantismus dominierten Regionen (Niederlande, Schweden) finden sich nur wenige Hinweise auf populare Religion, da die Religionsübung dort keine großen Differenzen zwischen Spezialisten* und Laien zuließ.

41 Luthers Schutzherr, der Pfalzgraf Friedrich, hatte eine umfangreiche Sammlung kostbarer Reliquien, deren Wert von Luther in Staub verwandelt wurde.

gen* und *religiösen* Virtuosen* zu formen, scheinen erst im Rahmen des neuzeitlichen Staates möglich geworden zu sein, durch Schule und Polizei, Mediziner* und Sozialpädagogen*, die in der Frömmigkeit etwas durchaus *Gesundes* und *Staatserhaltendes* vermuteten.[42] In den Erweckungsbewegungen in den USA und Großbritannien Ende des 18. und Anfang des 19. Jahrhunderts setzten neben der Mission nach außen vor allem auch Missionen nach innen ein, die die Industriearbeiter, ihre Frauen und Kinder vor der sittlichen Verrohung, dem Alkohol und der seelischen Verdammung retten wollten.[43]

V.6 Auflösung oder Transformation des *religiösen Feldes*?

V.6.1 Die „neuen" Geistlichen

In einer kleinen Schrift aus dem Jahr 1982, die 1987 unter dem Titel *La dissolution du religieux* wiedererschien, betrachtet Bourdieu die *Auflösung des Religiösen* (vgl. Bourdieu 2009d) aus der Perspektive der Spezialisten* im *religiösen Feld*, die im Auftreten einer bunten Vielzahl von *neuen* Geistlichen Konkurrenz um das Monopol auf die Verwaltung der *Heilsgüter* und die Definitionsmacht über das *Religiöse* erhalten. Bourdieu sieht diese Konkurrenz vor allem in den auf körperliche und geistige *Heilung* ausgerichteten Professionen.

> Alle diese Leute, die darum kämpfen, sagen zu dürfen, wie die Welt zu sehen ist, sind Professionelle einer Form magischen Handelns, die mittels Wörtern, die zum Körper sprechen, ihn 'berühren', 'treffen' können, eine bestimmte Sicht und einen Glauben erzeugen und damit völlig reale Effekte, Handlungen hervorbringen (Bourdieu 2009d, 245f.).

Das *religiöse Feld* scheint sich zugleich zu erweitern und Kompetenzen an ein neues Feld von Gesundheitspraktiken abgeben zu müssen. In der zunehmenden *Auflösung* der Grenzziehungen des

42 Bei Ebertz (1986) lässt sich nachlesen, dass der katholische Klerus im Versuch der *Volksmissionierung* im 19. Jahrhundert, in dem er die Marienverehrung *aufgriff*, eine spezifisch katholische *Massenreligiosiät* schaffen wollte. Die Gestaltung der Marienverehrung durch den Klerus deutet jedoch auf den subalternen Charakter dieser *Massenreligiosität* hin, die keinesfalls im Gegensatz zur offiziellen *Religion* steht. (vgl. Ebertz 1986, 70)

43 Vertiefend sei hier auf Arbeiten zur Religiosität der Arbeiterklassen im 19. und 20. Jahrhundert beispielsweise von Hugh McLeod 1996, Peter van der Veer 1999 oder E.P. Thompson 1972 verwiesen.

religiösen Feldes, die auch die Form einer *Erweiterung* durch Multiplizierung der spirituellen Angebote, Erfahrungsräume, Heilungen etc. annimmt, wird die Definitionsmacht der Protagonisten* im *religiösen Feld* über die spezifisch *religiösen* Heilsgüter geschwächt und die Unterscheidungen von *religiösen* und *säkularen* Praktiken und Inhalten verlieren an Kraft. Sowohl das *religiöse* als auch die Felder, in die *Religiöses* in Form von Symbolen und Praktiken hinüberwechselt, könnten nun Teil eines erweiterten Feldes sein, in dem „um die symbolische Manipulation des Verhaltens im Privatleben und die Orientierung der Weltsicht gekämpft wird" (ebd.). Eine solche Erweiterung oder Überlagerung von Feldern würde allerdings eine Revision der Feldkonzeption erfordern.

Auch Hervieu-Léger konstatiert eine zunehmende Nachfrage nach *Heilung*, etwa in Form der *Austreibung von Besessenheit*, die sich auch an katholische Priester als Experten für Teufel und ihre Austreibung richtet. (Hervieu-Léger 2004, 29) Mit der Schwächung der *religiösen* Institutionen und des Bedürfnisses nach ihren Heilsgütern treten verstärkt elementarere Interessen an Gesundheit, Heilung und Kuren an *Leib und Seele* hervor. Gemeinsam ist den alten und neuen Protagonisten* im erweiterten Feld die *Ausübung von symbolischen Aktionen*, die alte mit neuen, spezifische Erfahrungen versprechende, das Individuum, sein Befinden und Verhaltensrepertoire betreffende Praktiken verbinden.

Als Erklärungsfaktoren für die Veränderungen nennt Bourdieu die Ausweitung des Sekundarschulbesuchs und die Bildungsexpansion an den Hochschulen, die vor allem von Frauen getragen wurde. Mit dem gehobenen Bildungsniveau verändern sich Angebot und Nachfrage nach auf Körper und Geist bezogenen Dienstleistungen. Bourdieu beobachtet eine Intellektualisierung des *religiösen* Rituals, eine Verringerung der körperlichen Anteile und seine zunehmende Versprachlichung, die von den *Geistlichen* neue Gesprächstechniken und Anrufungen verlangen. Die sprachliche Elaboration der Körpertechniken und ihre Verschriftlichung entsprechen gehobenen Bildungsstandards. Basis des Aufkommens neuer Charismaträger* und Spezialisten* für das *Spirituelle* ist ein mit dem gehobenen Bildungsniveau einhergehendes Gefühl, selbst sein eigener und bester Fürsprecher* zu sein, weshalb Delegations- und Repräsentationsformen zurückgewiesen und die Interessen, die sich auch weiterhin als *religiös* oder *spirituell* definieren, in eigenen Gemeinschaftsbildungen bedient werden.

Die Kirchen, die Denominationen und andere alte und neue Institutionen im *religiösen* Feld existieren trotz des Verlusts ihrer Macht der Sakralisierung (Taufen, Eheschließungen etc.) weiter. Sie befriedigen weiterhin einen massenhaften, wenn auch geschrumpften Bedarf nach förmlichen Praktiken und Gemeinschaftserlebnissen, als Zitate und marktgängige Reminiszenzen, als Folklore (Bogner), aber auch als Utopie des Friedens und der brüderlichen Versöhnung in einer weltumspannenden *Familie*. Neben der Familienmetapher wurde im II. Vatikanischen Konzil insbesondere auch der Begriff des *Humanen* als Schnittstelle zu anderen *Religionen* und säkularen Diskursen ausgearbeitet. (Nacke 2010)[44]

V.6.2 Individualisierung und Gemeinschaftsbildung

Hervieu-Léger spricht mit Marcel Gauchet nicht vom *Ende der Religion*, sondern vom *Ausgang aus der Religion*, womit sie betonen wollen, dass *Religion* heute nicht mehr Grundlage (umfassender) *gesellschaftlicher Bindungen* ist. (Hervieu-Léger 2004, 16ff.) An die Stelle institutionalisierter Glaubensvorstellungen tritt ein der Form nach individualisierter Glaube und damit im Sinne Durkheims der Glaube an den Individualismus. Die Individualisierung der Glaubensvorstellungen vermindert jedoch nicht das Bedürfnis, Glaubensvorstellungen, sofern vorhanden, in Gruppen auszuleben. (ebd., 32) Die Validierungspraxen verschieben sich von den Institutionen zu den Gruppen, „[...] in denen unbestimmte und synkretistische Glaubensvorstellungen kursieren und die sich gewissen Orten spiritueller Unterweisung und Sammlung oder auch einschlägiger Buchhandlungen und Verlagshäusern zuordnen lassen (Galembert 2004, XXXV). Hier treffen wir auf die Produktionsstätten der individualisierten Glaubensvorstellungen, in denen *Glaube* nicht mehr an Kirchen und ihrem Amtscharisma validiert wird, sondern in der Suche nach *unmittelbarer Religionspraxis*.

Dabei kommt es auch zu einem Wiedererstarken von Gemeinschaftsbildungen innerhalb der *religiösen* Institutionen, die sich den Formen der neuen Bewegungen öffnen, Treffs und Erfahrungsräume

---

44 Dieser für den Dialog nicht nur mit anderen *Weltreligionen* präparierte Begriff erlaubt der katholischen Kirche eine Art *switching* zwischen *Feldern* und *Arenen*. Die Schnittstelle des Humanen soll beides leisten: nach innen christlich zu bleiben, nach außen: universell und dialogfähig sein. (vgl. auch Kapitel VI)

etc. anbieten und moderieren, wie Hervieu-Léger (2004) am Beispiel von Taizé zeigt. Es gibt im religiösen Feld nun eine Konkurrenz um Gemeinschaftsbildungen und die Vermittlung *religiös* gefärbter Gemeinschaftserlebnisse. Dabei bleiben ehemalige oder nicht aufgegebene konfessionelle Milieus weiterhin leitend für die Wege und Netzwerke durch neue *religiöse* Szenen. Die Vorstellungen von *Religiosität* in diesen Szenen formen sich weitgehend an den überlieferten Zeichen, Gesten und Haltungen, die als „bildsamer Urstoff den Interessen von Gruppen, die davon Gebrauch machen, zur Verfügung stehen und unterschiedlich wiederaufbereitet werden" (ebd., 36). Auch die neuen *religiösen* Gemeinschaften und Bewegungen sind ständig mit der Konstruktion von Traditionen und Ursprüngen beschäftigt, da *Religion* nicht erfunden werden kann, ohne zugleich auch eine *Tradition* zu erfinden, die für sie bürgt.

Trotz der Individualisierung der Glaubensangebote, die sich an den Einzelnen wenden, ist der investierte Glaube ein an Vergemeinschaftung gebundener praktischer, d.h. praktizierter Glaube. Man muss sich auch hier mit Bourdieu strikt von der Illusion einer Wahlentscheidung für einen *Glauben* verabschieden. Auch die individualisierte Glaubenserfahrung hat die Form von angeleiteten, sozial erzeugten und benannten Erfahrungen, wie Konversionsprozesse oder die Praktiken der Pfingstkirchen zeigen.[45]

Die Prozesse der Grenzverschiebungen im *religiösen* Feld wie die Suche nach Ausgängen aus der *Religion* bringen in Form der neuen Gemeinschaftsbildungen einen allgemeinen Zug *religiöser* Praxis zum Vorschein, der, obwohl stets vorhanden, dem Herrschaftscharakter von *Religion* subsumiert war. Diese entspricht der Weber'schen Grundannahme, dass es sich bei *religiösen* Praktiken soziologisch gesehen um Vergemeinschaftungen und Gemeinschaftshandeln dreht. (Weber 1972, 245) Auch die katholische Kirche verfügt über Vergemeinschaftungstechniken, die sie im Zeichen der *Brüderlichkeit* und der *Caritas* einsetzt. (Bourdieu 2009e, 190) Dagegen kommen *posttraditionelle* Vergemeinschaftungen (Rosa et

45 Je nach *Religions*gruppe gibt es typische Muster von Konversionserzählungen, die an das religiöse Selbstverständnis geknüpft sind. Die Konversionen sind in bestimmte Praktiken eingebunden, in die die Konvertierenden eingeführt werden und die das Verständnis, die Begriffe für die zu erwartenden/erbringenden Erfahrungen beinhalten. (Krech 1994, Hervieu-Léger 2004)

al. 2010) auch *religiöser* Art zustande, ohne sich als Einheit imaginieren zu müssen.[46]

Die evangelikalen Gemeindebildungen verfügen über eine hohe Fähigkeit kollektive Kräfte zu mobilisieren.[47] „Grundsätzlich bewegt Religion, sie bringt Leute aus ihrer isolierten privaten Lage in eine gemeinschaftliche Situation, und dies ist gerade in einem von Gewalt und gegenseitigem Misstrauen geprägten Klima elementar", so Teschner (2011, 100) über *religiöse* städtische Bewegungen in Afrika. Die diversen städtischen Quartiere bieten Räume, in denen Gleichgesinnte sich zusammenfinden und in denen die *religiösen* Angebote ihre Nachfrage erzeugen können. „Nur in der Stadt kannst du rein religiös sein" (Penta/Schiffauer 2011, 268). Die Stadt bietet Formen individualisierter, d.h. voluntaristischer Gemeinschaftsbildung auch *religiöser* Natur, ohne dass dies als *Privatisierung* von *Religion* gedeutet werden sollte. Die Nachfrage nach *religiösen* Angeboten muss jedoch sozialstrukturell differenziert betrachtet werden. Es sind keinesfalls schlicht nur die *Armen*, die in *religiösen* Bewegungen Kompensation für die von ihnen erfahrene Ungerechtigkeit suchen. So bestreitet Bayat (2011) an den Beispielen von Teheran und Kairo die These von Michael Davis (*Planet der Slums*), dass die Armenviertel der Megacities Brutstätten der *religiösen* Radikalisierung und des Fundamentalismus seien.

V.7 Zusammenfassung und Ausblick

Bourdieu nimmt mit dem Begriff des *religiösen Feldes* die Religion als Ensemble von Praktiken in den soziologischen Blick. Im Schnittpunkt von Praxis-, Herrschafts- und Klassensoziologie vermeidet Bourdieu jede substantielle oder funktionale Bestimmung dessen, was *Religion* gesellschaftlich vorstellt und bedeutet.

Von den Phänomenen her ist das *religiöse Feld* bei Bourdieu gekennzeichnet durch einen Kampf um die Definition und Monopolisierung der *Heilsgüter*. Hieraus ergibt sich eine *Ökonomie*

---

46 Rosa und seine Mitautoren schreiben, dass Gemeinschaften hierzu in der Lage seien *wie Religionen*. Die Verkehrung geht soweit, dass die Autoren Gemeinschaftserlebnisse schlechthin als *religiös* qualifizieren. (Rosa et al. 2010, 70)

47 Erfahrungen in indianischen Gemeinden in Mexiko zeigen jedoch auch ihre spalterischen Kräfte. (Rivera et al. 2011)

des Heilsgeschehens, in der *religiöse* Spezialisten* für ihre Klientel Arbeit verrichten, indem sie mit diesen und stellvertretend für diese *glauben*. Während Bourdieu vor allem die Konkurrenz unter den Spezialisten* betont, sind zugleich auch die Kämpfe um Einbeziehung bzw. Ausgrenzung populärer und heterodoxer Praktiken fundamental für die Konstituierung des Feldes.

Der Begriff des *religiösen Feldes*, wie Bourdieu ihn nach Max Weber entwickelt, ist historisch an die Durchsetzung des Christentums als dominante *Religion* in Europa gebunden. Bereits im Ausgang der Antike war im Christentum das moderne *religiöse Feld* präformiert.

In dem durch das Christentum dominierten *religiösen Feld* setzte sich in Auseinandersetzung mit der *heidnischen Umgebung* ein spezifischer Begriff von *Religion* als *Glaubens-* oder *Erlösungsreligion* durch.

Vom Feldbegriff aus gesehen ist es empirisch offen, wie weit es auch in anderen Gesellschaften/Kulturen *religiöse Felder* gibt.[48] Mit der christlichen Missionierung und europäischen Durchdringung der Weltregionen entstehen *Weltreligionen*, die in verschiedenen Arenen um Anerkennung kämpfen.

Mit der europäischen Ausdifferenzierung des *religiösen Feldes* entstand eine Pluralisierung von *Glaubensreligionen*. Die *Einsätze* im Feld nehmen den Charakter des *Glaubens an den Glauben* an, der in unterschiedlichen Praktiken des Glauben-Machens ausgearbeitet wird.

Mit dem Konzept des *religiösen Feldes* lässt sich die (weltweite) Dynamik der *neuen religiösen Bewegungen* (Clarke 2006) als Prozesse der Gemeinschaftsbildung nur begrenzt erfassen. In der *postsäkularen Stadt* werden die ehemals religiösen Praktiken zwischen den verschiedenen Feldern neu verteilt.

Diskurstheoretisch ist von Bedeutung, dass in den *Glaubensreligionen* die Glaubenssätze den Charakter von Zitaten haben. Die *Glaubenssequenz* (Hervieu-Léger) führt immer auf einen *ersten Sprecher** zurück, der durch Tradition und Bürgen* bezeugt wird.

---

48 Die Frage, ob und in welchen Formen für die japanische Gesellschaft in Vergangenheit und Gegenwart von *Religion* und damit auch von einem *religiösen Feld* gesprochen werden kann, muss, wie auch in Bezug auf andere Gesellschaften (u.a. China, Indien) hier offenbleiben. Zu den religionswissenschaftlichen Auseinandersetzungen vgl. etwa Balagandhara (1994), Davis (1980, 2010), Fitzgerald (2000), Tal (2002), Swanson und Chilson (2006).

Auch die neuen *religiösen* Bewegungen müssen sich, wie Endres (2008) für Vietnam zeigt, des vorfindbaren kulturellen Materials bedienen, um daraus ihre Traditionen zu formen.

Für eine Soziologie, die an *Religionen* nicht nur als Ideengebäuden interessiert ist, dürfte die Einsicht grundlegend sein, dass die *religiöse* Praxis als „doings and sayings" (Schatzki 2002, 55ff.), was immer diese sind, den *religiösen* Erfahrungen, wie immer diese sein mögen, vorausgeht. Eike von Savigny drückt dies in der Beschäftigung mit dem Begriff der *Seele* bei Wittgenstein wie folgt aus: „So hängt der Reichtum des für ein differenziertes Seelenleben notwendigen Ausdrucksverhaltens mit dessen sozialer Einbettung zusammen. [...] Von der Detailliertheit des Ausdrucksverhaltens hängt ab, wie reich der ausgedrückte seelische Zustand ist" (Savigny 2011, 53). Pascal sagt hierzu: *Fromm* wird man durch *frommes* Verhalten.

VI. Welttheater der Religionen

> Da ist nun aber zu sagen, daß [...] ein derartiges Missionswerk den großen philosophisch imprägnierten Weltreligionen ganz anders gegenübersteht als dem rohen Heidentum der kleinen Stämme. Mit den Weltreligionen wird immer nur ein geistiges Ringen, wird allenfalls eine gewisse Berührung möglich sein, während jenes Heidentum durch die Berührung mit dem Europäertum überall moralisch und geistig zersetzt wird und daher einen Ersatz durch höhere Religion und Kultur verlangt. Hier gibt es Missionspflicht und Missionserfolg, wie übrigens an solcher Missionsarbeit ja auch gar nicht das Christentum allein beteiligt ist. [...] Den großen Weltreligionen gegenüber aber wird man den Standpunkt einnehmen müssen, daß sie die ihren Kulturkreisen entsprechenden Gestaltungen des religiösen Bewußtseins sind und darauf angewiesen sind, aus eigenen inneren Trieben sich zu reinigen und zu vertiefen, wobei die Berührung mit dem Christentum uns wie ihnen in einer solchen inneren Entwicklung hilfreich sein mag. [...] Zwischen ihnen gibt es nicht Bekehrung und Verwandlung, sondern Ausgleich und Verständigung. *Ernst Troeltsch 1924*

VI.1 Von der einen zu den vielen Weltreligionen

Was Ernst Troeltsch auf einer für 1924 geplanten Vortragsreise zur Wiederbelebung der internationalen Gelehrten-Kommunikation nach dem Weltkrieg englischen Zuhörern* über die Stellung des Christentums unter den Weltreligionen mitteilen wollte, drückt – gegenüber Henry Barrows, dem Präsident des World's Parliament of Religion in Chicago 1893, der mit seinem Buch *Christianity the World-Religion* (1897) den Begriff Weltreligion ausschließlich für das Christentum reservierte – bereits Resignation aus. Die im Diskurs um das Verhältnis der *Religionen* von christlichen Autoritäten, Theologen*, Historikern* und Politikern* behauptete Monopolstellung des Christentums als „the uniquely universal religion of Christ“ (Masuzawa 2005, 23) schien nach den Erfahrungen des Krieges, in den die Nationen im Namen (ihres) Gottes gezogen waren, endgültig geräumt werden zu müssen. Troeltsch machte für die Verunsicherung und Bedrohung der Stellung des Christentums als Weltreligion jedoch vor allem die vergleichende Religionswissenschaft verantwortlich, die seit Mitte des 19. Jahrhunderts begann, die *großen Religionen* wie Buddhismus, Hinduismus und Islam auf der Grundlage ihrer Texte zu *entdecken* bzw. zu *erfinden*. Die vergleichende Religionswissenschaft, die neben der Verfolgung theologischer und akademischer Interessen auch im Dienste der europäischen Kolonialmächte und der Verteidigung ihres Vormachtanspruchs stand, sah sich dabei ihrerseits herausgefordert von aufsteigenden *Weltreligionen* wie dem *Hinduismus*, die in den sich formierenden nationalen Bewegungen die Vormachtstellung Europas auf dem Terrain der geistigen und kulturellen Kräfte in Frage zu stellen begannen. Wie die vergleichende Religionswissenschaft ihren *Religionsbegriff* und ihre Vergleichsmaßstäbe aus ihrer Auffassung von dem, was die christliche *Religion* in ihrem Anspruch als *Weltreligion* ausmacht, bezog, bemühten sich auch *Religionsschöpfer* wie Vivekananda für den Hinduismus oder Anagarika Dhammapala für den Buddhismus um einen dem christlichen umgreifenden und damit überlegenen Religionsbegriff. (vgl. van der Veer 2014, 85) Viele Teilnehmende des World’s Parliament ließen sich von der Spiritualität des von Vivekananda vorgestellten *gereinigten* Hinduismus, des Neo-Vedanta, beeindrucken.[1] Die Anerkennung einer Pluralität von Weltreligionen verlangte verstärkt nach einem von Partikularitäten befreiten Religionsbegriff, mit dem sich ein gemeinsamer Nenner des Religiösen formulieren lässt bzw. mit dem sich die *Weltreligionen* ihre Zugehörigkeit zu einem „globalen System“ der Religion(en) (Peter Beyer) versichern und ungerechtfertigte Ansprüche abweisen können.

Troeltsch orientierte seinen Begriff der *Weltreligionen* an der Größe der Aufgaben, die ihnen zugeschrieben werden. Max Weber mochte dagegen unter *Weltreligionen*, „in ganz wertfreier Art jene fünf religiösen oder religiös bedingten Systeme der Lebensführung“ verstanden wissen, „welche ganz besonders große Mengen von Bekennern um sich zu scharen gewusst haben: die konfuzianische,

1 Vgl. zum Welt-Parlament Lüddeckens (2002).

hinduistische, buddhistische, christliche, islamitische Ethik" (Weber 1988/1920, 237f.). Es ging ihm allerdings nur vordergründig um *große Mengen*, sondern vor allem darum, dass diese *Systeme* Ethiken hervorgebracht haben, genauer *Wirtschaftsethiken*, die von ihm daraufhin befragt wurde, ob sie Bedingungen schaffen konnten, die einen Durchbruch zum modernen Kapitalismus hätten ermöglichen können bzw. warum mit Ausnahme der christlichen jene anderen „Gesinnungen" die Durchsetzung eines „rein ökonomisch orientierten Kapitalismus" (ebd., 536) hemmen konnten. Vergleicht man Webers Aufzählung von Weltreligionen mit ähnlichen der Zeit, dann erscheinen ethische und im Sinne Webers rationalisierte Ansprüche an das Verhalten des Einzelnen, die tendenziell universelle Geltung fordern, als eine, wenn nicht die zentrale Anspruchshöhe im Konzept von Weltreligionen.[2] Auch wenn die Grundlagen des Religionsbegriffs heute anders gesehen werden, zeichnet sich eine Weltreligion auch heute deutlich durch die an sie gerichteten Erwartungen aus, „als Erben der Weltkulturen" (Udo Keller Stiftung Forum Humanum) zur Zukunft der Menschheit beizutragen. „Die Religionen der Welt haben im Dienst der Menschen eine gemeinsame Aufgabe zu erfüllen. Ausgehend von ihrem jeweiligen Ethos können die Glaubensgemeinschaften die menschlichen Hoffnungen auf eine Bewältigung der Gegenwart und auf eine gelungene Zukunft erfüllen" so Adel Theodor Khoury in der Einleitung zu „Die Weltreligionen und die Ethik" (Khoury 2005). So auch Karl Kardinal Lehmann. Er spricht in „Weltreligionen" von der „Friedensfähigkeit von Religion". (Lehmann 2009, 14) Für die Soziologie in diesem Zusammenhang besonders aufschlussreich ist *Der eigene Gott* von Ulrich Beck (2009), der die ethische Kompetenz und damit Verantwortung von Religionen im Rahmen eines politischen Kosmopolitismus auf den Punkt zu bringen sucht. Kardinal Lehmann sucht sein Heil bei den Weltreligionen, die sich durch weltweite Verbreitung, hohe Mitgliederzahl, weltweite und allgemeine Geltungsansprüche und ein hohes Alter auszeichnen. „Im strikten Sinne würde dies wohl für Buddhismus, Christentum und Islam gelten. In einem etwas erweiterten Sinne kommen das Judentum und der Hinduismus hinzu" (Lehmann 2009, 16). Ihnen gegenüber positioniert der Kardinal im Weltreligionsdiskurs jene „ungeheure

2 Das gilt auch für die Suche nach nationalen Religionen wie in China oder Indien zu Beginn des 20. Jahrhunderts. (van der Veer 2014)

Vielfalt" von Religionen, die bei Troeltsch noch *Heidentum* heißen konnte und heute z.T. unter Rubriken wie *Kulte* oder *Neureligionen* (Cowan/Bromley 2010) verbucht wird, sofern diese eine fassbare Gestalt annehmen.

Der Diskurs um die Weltreligionen produziert vor allem eine Reihe von Ein- und Ausgrenzungen: Was ist *Weltreligion*? Was sind *Weltreligionen*? Was ist *Neureligion*? Was ist nur *Kult*? Was ist *religiös*, und wenn auch im Sinne einer *unsichtbaren Religion* (Luckmann) und wo verlieren sich die Anschauungen und Praktiken in einem uferlosen Feld des Un-Religiösen? War der Ausdruck *Weltreligion* zunächst gedacht, die Monopolstellung des Christentums als einer *diskursiv erzeugten Ganzheit* in Bezug auf *Religion* überhaupt herauszuheben, später dann den Primat des Christentums im Kreis von nunmehr als *Religionen* verstandenen Traditionen und Lehren, vor allem solchen des *Orients,* zu behaupten, dann den Absolutheitsanspruch des Christentums zu bewahren, indem es konkurrierende Wahrheitsansprüche in einem (variablen) Kreis von nun zu *Weltreligionen* aufgestiegenen Religionen anerkennt, scheint es in jüngerer Zeit darum zu gehen, das *Weltsystem Religion* (so Peter Beyer), das von den sich im *Dialog* befindenden Weltreligionen gebildet wird, vor der Auflösung in einer Flut der Beliebigkeiten zu bewahren.

Die hier vertretene These geht dahin, dass im Diskurs um den Niedergang der *einen* Weltreligion auf der Weltbühne und dem Aufstieg einer *Pluralität* von Weltreligionen der Begriff von *Religion* (im Singular) zu einem Begriff des *Religiösen* verschoben wird, der in der Lage sein soll, das Feld, auf dem Weltreligionen als Diskursteilnehmende und (transnationale) Akteurinnen positioniert werden, abzustecken. Dieser Begriff findet sich in einer Konzeption von *religiöser Erfahrung*, der bereits theologisch bei Schleiermacher in seiner Auseinandersetzung mit der *natürlichen Religion* in der Aufklärung und bei Kant vorgebildet ist, sich über die *vergleichende Religionswissenschaft* zu William James und Rudolf Otto fortschreibt, um in der Zeit eines massiven Niedergangs organisierter Religiosität in Europa seit Beginn der 60er Jahre (Brown 2001; McLeod 2007) zum dominanten Begriff in der Religionssoziologie zu werden (Hillebrandt/Daniel 2015). *Religiöse Erfahrung* dient dieser gewissermaßen als Beleg für die empirische und faktische Erfahrbarkeit (im Sinne von Beobachtbarkeit) des *Religiösen* und damit von Religion, das hierdurch als reales und dauerhaftes Element von Kulturen und

Gesellschaften wissenschaftlich/soziologisch zugänglich erscheint. In diesem Sinne ist der Begriff zu dekonstruieren. Wie zu zeigen ist, bietet jedoch auch der Begriff der „religiösen Erfahrung" keinen Ausweg aus der Verlegenheit einer allgemeinen Religionsdefinition. Denn es sind immer schon die Religionen, die mit ihren Praktiken „religiöse Erfahrungen" produzieren, benennen und abgrenzen.

Ohne der Genealogie des Konzepts der „religiösen Erfahrung" an dieser Stelle genauer nachgehen zu können, finden sich heute eine Reihe von prominenten Religionssoziologen*, die in der Nachfolge von William James Religion in einer als anthropologische Universalie gedachten *religiösen Erfahrung* fundiert sehen: so die *große Transzendenz* bei Thomas Luckmann, die *Selbsttranszendenz* bei Hans Joas, die *Fülle* bei Charles Taylor oder die *Kontingenz* bei Detlev Pollack. Obwohl kein strikter Nachweis geführt werden kann, sind wir der Auffassung, dass das Konzept der *religiösen Erfahrung*, wenn es nicht selbst dem religiösen Diskurs entstammt, einen kryptoreligiösen Charakter besitzt.[3] Daher ist das Konzept von religiöser Erfahrung letztlich ungeeignet für eine soziologische Analyse von Religion, die nach Weber soziologisch als Gemeinschaftshandeln (Weber 1972, 245) und damit von der sozialen Existenzform her als ein *Ensemble von sozialen Praktiken* zu verstehen ist, das u.a. bestimmte Erfahrungen produziert und kommuniziert.[4]

Peter Beyer sieht die Vorstellung eines ausdifferenzierten Religionssystems als einer unabhängigen (reifizierten) Gegebenheit als eine relativ neue „Erfindung" an, die den gleichen historischen Entwicklungen verhaftet ist, die die globale Gesellschaft hervorgebracht haben. (Beyer 2001, 62) Mit der Errichtung der Kolonialreiche und der Kolonialverwaltungen dringt das europäische Christentum missionierend und das imperialistische Sendungsbewusstsein der Europäer* rechtfertigend in jene *anderen* Welten vor, deren Bewohner* es zunächst in ihrer Andersartigkeit für a-religiös, unsittlich und verworfen hält, um bei bzw. in ihnen dann doch zum Zweck ihrer Verbesserung und leichteren Verwaltung Religiöses zu entdecken, das Ausgangspunkt ihrer Christianisierung bilden kann. Diese Wandlungen beginnen mit der theologisch-politischen Dis-

3 Vgl. auch die explizite Kritik von Mauss an James. (Mauss 2012e, 414)

4 Die Position von James läuft darauf hinaus, dass die religiöse Erfahrung eine nicht mitteilbare Empfindung darstellt oder, wie Tyrell, Krech und Knoblauch (1998, 10) sagen, „dass das Transzendente selbst nicht kommunikabel ist".

kussion um die Versklavung der Indianer* der Neuen Welt (Pagden 1982) und führen bis zur Konstruktion einer Bantu-Religion durch die Kolonialadministration, christliche Mission und vergleichende Religionswissenschaft, die die europäische Vorherrschaft über die Afrikaner* des südlichen Afrika festschreiben soll. (Chidester 1996)

Der diskursive Aufstieg des Begriffs der Weltreligion ist nahezu systemisch verknüpft mit dem der Nation, die sich gegenseitig stützen. Die christlichen Konfessionen in den europäischen Staaten waren aktiv in die Bildung der Nationalstaaten und ihre Modernisierungen eingebunden und erfuhren nicht zuletzt in Durchsetzung und Rechtfertigung der kolonialen Imperien ihre Ausformung zu Weltreligionen. Ein Blick nach Indien (s.u.) zeigt den Zusammenhang von nationaler Bewegung und religiöser Reform auf, der zur Bildung von Formen eines Hinduismus als Weltreligion beitrug. Nach Troeltsch wird der Verlust der Vormachtstellung des Christentums als Weltreligion kompensiert durch Universalisierung des Religiösen und seine Verlegung in eine eigene Sphäre, getragen eben von einer religiösen Erfahrung, als deren Hauptzeuge Rudolph Otto gilt. Während die christlichen Konfessionen als treibende Kräfte in die Entzauberung und Säkularisierung Europas eingebunden waren, standen sie nach außen im Zeichen der Durchsetzung des europäischen und nordamerikanischen Vormachtanspruches.

Die (christlichen) Weltreligionen waren damit Steigbügelhalter und formierende Kraft in der Moderne. Die Frage nach der *Modernisierungsfähigkeit* von Religionen bzw. Weltreligionen hat sich heute verschoben zur Frage nach ihrer *Dialogfähigkeit*, die sie geeignet machen soll, die im gedachten globalen Diskurs geforderten Aufgaben, etwa der Friedensstiftung, auszufüllen. So hat das 2. Vatikanische Konzil Schnittstellen für den Dialog mit den anderen Weltreligionen geschaffen, ohne die Ansprüche des Katholizismus auf Weltgeltung aufzugeben. Der diskursiv erstellte Kreis von Weltreligionen steht heute angesichts jener *ungeheuren Vielfalt* (Karl Lehmann) von *Neuen Religionen* und *religiösen Bewegungen* vor der Frage nach Möglichkeiten und Formen seiner Fortexistenz – in einer Welt, die von unzähligen Pilgern*, religiösen Wanderern* und Suchern* auf neuen Wegen durchquert wird.

VI.2 Die Entdeckung des Buddhismus

Im eurozentristischen *Diskurs der Weltreligion* wird in der ersten Hälfte des 19. Jahrhunderts der Buddhismus in einer gereinigten Form als erste nicht-westliche Religion in den durch das Christentum dominierten *Club der Weltreligionen* aufgenommen. (Almond 1988; Cohen 2002; King 2009)[5] Noch 1959 zeichnete Gustav Mensching lediglich die zwei seines Erachtens prophetischen Religionen – das Christentum und den Islam – sowie die mystische Religion des Buddhismus als Weltreligionen aus. Für die Anerkennung des Buddhismus als Weltreligion war Voraussetzung, dass er für den europäischen Diskurs, wie Philip Almond an Hand der britischen Diskussion zeigt, im 18. bzw. 19. Jahrhundert erst als Religion erfunden werden musste.

Als das Wort *Buddhismus* zum ersten Mal 1829 Eingang in eine englischsprachige Monographie fand,[6] war der Buddhismus an seinem Ursprungsort in Indien seit mehr als 500 Jahren mehr oder weniger tot. (Cohen 2002, 19f.) Der Buddhismus als ein vereinheitlichtes Gedankensystem erschloss sich dem akademischen Interesse erst auf der Grundlage der Herausgabe und Übersetzungen buddhistischer Texte, erst der Pali-Texte und dann auch der Sanskrit-Texte. Ein Meilenstein war die Herausgabe von 49 Bänden der *Sacred Books of the East* durch Max Müller, begonnen 1879 mit den *Upanishaden* in der Übersetzung von Max Müller. Authentisch war der Buddhismus in dieser Konstruktion nur als tote Religion, gegenüber der die überlebenden Praktiken nur Abwandlungen und Korruptionen eines ursprünglichen, reinen Gehaltes sein konnten.

Die soziokulturellen Besonderheiten der Buddhismen in China und Japan, die Besonderheiten in Thailand oder Tibet wurden quasi *weg*erklärt. Die Suche nach der authentischen Lehre musste sich auf das Land richten, in dem der Buddhismus seinen Ursprung hatte und in diesem Ursprung nicht durch kulturelle und historische Besonderheiten gefärbt sein konnte. „Underlying the historical quest for origins was the assumption that the original was the essential. Thus, Pali Buddhism, its priority having been established, came to be seen as containing the essence of Buddhism“ (Almond 1988, 95).

---

5 Zur britischen „Entdeckung“ des Hinduismus im 18. Jahrhundert vgl. Lorenzen 1999.

6 Nach Almond war dies Edward Upham, The History and Doctrine of Buddhism, London 1829.

Das große öffentliche Interesse an der Erkundung des Buddhismus wurde auch angeregt durch die Profilierung Gautama Buddhas als einer regional und historisch verortbaren Figur eines Religionsstifters, der mit charismatischen Eigenschaften ausgestattet ein exemplarisches, historisch vorausweisendes Leben geführt hatte. Auf großes Interesse stieß auch die Kritik Buddhas an den Brahmanen und am Kastensystem und brachte ihm Vergleiche mit *Jesus* als Religionsstifter oder mit *Luther* als Reformator ein. Während das religiöse Indien im Materialismus der sozialen Hierarchien zu versinken schien, wurde aus dem Buddhismus ein zeitloses, idealistisches System, eine universelle Wahrheit destilliert. So hat Richard Gombrich (1988, 29) die Botschaft Buddhas als reine Soteriologie bezeichnet, wonach für Buddhisten* "religion is purely a matter of understanding and practicing the Dharma".

Die Konstruktion eines *reinen Buddhismus* folgte durchgehend dem idealistischen Programm der vergleichenden Religionsforschung. Dabei war der Religionscharakter des Buddhismus durchaus umstritten. In seinem philosophischen bzw. atheistischen Erscheinungsbild wurde der Buddhismus wie die griechische Philosophie als Vorform und Vorbereiter des Christentums aufgefasst. Andererseits war umstritten, ob die Götterwelt des Mahayana-Buddhismus (Tibet, China und auch Japan) als Frühform des Buddhismus oder als späte, schon korrumpierte Form zu gelten hatte, wie denn auch die zeitgenössischen Praktiken eines *volkstümlichen Buddhismus* nur als Korruptionen eines in den Texten fixierten, authentischen Buddhismus gewertet werden konnten.

Die *Entdeckung des Buddhismus* konnte daher die christliche Kategorie der Religion, die durch die Aufklärung universalisiert worden war, nicht in Frage stellen, da dieser allein durch die Raster jener Kategorie wahrgenommen wurde. Der japanische Zen-Buddhismus, wie er später vom Westen aufgegriffen wurde, war nach Robert Scharf (1993) erst ein Produkt der Erneuerung des Buddhismus unter der Meiji-Reform. Die dekontextualisierte Version des Zen kam den nationalistischen Interessen der Meiji-Periode entgegen und wird von Richard King als transportierbare und exportierbare Version einer unspezifischen asiatischen Religiosität bezeichnet, die explizit institutionelle Verbindungen, rituelle Formen und traditionelle Anbindungen vermeidet. Im Zen-Buddhismus, etwa bei D.T. Suzuki (1958), wird der abstrakte universalisierte kontextfreie Zen zum Exempel eines universellen Mystizismus, der mehr und mehr zum *erfahrungsbasierten* Kern auch der anderen Weltreligionen wird. (Scharf 1993)

VI.3 Die Anfänge des Diskurses um Weltreligion und Weltreligionen

Wie das Beispiel des Buddhismus als ein Gebäude *von Ideen und Lehren* zeigt, erfolgte die Erzeugung von Religionen und Weltreligionen in einem weitgehend öffentlich geführten Diskurs, der vor allem von den akademischen Institutionen der vornehmlich protestantisch orientierten Religionswissenschaft Mitte des 19. Jahrhunderts initiiert wurde[7] und bis heute fortgeführt wird. Masuzawa streicht vor allem heraus, dass in diesem Prozess diskursiv Einheiten geschaffen werden, die die Heterogenität der Lehren, Glaubensvorstellungen und Praktiken, die im Alltag Religiosität ausmachen, negieren und marginalisieren. In diesem Zusammenhang steht auch die provokative These von J.Z. Smith „[...] there is no data for religion. Religion is solely the creation of the scholar's study. It is created for the scholar's analytic purposes by his imaginative acts of comparison and generalization. Religion has no independent existence apart from the academy" (Smith 2004, xi). Joachim Matthes spricht mit Bezug auf die Gegenwart von der Geburt der Religion aus dem Geist der Forschung über sie. (Matthes 1993) *Religion* als vereinheitlichende, eine „Entität" schaffende Konstruktion ist in seinen Augen stets durch Vorentscheidungen belastet, zieht ganze kulturelle Prozesse semiotisch zusammen und trotzt jeglicher Definition mit Exaktheitsanspruch. (ebd., 26) „In etwa eineinhalb Jahrhunderten religionswissenschaftlicher Forschung haben wir die religiösen Welten außerhalb unserer eigenen nach unseren (!) Maßen stilisiert und zu erforschen versucht. Was wir heute als 'Weltreligion' bezeichnen, ist in diesem Vorgang als Gegenstand des Forschens erst so entstanden, und dies hat dann alle weitere Forschung über ihn angeleitet" (ebd., 27).

Welche Kriterien in der Vergangenheit und aktuell Religionsgemeinschaften im akademischen Diskurs zu Weltreligionen quali-

---

7 Sehr kategorisch Osterhammel (2009, 1241): „Ein abstrakter und universal gemeinter Begriff von Religion ist ein Produkt europäischer, insbesondere protestantisch orientierter Intellektueller des 19. Jahrhunderts."

fizieren, variiert allerdings in erstaunlichem Maße. Weitgehender Konsens besteht in Bezug auf Faktoren, die sich an Vorstellungen über das Christentum als Religion anlehnen, wie das Vertreten eines universalen ethischen Anspruchs, den Bezug auf einen heiligen Text, einen geforderten Konformismus der Lebensführung (Sexualmoral), die Predigt, das Vorhandensein eines öffentlichen oder Gemeindekults, die Errichtung eigener Schulen und Ausbildungsstätten, die Förderung von Missionen durch religiöse Spezialisten* sowie die Nutzung des technologischen Fortschritts zur Effizienzsteigerung von Verwaltung und Kommunikationswegen. (Bayly 2008, 408) Hierbei wird zugleich die prägende Rolle des Christentums bei der Herausbildung der europäischen Moderne und ihres globalen Hegemonieanspruches herausgestrichen. Nach Osterhammel wurden mit der Idee der „Weltreligion" im 19. Jahrhundert im Diskurs der Religionswissenschaften eine schwer übersichtliche Anzahl religiöser Strömungen zu Makrokategorien verdichtet, mit denen eine mehr oder weniger schematische Zuordnung von Regionen, Religionen und Zivilisationen erzeugt wurde. (Osterhammel 2010, 1243)

Weltreligion als Begriff erscheint in der ersten Hälfte des 19. Jahrhunderts im deutschsprachigen Raum als Kennzeichnung des universalen Anspruchs des Christentums als einziger wahrer Religion (Ammon 1833; Neubig 1839; Fülleborn 1846).[8] Max Müller, dessen *The Science of Religion* von 1870/73 als Startschuss der modernen Religionswissenschaft gewertet werden kann, gab der Forschung ihr Ziel vor: „The Science of Religion will for the first time assign to Christianity it's right place among the religions of the world; [...] it will restore to the whole history of the world, in it's unconscious progress to Christianity, it's true and sacred character" (z.n. Molendijk 2010, 35). Die Unterscheidung von „primitiven" und „Naturreligionen", wozu auch die antiken Religionen gezählt wurden (Smith 2004, 188), und die Verleihung des Präfix *Welt-* an die meist eigene Religion implizierten eine Hierarchie der Wertigkeiten. Während heute Weltreligionen als Formen individualisierten Glaubens erscheinen, die in ihrer Reichweite global sind (Stichweh 2001), sahen die Menschen des 19. Jahrhunderts nach Bayly in einer evolutionären Perspektive Weltreligion als *Hochreligion* an (Bayly

8 Bei J.G. Herder ist Weltreligion eine „reine, von keinen Nationalbestimmungen überformte Religion" und das Christentum für Novalis „das Muster einer Weltreligion, die von historischen Bedingungen frei ist".

2008, 408), die gegenüber „primitiven", *animistischen* Religionen auf Grund ihrer rationalen Struktur (Monotheismus) die Fähigkeit zur weltweiten Ausbreitung zu besitzen schien (so auch Thomas J. Csordas 2009, 5).

Im Angesicht einer wahren Explosion von Übersetzungen religiöser Texte im Zuge der Missionstätigkeit, Kolonisierung und dem aufkommenden Welt-Tourismus entstanden immer mehr ethnographische Beschreibungen, Religions-Enzyklopädien und Handbücher, die vergleichende Kategorien und Taxonomien produzierten. Die Kolonisierung des südlichen Afrikas vollziehen Missionare*, Reisende*, Kolonialbeamte* und Verwalter*, die sich in ihren Berichten auch als vergleichende Religionsforscher* betätigen. Chidester sieht vor allem einen engen Zusammenhang zwischen den Grenzkämpfen der Kolonialmächte in Afrika und ihren vergleichenden Religionsstudien. (Chidester 1996)

Die zunächst national, später auch international geführten Diskurse um die Ansprüche von und an Religion bzw. Weltreligion, in denen sich mit der Verteidigung der Vorrangstellung christlicher Lehre und christlicher Lebensführung auch Kontroversen um zivilisatorische Ansprüche der Nationen und ihren zivilisatorischen Einfluss auf die Untertanen in den Kolonien vermischten, befeuerten die akademischen Diskurse der vergleichenden Religionswissenschaft, der Religionspsychologie, der Ethnologie und Soziologie. (Masuzawa 2005) Während die Religionsgemeinschaften bemüht waren, ihre Berechtigung als Weltreligion und ihre konfessionelle Identität zu stärken und in ausschweifenden Geschichtswerken darzustellen, beflügelte das Emanzipationspathos der Religionswissenschaftler* gegenüber den Religionsverteidigern* die akademischen Aktivitäten. Die Konkurrenzsituation zwischen der Binnenperspektive der Theologie und der Außenperspektive der Religionswissenschaft ist, folgt man Wilhelm Friedrich Graf, bis heute ein konstitutives Phänomen des Religionsdiskurses der Moderne. (Graf 2007, 10; auch Molendijk 2010)

VI.4 Weltreligionen als Textreligionen

Als zentrales Kriterium der *Entwicklungsstufe* einer Religion zur Weltreligion wird regelmäßig auf die Existenz *heiliger Texte* hingewiesen. Die Schriftlichkeit weist den Weg zur Systematisierung von Lehren und zur Rationalisierung der Praktiken als Grundlage der Ausarbeitung einer Ethik. Der Buddhismus wurde als Religion, wie wir gesehen haben, von den Texten ausgehend entdeckt. Aber auch Neue Religionen mit universellen Ansprüchen verfügen über *heilige Texte.* (Pfitzer-Reyl 2008) Alois Hahn stellt als Kriterium von Weltreligionen die Selbstthematisierung von Religionen in den Mittelpunkt. Er geht davon aus, dass Selbstthematisierung voraussetzt, dass die religiöse Weltdeutung als *besondere Form* des Wissens ausdifferenziert wird. Neben der Differenz von Immanenz/Transzendenz muss es laut Hahn eine symbolische Repräsentation der Einheit bzw. des Ganzen einer Transzendenz geben. Weitere Voraussetzungen sind nach Hahn spezialisiertes Experten-Personal, das die eigene Tradition systematisiert, alltägliche Sinnbestände konzeptualisiert sowie die Konsistenz der Lehrmeinungen steigert.

Hahn unterscheidet verschiedene Formen der Kanonisierung heiliger Schriften als Basis einer reflexiven Selbstidentifikation. Die Kanonisierung eliminiert dabei abweichende Alternativen nicht, sondern hält sie im Gedächtnis, sodass Heterodoxie als Negation des Kanons ein Moment der Selbstidentifikation wird.[9] Es kann auf ihn Bezug genommen werden, der Kanon kann aktualisiert, erweitert oder verengt werden, sodass er mit den zugleich gespeicherten Negationen zum Innovationsfundus wird und Religionen anpassungsfähig in Bezug auf die Anforderungen im Kreis der Weltreligionen hält.

Hahn nimmt nur solche Formationen zum Modell für Weltreligion, soweit diese zentral durch intellektuelle Tätigkeiten (Herstellung von Texten, Interpretationsmethoden, Reden) zu wirken scheinen. Solche Religionen setzen bestimmte gesellschaftliche Bedingungen (z.B. Spezialistentum, Ausbildungsinstitutionen etc.) voraus, um den Anforderungen der Text-Struktur der religiösen Überlieferung Rechnung tragen zu können. Der Maßstab der Weltreligion führt in dieser Hinsicht zu einer Einschränkung des Religionsverständnisses auf jene Gebilde, die die geforderte Höhe geistig-gesellschaftlicher Entwicklung meistern können, während andere religiöse Praktiken

9 Verfolgt man die Kanonisierung der Evangelien des Neuen Testaments, die Ende des 2. Jahrhunderts n.Chr. einsetzte, dann sind hier Zweifel anzumelden. (vgl. etwa W.L. Petersen 2002) Einige der ausgeschiedenen Texte, von den mündlichen Traditionen zu schweigen, mögen sich für spätere Forschung erhalten haben, wurden aber für die Selbstthematisierung gerade verworfen.

in ihren Formen ritueller Gemeinschaftsbildung Minderleistungen zeigen. Richard King weist auch auf die selektiven Wirkungen hin, die von der (Hoch)Sprache ausgehen, in der in der Regel „heilige Texte" verfasst sind. Lokale Traditionen werden dagegen abgeschnitten, soweit sie nur in Lokalsprachen ausgearbeitet sind. (King 2009, 66) Religionen mit schriftlicher Überlieferung können demgegenüber, so scheint es, leichter verbreitet werden und ihre Texte insbesondere der Missionierung dienen. Die jesuitische Mission, wie die christliche Mission überhaupt, baute vor allem auch auf die Übersetzung der Bibel in die jeweiligen Regional- und Landessprachen.[10] Mit den Übersetzungen werden auch die Kategorien und symbolischen Ordnungen und die damit verbundenen Denksysteme übertragen, wenn etwa nach passenden Worten für *Gott* oder *Religion* gesucht wird, die es in der Sprache der *Heiden* bis dahin nicht gibt.[11] Auf diese Weise lösen sich Textreligionen von ihren lokalen und kulturellen Kontexten und sozialen Substraten. Die schriftlich fixierten Überlieferungen erhalten durch die verschiedenen Stufen der Um- und Überarbeitung zunehmend einen universalisierenden, überhistorischen Charakter von Botschaften an alle Menschen. Ein Religionsverständnis, das an die Schriftlichkeit die Fähigkeit, Weltreligion zu sein, knüpft, führt konsequent zur Marginalisierung lokaler, sich mündlicher Weitergabe bedienender Formen. Diese Marginalisierung schließt sich kurz mit dem akademischen Diskurs, wenn die Religionsforschung sich vornehmlich auf religiöse und theologische Texte, ihre Kommentare und Auslegungen orientiert.

Die Konzentration auf die schriftliche Überlieferung kann der Bedeutung, die Religion im Alltagsleben der verschiedenen Klassen, Professionen und Geschlechter spielte und spielt, nicht gerecht werden. Sie entwirft auch ein falsches Bild von der Bedeutsamkeit von Religion im Leben der Menschen. So zeigt die neuere Sozialgeschichtsforschung, dass das Mittelalter auf dem Land wie in den Städten weit weniger religiös war, als es dem Bild einer allgegenwärtigen und alles durchdringenden Kirche und ihrer Gebote entspricht.

---

10 Für die islamische Mission vgl. Loimeier 2014.

11 Instruktiv ist in diesem Zusammenhang die Beschreibung der Versuche der Missionare*, den Gikuyu in Kenia den Begriff „Gott" nahe zu bringen. Die Missionare* hofften, die zu Bekehrenden in eine abstrakte Konversation über Glaubenssätze und Dogmen verwickeln zu können, in deren Ergebnis sich die christliche Religion als wahre und überlegene herausstellen sollte. (Peterson 2002)

Insbesondere in Frankreich hat nach Ebertz und Schultheis (1986, 63) der Mythos vom monolithischen mittelalterlichen Christentum längst einer differenzierten, empirischen Betrachtungsweise Platz machen müssen. Ähnlich steht es mit der Religiosität der europäischen Bauern* und Landbewohner* bis in die Neuzeit, die nur unzureichend literarisch dokumentiert ist. (Weltecke 2008) Die Durchdringung und Disziplinierung des Alltags der Volksschichten und subalternen Klassen mit Religion kann erst mit der Verbreitung schulischer Bildung und der allgemeinen Schulpflicht einsetzen, die in vielen Staaten des 19. und 20. Jahrhunderts von den Kirchen zur Durchsetzung ihrer religiösen Autorität in allen Lebensbelangen genutzt wurden. Erst in den 60er Jahren des 20. Jahrhunderts macht sich in einer Reihe von europäischen Ländern ein bis dahin latenter Bedeutungsverlust der christlichen Religionen in einem drastischen Rückgang der Kirchlichkeit (Mitgliedschaft, Kirchenbesuche) und einem rapiden Verfall christlicher Sexualmoral Luft (vgl. Kapitel I).

VI.5 Hinduismus: Nation, Nationalismus und Weltreligion

In der westlichen Moderne bilden Nation und Religion als universale Kategorien gewissermaßen ein Tandem, deren Universalismus sich präzise in der Expansion des Westens in die verschiedenen Weltregionen widerspiegelt. Im Sinne dieser Durchdringungen versteht auch Talal Asad (1993) das Konzept der Religion als Universalie. Weltreligionen sind auch das Produkt der konfliktreichen und kriegerischen Auseinandersetzungen um die Stellung der Nationalstaaten im Weltmaßstab und bleiben in einer sich formierenden *Weltgesellschaft* oder in einem *globalen System* weiter umstritten, sowohl hinsichtlich ihrer Natur und Eigenschaften als Religion wie hinsichtlich ihrer spezifischen Ansprüche an die Individuen, die Gemeinschaften und die Staaten bzw. Nationen.[12]

Van der Veer zeigt, dass in Großbritannien wie in Indien, wenn auch auf unterschiedliche Weise, die Religionen in der Nationali-

12 Nach dem Desaster des 2. Weltkriegs attestierte Karl Jaspers (1949) mit seiner Spekulation über die „Achsenzeit" den Religionen der „großen Zivilisationen" die gleiche moralisch-ethische Anspruchshöhe erreicht zu haben.

sierung von *Kultur und Gesellschaft* eine dominante Rolle spielten. Religion wurde neben der Sprache, der Literatur, den Rassen- und Zivilisationsvorstellungen zum Feld disziplinierender Praktiken, durch die das moderne zivilisierte (zivile, bürgerliche) Subjekt produziert wurde. (van der Veer 1999, 19) Zum „white man's burden" (Rudyard Kipling 1899) gehörte daher auch die Verkündigung des Evangeliums in den Kolonien (vgl. Chidester 1998 zu Afrika).

Die zu Beginn des 19. Jahrhunderts in Indien entstehenden religiösen Bewegungen konnten nicht in eine britische Nation, die durch christliche Zivilisation gekennzeichnet war, integriert werden. Sie nahmen daher von Beginn an eine oppositionelle Stellung zum kolonialen Staat ein und wurden zu Trägern des indischen Nationalismus. (van der Veer 1999, 29) Rammohan Roy (1772–1833) gründete seine religiöse Autorität zunächst allerdings nicht auf die Lektüre heiliger Schriften und machte sich unabhängig von der Interpretation der Schriften durch brahmanische Experten. (zu Roy vgl. Halbfass 1990) Dadurch schuf er eine Art Laisierung des Hinduismus und eine Öffnung des Zugangs zu den Schriften. Er war beeinflusst durch den englischen und amerikanischen Unitarismus und von sozialreformerischen Ideen geprägt. Die von Roy im Jahre 1828 gegründete *Brahmo Samaj* war zunächst eine kleine Bewegung, die eine rein monotheistische und universalistische Religion förderte, gestützt auf indische Quellen und philosophische Interpretationen der Upanischaden. (Halbfass1990, 222ff.) Wie die europäischen Christen* ihr Christentum zu universalisieren trachteten, taten dies auch die indischen Reformbewegungen mit den Hindu-Traditionen. Die kolonialen Gegensätze wurden durch religiöse Gegensätze dabei verstärkt und überschrieben. Für die aufstrebenden indischen Mittelklassen wurde eine *Mitte* zwischen europäischer rationaler Philosophie und dem religiösen Hindu-Diskurs geschaffen, der die Welt der antikolonialen Nationalisten* in eine spirituelle Welt, die innere Welt des Hauses (unter Vorherrschaft der Frauen; Bayly 2001, 166ff.) und eine materielle, äußere, vom Westen dominierte Welt teilte. (van der Veer 1999, 32)

Vivekananda (1863–1902) förderte einen nicht-dualistischen Advaita Vedanta und legte besonderen Wert auf die Spiritualität der indischen Kultur als Heilmittel gegen Nihilismus und Materialismus der *modernen* westlichen Kultur. Die *Ramakrishna-Mission,* gegründet 1897, sollte die asketischen Praktiken in den Dienst der nationalen Aufgabe stellen. Die Begründung der Hindu Spiritualität in einer systematischen Interpretation der Upanischaden wurde kombiniert mit asketischen Traditionen und Disziplinen, die Vivekananda zum *Praktischen Vedanta* ausbaute. Diese disparaten Traditionen wurden von Vivekananda synthetisiert, einem westlichen Publikum zugänglich gemacht und zugleich gegen westliche Kritik immunisiert.

Die Reformbewegungen des 19. und 20. Jahrhunderts erhoben den Anspruch, den historischen Graben zwischen einer ursprünglichen Religion in den Veden und den modernen Anschauungen und Praktiken überwunden zu haben. Gegenüber der *Brahmo Samaj* kamen in der von *Dayananda Sarasvati* (1824–1883) gegründeten *Arya Samaj* stärker rassistische Momente zum Tragen, die die Arier zur überlegenen Rasse erklärten, der die höheren Kasten angehören. Dayananda predigte eine Rückkehr zu einem Hinduismus, der sich auf die Veden als ultimative und autoritative Quelle des Wissens gründen sollte. Dem lag eine Degenerationsthese zu Grunde, nach der der aktuelle Hinduismus eine Degeneration der ursprünglich reinen arischen Religion darstellte. Auch Dayananda deutete die vedische *Offenbarung* als monotheistisch unter Rückgriff auf die Interpretation der Upanishaden durch Shankara. (hierzu weiter Halbfass 2000) Der an der Evolutionstheorie orientierte ikonoklastische Monotheismus musste jedoch an der Verehrung der Götterbilder durch die Mehrheit der Inder* mehr oder weniger scheitern. Dayananda attackierte auch das aktuelle Kastensystem als degeneriert und versuchte wie Gandhi einen Einschluss der *unreinen Kasten* in die *indische Nation*, ohne das Kastensystem aufheben zu wollen. Sein Hinduismus schloss modernisierende und nationalistische Elemente zusammen: Attacken auf die brahmanische Opferpraxis, Ausbau des Erziehungssystems, Missionierung der indischen Massen, Rückgewinnung der *Konvertiten** zum Christentum und Buddhismus und die Verehrung der Kuh als politisch-religiöses Symbol eines radikalisierten, nach außen gegen die Briten* und nach innen vor allem gegen Muslime* gerichteten Nationalismus. Heute bemüht sich der Vishva Hindu Parishad (World Hindu Council) auf aggressive Weise um eine Zusammenführung der verschiedenen Sekten und um die Errichtung einer kirchenförmigen Struktur mit dem Ziel einer von Hindutva, einer hinduistischen (religiösen) Lebensführung, dominierten indischen Nation (vgl. Jaffrelot 2010).

VI.6 Weltreligionen und die Universalität des Religiösen

Die europäische Erfahrung der Konfrontation bzw. Begegnung mit einer Vielfalt von Kulturen und Zivilisationen spielte eine zentrale Rolle in der Ausarbeitung der Idee von Religion als einer gesonderten Sphäre menschlicher Gemeinschaft. Nach Masuzawa erhält der Gedanke eines allgemeinen und universellen Religiösen im Angesicht der Notwendigkeit, die europäische Hegemonie durch den Universalismus seiner Werte zu behaupten, in der Gegenwart besondere Dringlichkeit. Im 18. Jahrhundert bildete das Spiegelbild des Orients dagegen noch keine Gefahr für die Universalität des Christentums, im Gegenteil stärkte die Sicht auf den mystischen Orient das christliche Selbstbewusstsein. Auch das Wissen um die Existenz anderer Religionen, das in der Aufklärung präsent war, schwächte das Christentum als *rationale Religion* kaum.

Bei Ernst Troeltsch stellte sich dagegen die Frage der christlich-europäischen Vorherrschaft unter den Bedingungen eines Pluralismus der Religionen. (Masuzawa 2005, 309)[13] Troeltsch berücksichtigte als Theologe wie als historisch und soziologisch argumentierender Religionswissenschaftler explizit die empirische Realität anderer Religionen neben der christlichen Religion. „The rise of a comparative history of religion has taken the Christian more deeply than anything else.“ (Troeltsch 1991, 77) Die vergleichende Religionsgeschichte relativierte radikal die Wahrheiten der Religionen auf Grund ihrer Geschichtlichkeit. Was vorher Bedrohung und Verunsicherung des Christentums erschien, wendete sich bei Troeltsch nun zur Bedrohung für Religion überhaupt.

Nach Masuzawa stimmten die führenden Religionswissenschaftler dieser Zeit wie Rudolph Otto, Gerardus van der Leeuw oder Mircea Eliade darin überein, dass alle Menschen ohne Ausnahme mit einer besonderen, nicht reduzierbaren Fähigkeit oder Sensibilität ausgestattet seien, das Unendliche, das Heilige oder Absolute zu erfahren. Die Idee des *einen* Religiösen, des Religiösen an sich, befeuerte den Diskurs um die Weltreligionen, die sich nun versichern müssen, dass es etwas genuin Religiöses in allen Religionen gibt, um weiterhin – bei Kenntnis der anderen Religionen – den

---

13 Eine Kritik des diskursanalytischen Umgangs von Mazusawa mit Troeltsch findet sich bei Pearson (2010, 351ff.).

eigenen universalen Anspruch verfolgen zu können. Um eine Pluralität und zugleich Individualität des Glaubens zu ermöglichen, wird der Absolutheitsanspruch der Religion von den Institutionen und Traditionen in die Gläubigen selbst quasi zurückverlegt. Das Religiöse ist nun ein in den Menschen angesiedelter *Lebensbereich an sich (sui generis).* Diese Idee einer Einheit des Religiösen[14] in der religiösen Erfahrung bildet die bis heute weitgehend unerschüttert gebliebene Basis (westlicher) religionswissenschaftlicher Analysen, die vor dem Hintergrund der Globalisierungsprozesse jedoch ein neues Gewand benötigen.

Die Vorstellung einer religiösen Erfahrung, die universelle Geltung beanspruchen kann, wurde in exemplarischer Weise durch Rudolph Otto und seine Schrift *Das Heilige* von 1917 befördert. Otto beruft sich auf eigene, ihn erschütternde Erfahrungen des *Heiligen*, die er an verschiedenen Orten, etwa in Ägypten im Angesicht der Sphinx oder in Elephanta vor der dreiköpfigen Shiva-Statue, gemacht habe. Besonders herausgehoben ist ein Erlebnis aus dem Jahr 1911 in einer jüdischen Synagoge in Marokko, in der er dem Absingen des *trisagion* (Preisgesang der Engel aus *Isaias*) beiwohnte[15]: Hier kommen die orientalisierenden Momente des Reisens, Suchens und Entdeckens einer lebendigen Quelle des Religiösen an einem mystischen Ort in Nord-Afrika als Quellen der europäischen Imagination zusammen. (Benz 1971) Gregory Alles (2007, 196 ff.) zeigt, wie bei Otto religiöse Erfahrung und koloniales Projekt eine Allianz eingehen, die er 1912 in *Deutsche Kulturaufgabe im Ausland* formuliert, wo er einem materialistischen und ökonomistischen Kolonialismus der Briten* und Franzosen* die kulturelle Sendung der Deutschen* gegenüberstellt. Die Erfahrung des *Heiligen* durch Rudolph zeigt jedoch die Ambiguität der Einheitsidee, da das universal Religiöse, als *Einbruch der Transzendenz* in die empirische Welt, sich in einer partikularen Religion unter partikularen Bedingungen (jüdische Synagoge in Nord-Afrika) zu erkennen geben muss.

---

14 Masuzawa nennt das Auftauchen dieser Idee „patently groundless; it came from nowhere and there is no credible way of demonstrating its factual and empirical substantiality" (Masuzawa 2005, 319).

15 „In whatever language these words are spoken, the most sublime words that human lips have ever uttered, they always seize one in the deepest ground of the soul, arousing and stirring with a mighty shudder the mystery of the other-worldly that sleeps there in." (Otto 1911, z.n. Alles 2007, 197)

VI.7 Weltreligion und Moderne

Wie Kapitel II zeigt, ist das globale Feld oder System der Religionen gekennzeichnet von einer Vervielfältigung religiöser Gemeinschaften und Organisationen, wie etwa in Japan mit seinen Hunderten von Neu-Religionen und Neu-Neu-Religionen nach dem 2. Weltkrieg (Swanson/Chilson 2006), durch jene *ungeheure Vielfalt* von Religionen, die der Kardinal dem Kreis der Weltreligionen gegenüberstellt. Es könnte scheinen, als besäßen die Völker und Gemeinschaften religiöse Produktivkräfte, die, wenn sie aus dogmatischen oder staatlichen Fesseln entlassen sind, ein unübersehbares Meer von Vorstellungen und Praktiken erzeugen können.[16] Es mag aber auch an der Perspektive liegen, da Naheinstellungen auf das (religiöse) Alltagsleben unvermeidlich eine Vielfalt volkstümlicher Praktiken der Magie, der Divination und des Heilens ans Licht bringen.

Wie auch immer, mit den Konzepten von Weltreligion bzw. Weltreligionen wird die Frage nach den Bedingungen des *religiösen Lebens* in der *Moderne* aufgeworfen, in der nach westlichem Religionsverständnis die Religion sich selbst und sich dadurch definierend in einer *eigenen Sphäre* einschließt, die von allem Nicht-Religiösen gereinigt sein soll. So zeichnet Keith Thomas (1971) detailreich den Prozess einer radikalen Entzauberung und des Niedergangs von Magie (zumindest unter den Eliten und Gebildeten) im Zusammenhang des Aufstiegs des Puritanismus in England im 16. und 17. Jahrhundert nach. In vielerlei Weise hat das *Christentum* in seinen verschiedenen Spielarten an diesem Prozess der Entzauberung, der in die *moderne* säkulare Welt mündet, entschieden mitgewirkt. (vgl. auch Kaufmann 1989, 252) Dagegen hatten moderne Religionsbewegungen in Japan keine vergleichbaren Effekte auf eine Entzauberung von Gesellschaft und Natur.

16 Das gilt auch für das kommunistische China, das die religiösen Praktiken aus der politischen Arena vertreiben wollte, sie heute jedoch auf allen Ebenen der Gesellschaft wieder im Vormarsch sieht. „Ein Jahrhundert säkularer Attacken haben die Religion, die populäre Religion in China nicht zerstört. Heute werden in den Städten und auf dem Land die Tempel wiederaufgebaut. Religiöse Aktivitäten sind in das säkulare Alltagsleben vollständig integriert, wo Arbeitsplatzunsicherheit, Gesundheit, Verlangen nach Erfolg und Profit jederzeit die himmlische Unterstützung verlangen" (van der Veer 2014, 152). Jedoch sind die Ketten der Tradition zerbrochen, die Priester* vertrieben, die Rituale vergessen, so dass sich Raum für neue religiöse Bewegungen öffnet, in denen Laien nun eine wichtige Rolle spielen.

Im Diskurs der Weltreligionen verändern sich, wie Richard King beobachtet, entscheidend die Deutungen des Konzepts der Mystik. Im Europa der Aufklärung steht die auf Vernunft beruhende *natürliche Religion* im Gegensatz zur Mystik und sorgt zunächst für eine Abwertung der als mystisch geltenden Religionen. Im Laufe des 19. Jahrhunderts und spätestens mit Rudolph Otto erhalten in der christlichen Theologie die *östlichen Religionen*, da sie auf Grund tiefgehender religiöser oder außeralltäglicher Erfahrungen berechtigt erschienen, sich über Gott oder die Transzendenz zu äußern , Mitsprachemöglichkeiten im Diskurs der Weltreligionen. Nach King erfolgte in der *Religionswissenschaft* eine Reifizierung von Religion, da nunmehr die mystische Erfahrung in ihrer Universalität eine eigenständige und disziplinäre Beschäftigung mit Religion auch jenseits der Theologie rechtfertigen soll. Im Kreis der Weltreligionen entsprechen sich nun die Definitionen von Religion als allgemeinem Phänomen und von Mystik als universaler religiöser Erfahrung. In der Gegenwart tritt jedoch an die Stelle der mystischen Erfahrung in der Charakterisierung von neuen religiösen Bewegungen (Clarke 2006, 353ff.) ein breites Konzept von *Spiritualität*, das vom *transzendentalen* Charakter religiöser Erfahrung abrückt.

Die *Modernisierung* der Religionen zu Weltreligionen, als zugehörig zu einer globalen Welt, besteht in ihrer Reinigung von lokalen, traditionalen und sozialen Beimengungen. Die als Weltreligionen zu eigenen Entitäten und Ordnungen zusammengefassten religiösen Vorstellungen und Praktiken werden begrifflich von den gesellschaftlichen und kulturellen Substraten, auf denen sie gewachsen sind und weiter aufruhen, abgelöst. Hierdurch sollen sie sich als Religionen erkennen und miteinander kommunizieren können. Im unterstellten religiösen Allgemeinen verbleibt jedoch kaum mehr als ein Schimmer der unterschiedlichen Vergemeinschaftungsformen und Praktiken. Die materiellen Praktiken hören zwar nicht auf materiell zu sein, verlieren jedoch ihre rituellen, vergemeinschaftenden Qualitäten und sollen nun reine spirituelle Erfahrungen und Erlebnisse vermitteln.

In den interreligiösen Dialogen wird ausgehandelt, was als *moderne* Religion auf dem einander zuerkannten Niveau einer Weltreligion zählt. Dieser Prozess der gegenseitigen Beobachtung und Kommunikation ist für Peter Beyer konstitutiv für solche Religion(en), die als Mitglieder im globalen religiösen System agieren wollen. Die Ausdifferenzierung dieses Systems erfolgt jedoch nicht nach dem Modell der Differenzierung von Funktionen in einer *Weltgesellschaft*, sondern quasi autopoietisch durch kommunikative *Aussonderung*.

Die Grundsituation des *modernen* globalen religiösen Systems ist daher in den Augen von Peter Beyer der Pluralismus. Nur unter Anerkennung des Pluralismus kann sich eine Religion durch ihre Sprecher* dem globalen System zugehörig erklären. Das Betreten des Niveaus der Weltreligionen hebt ihre Heterogenität im Konkreten allerdings nicht auf, sondern steigert sie in der Konkurrenz. Für Luhmann gibt es daher keine Tendenz der Bildung einer einzigen Weltreligion. Die Einzelreligionen bleiben Bestandteile des Systems in Form segmentärer Differenzierung. (Stichweh 2001) Es braucht daher für Weltreligionen auch keinen Zentralismus der Selbstbeschreibung.

Trotz des Substrats einer allgemeinen und universellen Religiosität kann aber auf Glaubensinhalte nicht verzichtet werden. Unter den Bedingungen der Ausdifferenzierung eines globalen Religionssystems verbürgt die „Glaubenserfahrung selbst [...] die Glaubwürdigkeit des Glaubens" (Luhmann 2000, 276). Das moderne Signum des Glaubens wird der Glauben an den Glauben (vgl. Kapitel 5). Im interreligiösen Dialog bleiben die Glaubensinhalte jedoch *eingeklammert*.

Hohe Diversität und Zerstreuung der Erscheinungen sprechen als solche nicht gegen die Annahme eines (kommunikativen) *Systems*. „Gerade auf diese Weise vollzieht das Religionssystem unter modernen Bedingungen die evolutionäre Funktion der Restabilisierung" (Luhmann 2000, 273). Im Lichte der Systemtheorie gibt es keine a- oder trans-historische Existenz von Religion. Es gibt allein die Beobachtung von Religion durch eine Vielzahl von Beobachtern* innerhalb und außerhalb von Religion (Sozialwissenschaftler*, Religionsforscher*, Staatsbeamte, religiöses Personal, Charismatiker* und Sucher*), die sich alle gegenseitig der Existenz von Religion versichern.

Das Problem der Abgrenzung und Reproduktion des Systems liegt für Beyer vor allem in der Grenzziehung der Religionen zu den populären Religionen, den Volksreligionen, jener *ungeheuren Vielfalt* des Kardinals. Es ist ja das (kommunikative) Verhältnis der einzelnen Religionen zueinander, wodurch sie zusammen ein einziges System ergeben sollen. Zu diesem zählen sich auch die Reformbewegungen, die den religiösen Charakter des Islam, des Christentums oder des Hinduismus erneuern wollen. Natürlich drängen auch die

Pfingstkirchen, die migrierenden afrikanischen Kirchen und der Charismatische Katholizismus auf die Bühne. Durch die Prozesse der Formierung erneuerter alter und neuer Religionen, die alle auf dem Theater der Weltreligionen mitwirken,, reproduziert sich ein globales religiöses System, das durch unbeschränkte Vermehrung seiner Segmente in seiner Systemhaftigkeit auf die Dauer gefährdet erscheint.[17]

VI.8 Der Dialog der Weltreligionen

In der Wahrnehmung von Weltreligionen verschieben sich mit wachsender Pluralität die Kriterien der Zugehörigkeit von der Modernisierungsfähigkeit zur Dialogfähigkeit. So ließe sich Ulrichs Becks Monographie *Der eigene Gott* lesen. Waren es bei Troeltsch noch die Achtung und Wahrung der jeweiligen Ansprüche auf Eigenständigkeit, so betont Beck das Harmonisierungs- bzw. Konfliktpotential von Weltreligionen in kosmopolitischer Perspektive. Dialog als Umgang mit religiösem Pluralismus ist daher kein Willensakt der Religionen, der auf theologischer Einsicht basiert, sondern vielmehr eine Reaktion auf vorgegebene soziokulturelle Realitäten und Wandlungen. (Kandil 1994, 65) Der Dialog impliziert die paradoxe Anforderung, das spezifische Verständnis von dem, was die eigene Religion sei, was ihr Inhalt und ihre *Leistung* ist (z.B. außerweltliches oder auch innerweltliches „Heil"), mit Anspruch auf universelle Geltung zu behaupten bzw. umgekehrt, das Universelle in der *Begegnung* auf *Weltebene* als Partikulares erfahren zu müssen. Dieses Paradox der Gleichzeitigkeit von allgemeinen und partikularen Ansprüchen löst die katholische Kirche u.a. mit einer neuen *Corporate Identity* als *pilgerndes Volk Gottes*. (Nacke 2010)

Am Beispiel des Zweiten Vatikanischen Konzils lässt sich die *Öffnung* zu möglichen Dialogpartnern bei Bewahrung des eigenen Anspruchs nach innen erkennen. Während des Konzils vollzog die katholische Kirche eine Umschrift ihrer Gemeinschaftssemantik zu einem Selbstverständnis als *Weltfamilie*. Die eigene Globalisierung unternimmt die katholische Kirche, indem sie das *Humane* zum

---

17 Das Problem der exzessiven Vermehrung betrifft im Übrigen viele segmentär differenzierte Systeme, z.B. den Sport und die Vermehrung seiner Goldmedaillen.

Medium des Dialogs mit den anderen Religionen macht und sich in einem moralischen Appell an *alle Menschen guten Willens* adressiert. Die Schnittstelle des Humanen soll nach Nacke beides leisten: nach innen christlich (und damit, der Form halber, partikular), nach außen: universell und dialogfähig zu sein. Mit der Projektion christlicher Elemente in den Hinduismus und Buddhismus (Heilsweg, Theismus usw.) können diese vor dem Hintergrund der Anerkennung des religiösen Pluralismus als *Menschen guten Willens* in den Dialog der Weltreligionen aufgenommen werden. Die katholische Kirche stellte in dieser Weise ihre Strategie von der Offenbarung des Heilswegs durch die Amtskirche zu einer gegenwarts-, medien-, und ereignisorientierten Weltkirche um (vgl. auch Pottmeyer 2008), die sie mit Weltjugendtagen, ökumenischen Großveranstaltungen und Papstreisen in alle Welt demonstriert.

Sofern der religiöse Dialog *religiöse Kommunikation* sein will, die nicht *über*, sondern *in* der Religion stattfinden soll, hat er unter dem Primat der religiösen Erfahrung das Problem zu bewältigen, das *Unaussprechliche* zur Sprache zu bringen. Für Tyrell et al. liegt der „tropische Charakter" der religiösen Sprache darin, „dass das Transzendente selbst nicht kommunikabel ist und daher mittels anschaulicher Vorstellungen konkretisiert werden muss" (Tyrell et al. 1998, 10). Krech (1998) geht noch einen Schritt weiter und hält, ähnlich den Mystikern* des 16. und 17. Jahrhunderts, die *Unaussprechbarkeit*, die Erfahrung des Versagens der Sprache angesichts des *Unsagbaren*, selbst für das Zeichen des Religiösen im Medium der *religiösen Kommunikation*.

Vor dieser Problematik verflüchtigt sich bei Schmidt-Leukel (2006) das *bestimmte* Religiöse, der universale Wahrheitsanspruch der partikularen Religion zu einer Art religiösen Agnostizismus. (Schmidt-Leukel 2006, 25) Gerade die Unsagbarkeit Gottes, die Nichterkennbarkeit des Transzendenten außerhalb jeder partikularen Immanenz soll nach Schmidt-Leukel religionstheologischen Pluralismus und Dialog ermöglichen.[18] An dieser Stelle fragt man sich, wovon der Dialog handeln soll, wenn über seinen Gegenstand

18 Schmidt-Leukel bezieht sich ausdrücklich auf die großen Religionen bzw. die großen religiösen Traditionen, die er neben dem Christentum als Islam, Judentum, Hinduismus und Buddhismus explizit benennt und denen er die Annahme einer transzendentalen Wirklichkeit als Grundüberzeugung unterstellt. Er umgeht damit die Untiefen der Klärung des Religionsbegriffs, wobei allerdings die Reichweite seines Pluralismusverständnisses offen bleibt.

(z.B. *Gott*) nichts gesagt werden kann, was nicht in den Grenzen der bloßen Vernunft (Kant) liegt. Helmut Schelsky war daher in *Ist Dauerreflexion institutionalisierbar?* aus dem Jahre 1957 skeptisch, dass es den institutionalisierten Religionen gelingen könne, angesichts der vom religiösen Pluralismus ausgehenden Forderung nach „reflektierender Spiritualität absoluter Innerlichkeit" (Schelsky 1965, 262) die „gemeinsamen Grundlagen einer Gemeinschaft im Glauben" chronisch und fundamental durch Gespräch herzustellen (ebd., 269). „Von der bloßen soziologischen Realitätsdiagnose her sind die modernen Glaubensgemeinschaften daher ebenso richtig als Gesprächs- wie als Geschwätz-Gemeinden zu bezeichnen" (ebd.).

Wie immer diese Paradoxa gemeistert werden, Ziel und Intention des *Dialogs der Weltreligionen* bleibt die Selbstvergewisserung über das eigene religiöse *Subsystem* und die Aushandlung von Positionshierarchien im Diskurs der Religionen auf Weltebene. Wichtig scheint hierbei die Adressierung einer universalen menschlichen Gemeinschaft unabhängig von Nationalstaat oder ethnischer Zugehörigkeit. Hieran scheitern viele der neuen religiösen Bewegungen, die sich nicht transnational, sondern lokal, regional und als geschlossene Gemeinschaften präsentieren. Dem Islam wird von Kaufmann beispielsweise noch Ende der 1980er Jahre die Möglichkeit, sich einer ökumenischen Bewegung anzuschließen, abgesprochen. Günstiger sieht es in seiner Sicht für eine Begegnung des Katholizismus mit dem Buddhismus aus. (Kaufmann 1989, 255) Interreligiöser Dialog dient, folgt man Kandil (1994), als Konsequenz der pluralistischen Situation stets aber auch der Legitimation der eigenen Seite.

VI.9 Vom Suchen und Wandern

Die alten und neuen Religionen in Westeuropa scheinen sich aktuell mehr und mehr von festen Zugehörigkeitsgemeinschaften zu unverbindlichen, zeitlich begrenzten und spezifischen Beteiligungsformen an religiösen Aktivitäten und Ereignissen zu wandeln. Diese folgen einem Trend zur religiösen Bricolage und synkretistischer Mischung von Elementen etablierter Religionen, die Charles Taylor (2007) von den neuen religiösen Bewegungen als *Laboratorien der Rekombination religiöser Elemente* sprechen lässt. In einem Netz aus sozialen Beziehungen werden wechselnde Zugänge zu religiösen Angeboten und Übertritte erleichtert. Religiöse Praktiken und

Vorstellungswelten diffundieren in weitere soziale Kontexte und verlieren ihren spezifischen Charakter. Hervieu-Léger verweist auf pilgernde Wanderer* und Sucher*, die die alten religiösen Gefilde und die neuen Erfahrungsräume durchqueren. Der transnationale Transport von Religiösem eröffnet in der Begrifflichkeit von Appadurai „religioscapes" an der Stelle der Weltreligionen, die dem älteren anstaltsförmigen Modell verhaftet bleiben.

Im Zuge der Ausweitung der religiösen Laboratorien wird neben der *religiösen Erfahrung* verstärkt der Begriff der *Spiritualität zur Selbstkennzeichnung vieler* Akteure* wie zur soziologischen Beobachtungskategorie. Soziologisch definiert Knoblauch (2013) Spiritualität als soziale Form der Religion, vergleichbar der Troeltschen Kategorie der Mystik, und bezeichnet Spiritualität auch als *individuelle Mystik*.

Global zeichnen sich Zirkulationen zwischen religiösen Gemeinschaften und Verschiebungen der Religionsbegriffe von der Erlösungsreligion über Neuakzentuierungen des Konzepts der Mystik zu einer von Pluralismus und religiöser Konkurrenz erzwungenen Erweiterung religiöser Erfahrung (z.B. die *Fülle* bei Charles Taylor) bis zu den Idiosynkrasien von *Bastelreligionen* (Ulrich Beck) ab. Diese Verlagerungen kann man in Zusammenhang mit der Ablösung des Modernitätsdiskurses durch einen Globalisierungsdiskurs stellen. Erfahrungsgebundenheit, Austausch (Dialog) und Gemeinschaftlichkeit erscheinen als Suchbewegungen, die die Welt nicht länger umfassen wollen, sondern durchstreifen.

VII. Schluss: Am Nullpunkt der Religion

Für Mauss war es von größter Wichtigkeit, die Gaben-Beziehung von der Waren-Beziehung zu unterscheiden. Die Warenbeziehung ist eine Tauschbeziehung, in der ein Ding an die Stelle eines anderen Dinges tritt, in der die Dinge als gleichwertige, als Äquivalente, ihre Stelle wechseln. Der verallgemeinerte Warentausch, in dem der gesellschaftliche Reichtum, wie Marx in der Eröffnung seines Hauptwerkes „Das Kapital" schreibt, als eine Ansammlung von (dinghaften) Waren erscheint, ist jedoch erst dann möglich, wenn die Waren sich als Werte im Geld darstellen können. Deshalb war es für Mauss wichtig, die Werthaftigkeit der „kostbaren Dinge", die nicht fixiert war, von in Geld ausgedrückten Werten zu unterscheiden.

In der allseitigen Vermittlung des Warentausches durch das Geld als Wertgestalt der Waren erlischt jede persönliche Beziehung zwischen den tauschenden Subjekten, die sich nur als Charaktermasken (Marx) gegenübertreten. Die *Vermessung* des gesellschaftlichen Reichtums in Werten oder, besser gesagt, die Reduzierung gesellschaftlichen Reichtums auf die Form von Werten, drängt sich den Individuen als objektiv gegeben auf, ohne dass sie wissen, wie ihnen geschieht. Im Geld verselbständigt sich der Wert der Waren und wird zum *Kapital*, das sich erhält, indem es sich unaufhörlich vermehrt.

Mit dem Erlöschen von an die Dinge gehefteten Beziehungen ihrer Besitzer* im Tausch von Äquivalenten sind es nicht mehr die persönlichen moralischen Beziehungen zwischen den Individuen bzw. den Kollektiven, die das gesellschaftliche Band knüpfen, sondern die gesellschaftlichen Verträge, das Sachenrecht wie Mauss sagt, durch die Gesellschaft konstituiert erscheint (so auch die frühbürgerlichen Moralphilosophen von Hobbes über Locke bis Mandeville und die Theoretiker der klassischen politischen Ökonomie). Auch die Arbeit in Form der Lohnarbeit als „Verkauf der Arbeitskraft", in der diese gesellschaftlich so behandelt wird, als wäre sie eine sachliche Ware,[1]

1 Zu den sog. Quasiwaren, als da sind Arbeit, Boden und Geld, vgl. Polanyi 1977.

unterliegt, trotz allem Paternalismus und aller „Humanisierung des Arbeitslebens" der Form des Vertrags, an dessen Ende die „Arbeitnehmer*" mit nichts als ihrer (nackten) Arbeitskraft auf der Straße stehen.

Ist die Gesellschaft so konstruiert, wie kommerzielles Erwerbs- und Gewinnstreben es zu wollen scheint, dann befinden wir uns gewissermaßen am *Nullpunkt der Religion*. Theologisch modern liest sich das so: „Im Geld wird das ehedem personale Vertrauen apersonal, anonym-systemisch. Geld ersetzt also moralische Bürgschaft. Es macht damit, bezogen auf den einzelnen Akt, zugleich die Meta-Bürgschaft eines Gottes obsolet" (Pfleiderer/Seele/Matern 2015, 24). „Wenn diese Analysen [von Josph Vogl und Max Weber] zutreffen, dann können personale Beziehungen, aufgebaut auf Vertrauen, das Schulden – und damit Risikobereitschaft – ermöglicht, in solchen von anonymen Mächten getriebenen Räumen eigentlich nicht mehr stattfinden: sie werden atavistisch" (ebd., 29) „Dass die Welt personal steuerbar und personal verlässlich ist, ist ihr empirisch nicht anzusehen; es ist eine kontrafaktische Offenbarungswahrheit. [...] Glaube und Vertrauen sind zirkulär [...] Glaube will geglaubt, will [...] gewagt sein" (ebd., 30). In der Immanenz der Geldbeziehungen kann die Transzendenz nicht mehr erscheinen, was bleibt ist der „Sprung in den Glauben" (ebd.). Die Theologen müssen sich dabei die Frage stellen, ob der Vertrauensverlust in das Funktionieren des Diesseits, sprich in die von Finanzmärkten und Finanzmächten gebeutelte Daseinssicherung durch Wertpapiere, Renten und Sparguthaben, durch Gottvertrauen noch kompensiert werden kann. Wie Geertz feststellte, geraten hier *common sense* des Alltagsmenschen und religiöser Glaube anscheinend gemeinsam in die Krise. Josph Vogl formuliert dies so, dass er der Problematik der *Theodizee*, also der Frage, wie die Allmacht Gottes mit den Defekten der Welt (das berühmte Erdbeben von Lissabon bei Leibniz) vereinbar ist, die Problematik einer *Ökodizee* an die Seite stellt, also die Frage, wie die theoretische Unmöglichkeit der (Super)Krise der Märkte, sprich Finanzmärkte, mit der tatsächlichen Krise zu vereinbaren ist. (Vogl 2010)

Wie Birger Priddat in dem von Pfleiderer, Seele und Matern herausgegebenen Sammelband mit dem signifikanten Titel „Kapitalismus – eine Religion in der Krise", angeregt von Joseph Vogl und Giogio Agamben, herausarbeitet, wird in der klassischen ökonomischen Theorie, die hier quasi die mittelalterliche christliche Theologie beerbt, die *oeconomia divina*, die Lehre vom Reich Gottes auf Erden, durch das (metaphysische) Theorem von der „unsichtbaren Hand" ersetzt, die die Märkte im Gleichgewicht hält und zugleich die bestmögliche Verteilung unter den mit knappen Ressourcen ausgestatteten Besitzindividuen bewirken soll. Noch bei Adam Smith verdankte sich die Geltung der neuen Ordnung dem providentiellen Muster der göttlichen Vorsehung. Im Inneren tritt jedoch an die Stelle der christlichen Norm der Barmherzigkeit in einer auf Versorgung ausgerichteten (Natural)Wirtschaft eine naturrechtliche Konzeption der Selbsterhaltung des modernen Subjekts als Eigentümer* der Früchte seiner Arbeit. „Nur wer der Selbsterhaltung fähig ist, könne überhaupt geben", so eine Paraphrase von Locke (Priddat 2013, 26). Während in der älteren Ordnungsvorstellung bei Thomas von Aquin die erwirtschafteten „Überschüsse" über das Nötige hinaus an die Armen zu geben waren, wird der *Surplus* in der neuen Ordnung legitimerweise auf den Markt gebracht und kann im Prinzip denen zukommen, die ein (zahlungskräftiges) Bedürfnis nach ihm haben. Bei zunehmender Produktivität könnten so im Prinzip die Bedürfnisse in der Gesellschaft wechselseitig ausgeglichen werden.[2] Priddat nennt diesen Zustand einen *extended mode of reciprocity* (ebd., 27), ohne dass dabei in den Zahlungen eine erkennbare gesellschaftliche Verpflichtung zur Reziprozität – zur Erwiderung von Gaben sichtbar wäre. Eher handelt es sich um einen „verallgemeinerten Modus der Äquivalenz", sofern die Tauschgeschäfte zustande kommen.

Die moderne Ökonomie, als allseitige Vermittlung der Güter (Waren) über den Markt, enthält – quasi in sich – ein Versprechen: „irdische Erlösung durch ansteigende Prosperität" (ebd.). Mit der von Ökonomen* seit Smith bis in die Gegenwart unterstellten Fähigkeit des Markt(produktions)systems, sich selbst „in Ordnung" zu bringen, „hat sich in der modernen Ökonomik ein Theologem gehalten, das der providentiellen Theodizee des 17./18. Jahrhunderts entstammt" (ebd., 28). Nach diesem Credo bringt der sich selbst

2 Festgehalten werden sollte, dass in der naturrechtlichen Konzeption, wie sie Priddat skizziert, die Überschüsse Ergebnis der individuellen Arbeit sind und nicht ein gesellschaftlich hervorgebrachtes Mehrprodukt, wie es für den Kapitalismus systemnotwendig ist. Die Wirtschaft der Privatproduzenten* bei John Locke hatte noch die illusorische Gestalt einer „einfachen Warenproduktion", aus der es keinen historischen Übergang in den Kapitalismus gibt.

optimierende Markt die „Beste aller Welten" (für eine Gesellschaft von Privateigentümern) hervor.

Gestützt auf Agamben zeigt Priddat, dass die „oikonomia", statt wie in der Theologie bei Thomas von Aquin als „göttlicher Heilsplan", nunmehr innerweltlich als „Natur der Dinge" der Ökonomie einen Status der „Selbstorganisation" (ebd., 36) verleiht. Das „moderne Denken" konzipiert eine Ordnung, „die aus einem kontingenten Spiel immanenter Wirkungen hervorgeht." (Agamben, zit. n. Priddat 2015, 37). Fiel in der theologischen Spekulation die göttliche Regierung mit der Natur der von ihr gelenkten Dinge zusammen (Agamben), dann kann die moderne Vorstellung einer sich selbstregulierenden *Natur* durchaus als Tochter der (christlichen) Theologie gelten.

Prästabilisierte Harmonie und stetige Vermehrung des Wohlstands (aller) können als Erbe christlicher Theologie ausgemacht werden, die nun – zumindest für ihre Apologeten* – eine Signatur der modernen Marktwirtschaft (sprich des Kapitalismus) bilden. Die Frage bleibt, was die Menschen antreibt: Leidenschaft, Interessen oder (Profit-)Gier? (Hirshman 1987) In der naturrechtlichen Version bei Locke ist es nicht mehr Barmherzigkeit, sondern das „Mehr-haben-Wollen (avaritia)" (ebd.; 50) der strebsamen Eigentümer*. Adam Smith formuliert das Profitmotiv (*self-interest*), dessen Exzesse durch die Konkurrenz auf dem Markt reguliert werden sollen. Im Durchschnittsprofit werden die Produktionssphären ins Gleichgewicht gebracht. Die „unsichtbare Hand" leitet den Einzelnen dazu an, „einen Zweck zu fördern, den zu erfüllen er in keiner Weise beabsichtigt hat" (Smith, zit. n. Priddat 2013, 61). Die „unsichtbare Hand" ist bei Smith so Teil des Paradigmas der (göttlichen) Vorsehung (ebd., 64) und gleicht mangelnde Voraussicht und Einsicht in die Präferenzen der anderen Akteure* aus.

Für den modernen Menschen tritt das Fortschrittsaxiom an die Stelle des Gottvertrauens. Aus der Ewigkeit wird ein „innerweltliches Projekt", „als unendlich offene Geschichte" (ebd.). In dieser kann nun ein (scheinbar) unbegrenzter Akkumulationsprozess als „Investition in die Zukunft" einsetzen. Dieser beruht wesentlich auf dem Geld, genauer auf dem Kapitalvorschuss, der durch Kredit nach Priddat „aus dem Nichts" finanziert wird.[3] An die Stelle der

3 Priddats Theorie des Kreditgeldes (der Banken) als „Schöpfung aus nichts" unterschlägt, dass der Kapitalvorschuss immer auch die Form von Arbeits-

Zahlungen treten laut Priddat Zahlungsversprechen, die erst in Zukunft einzulösen sind. „Das System entgeht seinem Bankrott nur dadurch, dass es sich auf eine stets offene Zukunft und seine eigene Unaufhörlichkeit programmiert" (ebd., 81). „Im Zentrum dieser Ökonomie steht also das Prinzip eines uneingelösten Versprechens; die Zirkulation wird durch die Wucherung einer 'uneinholbaren Schuld' in Gang gehalten" (Vogl, zit. n. ebd.). Bei Priddat (wie auch bei Vogl) bleibt jedoch ungeklärt, warum der Kredit (die „Schuld") nicht getilgt werden kann (bzw. wo die Schulden abgeladen werden), da die Autoren den Kapitalismus (nach Luhmann) nur als ein System von Zahlungen und nicht zugleich oder vorgängig der Produktion von Überschüssen, d.h. Aneignung von Arbeit analysieren.[4]

Der Abschied von der providentiellen göttlichen Ordnung führt die Ungleichgewichtsdynamik des modernen Kapitalismus herauf und mit ihr die Ungewissheit, mit der die Finanzmärkte handeln. Die Ungewissheiten der Märkte lassen sich für Priddat nur durch Wetten bearbeiten, wo klug zu sein heißt, „dass der Verlust je die anderen trifft" (ebd., 107). Gott entzieht sich der Welt und *Tyche*, die „mythische Göttin des Schicksals" kann die Bühne betreten. Der alte Glaube, dass Gott die Welt ordne, ist ebenso dahin wie der ökonomische Ersatz, dass der Markt, gleich der göttlichen *oikonomia*, sich selbst ordne. Das große Versprechen des Kapitalismus scheint überlebt, an seine Stelle treten kurzfristige Erwartungen an die Gewinne aus Wetten an der Börse. „Das große Fortschrittsversprechen ist ausgelaufen und wohlfahrtsstaatlich saturiert" (ebd., 112). (Dies dürfte allerdings in erster Linie für Saturierte gelten). In diesem Sinne erklärt Priddat den Kapitalismus als eine Religion, die ein „säkulares Heilsversprechen in die Welt setzte", für beendet (ebd.). Es gilt im Zeichen der Tyche den „tipping point" nicht zu verpassen und den anderen zuvorzukommen. Mit dem „Schicksalskult" bricht für Priddat ein neu-heidnisches Zeitalter an, in der nun alle möglichen Religiositäten am Markt zu blühen beginnen.

Der Kapitalismus erscheint bei Priddat als eine (sich selbst zerstörende) Religion, die eine „negative Theologie" der Verschuldung inauguriert, wie sie von Walter Benjamin in einem Fragment, vermutlich aus dem Jahre 1921, skizziert wurde, auf den sich viele, die

---

kräften und Produktionsmitteln annehmen muss.

4 Die eigentlich bedrohliche Frage „Wohin mit den Überschüssen?" angesichts permanenter Überproduktion bleibt ungestellt.

den Kapitalismus zur Religion erklären wollen, beziehen (so etwa in Baecker 2003). „Der Kapitalismus ist vermutlich der erste Fall eines nicht entsühnenden, sondern verschuldenden Kultus. Hierin steht dieses Religionssystem im Sturz einer ungeheuren Bewegung. Ein ungeheures Schuldbewußtsein das sich nicht zu entsühnen weiß, greift zum Kultus, um in ihm diese Schuld nicht zu entsühnen, sondern universal zu machen [...]" (Benjamin 2003, 100). Der Kapitalismus ist bei Benjamin „reine Kultreligion, ohne Dogmatik, ohne Transzendenz und ohne Erlösung" (Arndt 2016, 114). Heilung sei nur aus der Ausweitung der Verzweiflung zum religiösen Weltzustand zu erwarten, aus der völligen Verschuldung Gottes selbst, der aus der „Transzendenz [...] gefallen" und „ins Menschenschicksal einbezogen [ist] (Benjamin 2003, 101). Wie dies zu denken sei, wie aus der täglichen „Zertrümmerung des Seins", im „Zenith der Verschuldung" ein kommender Gott erscheint, bleibt dunkel (Arndt 2016, 115). *Hoffnung* ist nach Benjamin einzig darauf zu setzen, dass die Menschheit schließlich vor dem *Nichts* stehen wird, nachdem der Kapitalismus rastlos die, wie Marx sagt, Springquellen des gesellschaftlichen Reichtums, die Naturkräfte und die menschliche Arbeitskraft, untergraben hat und diese wirklich einzigen G a b e n in Abfall verwandelt wurden. „Der nicht umkehrende Kapitalismus wird mit Zins und Zinseszins, als welche Funktion der Schuld (siehe die dämonische Zweideutigkeit dieses Begriffs) sind, Sozialismus" (Benjamin ebd.).

Diese Konsequenz wird von den Autoren* vermieden, die letztlich, wie auch Priddat, dem Geld die Macht zu verschulden zuschreiben. Die verschuldende Wirkung des Gelds wird vor allem darin gesehen, dass das Geld „immanent" keinen Wert besitze, sondern eine „Schöpfung aus dem Nichts" darstelle. Die Rede von der „Schuldenökonomie" übergeht, dass der Kapitalismus notwendigerweise eine Wirtschaftsweise ist, die arbeitsteilig einen gesellschaftlichen Überschuss produziert, genauer: gewaltige Überschüsse, die sich in Plünderung der Naturschätze, in Hochrüstung und anderer gigantischer unproduktiver Verschwendung materialisieren. Das Spezifische des Kapitalismus (im Vergleich mit anderen Produktionsweisen) ist jedoch die Art und Weise, wie diese Überschüsse über den Markt angeeignet und verteilt werden. Während das Mehrprodukt nur gesellschaftlich arbeitsteilig produziert werden kann, muss es anteilig im produzierten Warenwert der einzelnen Unternehmen als Profit erscheinen. Diese Aneignungsform des Mehrprodukts ist nur in Form des Tausches der Waren als Werte möglich, der durch das Geld vermittelt ist. Aus dem Tausch der isoliert produzierten Waren resultiert die spezifische Form des Geldes im Kapitalismus, die nicht aus archaischen oder vorkapitalistischen Verwendungen von Geld abgeleitet werden kann. Erst auf dieser Basis erhebt sich das Kreditgeld im Kapitalismus. *Kredit* setzt voraus, dass ein Mehrprodukt produziert bzw. erwartet wird, d.h. dass die Eigenkapitalverzinsung der Unternehmen höher ist als der Kreditzins (der sog. „Hebel").[5] Die kapitalistische Wirtschaft funktioniert nur auf dieser Basis der Einzelkapitale in Form von juristischen Personen, die universell nur begrenzt für ihre Schulden haftbar sind. Ihre Schulden werden eingelöst oder verfallen. „Perennierende Schuld" wäre allenfalls eine – vererbbare – Konsumenten- oder Staatsschuld.

Die Metapher der „ewigen Verschuldung" durch das Geld funktioniert, weil nicht zwischen Geld und Wert unterschieden wird. Während das Geld greifbar zu sein scheint, entzieht sich der im Tausch sich umtreibende Wert beständig. Die führt dazu, vom „fehlenden" *inneren* Wert des Geldes zu sprechen, der ihm als solchem *außerhalb* des Austausches zukommen müsste. „Wert" ist jedoch weder etwas Materielles noch etwas Immaterielles, sondern eine Relation: Der „Wert" eines Gutes oder einer Ware kann sich nur in einer anderen Ware darstellen bzw. im Geld als dem „allgemeinen Äquivalent", in dem sich die Werte aller Waren darstellen. Ebenso wenig kann sich der „Wert des Geldes" an ihm selbst darstellen, sondern nur in den Waren, gegen die es getauscht werden kann, in seiner „Kaufkraft". In diesem Sinne kann man des „Werts" nie unmittelbar habhaft werden, Geld nicht, wie Christina von Braun möchte, in „materielle Werte" verwandeln. (von Braun 2015, 133) Der „Wert des Geldes", wenn dieser Ausdruck für einen Moment erlaubt ist, liegt also ständig und immer in seiner Austauschbarkeit, die nur kollektiv, gesellschaftlich hergestellt werden kann, sei es durch die Tempelpriester* oder durch die Staatsbank. Dann kann der „Wert des Geldes" in verschiedensten Formen ausgedrückt werden, etwa in Gold oder Silber, in Öl, Getreide oder einem Warenkorb. Wert hat das Geld aber nur in dem Maße, in dem es gegen jene Realien austauschbar bleibt. „Der Wert des Geldes wird von Regierungen

5 Deshalb erscheint es dem einzelnen Unternehmen günstig, Eigenkapital durch Kredite zu ersetzen. Gegen diesen „Mechanismus" scheint es keine innere Bremse zu geben, es sei denn die periodische krisenhafte Kapitalvernichtung.

festgelegt – ähnlich wie Gott die Welt durch das Wort erschafft.“ (ebd.) Der von Christina von Braun beschworene „Glauben an das Geld“ ist allerdings ein Irrglaube, wenn er dem Geld als Geld Wert außerhalb seiner Austauschbarkeit zuschreibt. Gerade aber das scheint von Braun zu verlangen, wenn sie einem „materiellen“ kritisch einen „bloß“ symbolischen Wert von Geld (gleich dem von archaischen Opferspießen) gegenüberstellt.[6]

Der Mangel des Geldbegriffs liegt bei Priddat wie bei von Braun in dem nicht analysierten Begriff des „Werts“, der nur als dinglicher („substanzieller“) gedacht zu werden scheint.[7]

> Da man Geld nicht mehr gegen einen substanziellen Wert austauschen kann, bleibt es als Xeno-Geld, eine ewige offene Forderung. Jeder der Geld bekommt, erhält eine Forderung, die er nirgends endgültig einlösen kann, sondern nur durch fortlaufende Transaktionen und Anlagen. [...] Wir stehen in einer unaufhebbaren Schuld des Geldes. In dem Moment, in dem man zu zweifeln beginnt, ob das Geld das wert ist, was es verspricht, wird sichtbar, dass es nichts wert ist. Es ist nur so viel wert, wie ihm fortlaufend, also ewig, Kredit gegeben wird. Das heißt, notwendig an seinen Wert glauben (Priddat 2015, 166).

In der zitierten Passage schiebt Priddat dem Geld, als Zirkulations- und Wertaufbewahrungsmittel, das Kreditgeld unter, das aus dem Bankkredit entsteht und dem Schulden gegenüberstehen. Dass diese Schuld als „große Summe“ (166), perennierend sei, ist ein Mythos. Richtig ist, dass die Schulden heute in vielen Gesellschaften ein Vielfaches des jährlichen Produktionspotentials ausmachen, an die Kreditgeber* verpfändet sind und damit zwar ein sehr gravierendes, aber doch zu lösendes Problem darstellen, etwa durch Schuldenstreichung, nachdem die Zinszahlungen ein Mehrfaches der Hauptsumme erreicht haben. Dem Geld als Geld dagegen eine unaufhebbare Schuld aufzuladen, ist eine „Theologie“ des Geldes. Was zu entschlüsseln ist, ist also der Begriff des „Werts“, der sich nur erhalten und vermehren kann, in dem er kontinuierlich seine Gestalt wechselt.

Priddat glaubt sich „in gewissem Sinne“ an der Seite von Walter Benjamin mit der Diagnose, dass der Kapitalismus eine nurmehr *diesseitige* Religion sei. „[...] die Geltung des Geldes (...) beruht auf

6 Letztlich sitzt sie dem von Marx kritisierten Zirkel auf, nach dem der Wert der Waren sich aus dem Geld ableitet.

7 Der Frage nachder Notwendigkeit der Vermessung des gesellschaftlichen Reichtums im „Wert“, etwa zur Verteilung der Überschüsse auf die Einzelkapitale, braucht an dieser Stelle nicht nachgegangen zu werden.

ewigem Geltungsversprechen. Insofern ist die Ewigkeit des Himmels in eine mundane Ewigkeit – genauer: in eine weltliche Unendlichkeit – transmutiert [...]" (ebd., 167). So muss denn der Kapitalismus als eine Art schon im Diesseits realisierter ewiger Verdammnis erscheinen und das „gute Leben" des Aristoteles (ebd.), das wir im Konsumtaumel vergessen haben, als ein verlorenes Paradies.

Mit der Verwandlung des Kapitalismus in Religion wird er allerdings der *praktischen Kritik* entzogen. Statt der Kritik des Glaubens an das „aus dem Nichts" geschaffene Geld gilt es, die faktische Reduktion des gesellschaftlichen Reichtums auf die Geldform aufzuheben. Woran es im Kapitalismus mangelt, ist jene *Großzügigkeit*, die Mauss der Gaben-Gesellschaft attestierte. Mauss hatte erkannt, dass die von diesen Gesellschaften geschaffenen moralischen Bindungen und Verpflichtungen sowie die in ihnen fundierte Großzügigkeit oder stoische Selbstlosigkeit mit der modernen sich durch den Tausch von (in Lohnarbeit hergestellten) Waren gegen Geld reproduzierenden Vertragsgesellschaften obsolet werden, und er hatte am Schluss seines Essays „Die Gabe" eine Rückkehr zum archaischem, d.h. elementaren Recht ins Auge gefasst: „Man wird dann Handlungsmotive entdecken, die zahlreiche Gesellschaften und Klassen noch kennen: die Freude am öffentlichen Geben; das Gefallen an großzügiger künstlerischer Verausgabung; das Vergnügen der Gastfreundschaft und des privaten oder öffentlichen Festes" (Mauss 1978, 127). „Man braucht nicht weit zu suchen, um das Gute und das Glück zu finden. Es liegt im erzwungenen Frieden, im Rhythmus gemeinsamer und privater Arbeit, im angehäuften und wieder verteilten Reichtum, in gegenseitiger Achtung und Großzügigkeit, die durch Erziehung lernbar sind" (ebd., 142). Statt an der untilgbaren Schuld zu verzweifeln oder auf eine Erlösung von ihr zu hoffen, gilt es daher diese weltweit zu streichen und den gesellschaftlichen Reichtum gemeinsam neu zu definieren.

Nachweise

Kapitel 2, 5 und 6 stellen überarbeitete und gekürzte Fassungen bereits veröffentlichter Beiträge dar.

Wienold, Hanns (2014): Geglaubt wird überall. Religionen auf Reisen, in: Peripherie 134/135: S. 148-186

Wienold, Hanns/Schäfer, Franka (2012): Glauben-Machen. Elemente und Perspektiven einer soziologischen Analyse „religiöser“ Praxis nach Pierre Bourdieu. in: Daniel, Anna/Hillebrandt, Frank/Schäfer, Franka/Wienold, Hanns (Hg.): Doing Modernity – Doing Religion, Wiesbaden: S. 61-112

Schäfer, Franka/Wienold, Hanns (2012): Auf der Suche nach den Weltreligionen: Vom christlichen Glauben zur universellen religiösen Erfahrung, in: Daniel, Anna/Hillebrandt, Frank/Schäfer, Franka/Wienold, Hanns (Hg.): Doing Modernity – Doing Religion, Wiesbaden: S. 169-204

Literatur

Adloff, Frank/Papilloud, Christian (2007): Allain Caillés *Anthropologie der Gabe* – Eine Herausforderung für die Sozialtheorie?, In: Caillé, Alain (2007): Anthropologie der Gabe. Übersetzt, herausgegeben und eingeleitet von Frank Adloff und Christian Papilloud, Frankfurt/New York, 7-39

Adogame, Afe (2013): The African Christian Diaspora. New Currents and Emerging Trends in World Christianity, London u.a.

Agamben, Giorgio (2010): Herrschaft und Herrlichkeit. Zur theologischen Genealogie von Ökonomie und Regierung, Frankfurt a.M.

Alles, Gregory D. (2007): Rudolf Otto, Cultural Colonialism and the 'Discovery' of the Holy, in: Fitzgerald, Timothy (Hg.): Religion and the Secular. Historical and Colonial Formations, London – New York: 193-210

Almond, Philip C. (1988): The British Discovery of Buddhism, Cambridge

Ammon, Christoph Friedrich von (1833): Die Fortbildung des Christenthums zur Weltreligion, Eine Ansicht der höheren Dogmatik, Leipzig

Angenendt, Arnold (2004): Grundformen der Frömmigkeit im Mittelalter. Enzyklopädie deutscher Geschichte Band 68, München

Appadurai, Arjun (2001): The Production of Locality. in: Bayer, Peter (Hg.): Religion in the Process of Globalization, Würzburg: 99-124

– /Appadurai Breckenridge, Carol (2011): The South Indian Temple: Authority, Honour and Redistribution, in: Madan, T.N. (Hg.): India's Religions. Perspectives from Sociology and History. Second Edition, New Delhi: 331-351

Arnason, Johann/Eisenstadt, Shmuel N./Wittrock, Björn (Hg.): Axial Civilizations and World History, Jerusalem Studies in Religion and Culture, Leiden

Arndt, Andreas (2016): Kapitalismus als Religion, PROKLA, 46. Jg., H. 1, 113-120

Asad, Talal(1983): Anthropological Conceptions of Religion. Reflections on Geertz, in: Man (N.S.) Vol. 18, 2): 237-259

– (1993): Genealogies of Religion: Discipline and Reasons of Power in Christianity and Islam, Baltimore

Astley, Trevor (2006): New Religions, in: Swanson, Paul L./Chilson, Clark (Hg.): Nanzan Guide to Japanese Religions, Honolulu: 91-114

Balagangadhara, S.N. (1994): „The Heathen in his Blindness ..." Asia, the West and the Dynamic of Religion. Studies in the History of Religions (Numen Bookseries): Vol. LXIV, Leiden – New York – Köln

Baecker, Dirk (Hg.): Kapitalismus als Religion, Berlin

Barthes, Roland (1964): Mythen des Alltags, Frankfurt a.M.

Baumeister, Martin (2011): Wunder als Ereignis, Erfahrung und rhetorisches Muster, in: Geppert, Alexander C.T./Kössler, Till (Hg.): Wunder.

Poetik und Politik des Staunens im 20. Jahrhundert, Frankfurt a.M.: 419-426
Bayat, Asef (2011): Der Mythos der „islamistischen Armen". Beobachtungen aus Kairo und Teheran, in: metroZones (Hg.): 67-84
Bayly, Christopher A. (2008): Die Geburt der modernen Welt. Eine Globalgeschichte 1780-1940. Studienausgabe, Frankfurt a.M. u.a.
Bayly, Susan (2001): Caste, Society and Politics in India from the Eighteenth Century to the Modern Age, Cambridge
Beaumont, Justin/Baker, Christopher (2011): Introduction: The Rise of the Postsecular City, in: Dies. (Hg.): Postsecular Cities. Space, Theory and Practice, New York: 1-14
Beck, Ulrich (2009): Der eigene Gott. Von der Friedensfähigkeit und dem Gewaltpotential der Religionen, Frankfurt a.M. u. Leipzig
Becker, Jochen/Lingan, Katrin/Lanz, Stephan/Wildner, Kathrin (Hg.) (2014): Global Players. Contemporary Manifestation of the Religious in the City, Zürich
Bellah, Robert N (1991 [1970]): Beyond Belief. Essays on Religion in a Post-Traditionalist World, Berkley u.a.
Benjamin, Walter (2003): Kapitalismus als Religion, in: Baecker, Dirk (Hg.): Kapitalismus als Religion, Berlin: 15-18
Benz, Ernst (Hg.) (1971): Rudolf Ottos Bedeutung für die Religionswissenschaft und die Theologie heute. Zur Hundertjahrfeier seines Geburtstags 25. September 1969. Leiden
Berger, Peter A./Hock, Klaus/Klie, Thomas (2013): Religionshybride – Zur Einführung. In: Dies. (Hg.) Religionshybride. Religion in posttraditionalen Kontexten, Wiesbaden: 7-45
Bertelsmann-Stiftung (Hg.) (2009): Woran glaubt die Welt? Analysen und Kommentare zum Religionsmonitor 2008, Gütersloh
– (Hg.) (2013a): Religionsmonitor. Verstehen was verbindet. Religiosität und Zusammenhalt in Deutschland. Online verfügbar unter https://www.bertelsmann-stiftung.de/de/publikationen/publikation/did/religionsmonitor-verstehen-was-verbindet-religioesitaet-und-zusammenhalt-in-deutschland/. Zuletzt abgerufen am 28.10.2016
– (Hg.) (2013b): Religionsmonitor. Verstehen was verbindet. Religiosität im internationalen Vergleich. Online verfügbar unter https://www.bertelsmann-stiftung.de/de/publikationen/publikation/did/religionsmonitor-verstehen-was-verbindet-religioesitaet-im-internationalen-vergleich/. Zuletzt abgerufen am 28.10.2016
Beyer, Peter (2006): Religions in Global Society, London – New York
– (2010): The Religious System of Global Society. A Sociological Look at Contemporary Religion and Religions, in: Globalization and Culture, 48-65
Blaschke, Olaf (2002): Der „Dämon des Konfessionalismus". Einführende Überlegungen, in: Ders. (Hg.), Konfessionen im Konflikt. Deutschland

zwischen 1800–1970: ein zweites konfessionelles Zeitalter, Göttingen: 13-69

Bogner, Daniel (2008): Folklore als Schicksal? Sinn und Praxis von Religion in den Spuren der „formalité des pratiques", in: Büttgen, Phillippe/ Jouhaud, Christian (Hg.): Michel de Certeau lesen. Die Förmlichkeit der Praktiken, Frankfurt a.M.: 165-173

– (2010): Nachwort, in: Certeau, Michel de (2010): 491-532

Borgote, Michael (2006): Christen, Juden, Muselmanen. Die Erben der Antike und der Aufstieg des Abendlandes 300 bis 1400 n. Chr., München

Bourdieu, Pierre (1992): Rede und Antwort, Frankfurt a.M.

– (1993): Sozialer Sinn. Kritik der theoretischen Vernunft, Frankfurt a.M.

– (1996): The Field of Cultural Production. Essays on Art and Literature, Cambridge

– (1997): Meditationen. Zur Kritik der scholastischen Vernunft, Frankfurt a.M.

– (1998): Die Ökonomie der symbolischen Güter, in: Ders.: Praktische Vernunft. Zur Theorie des Handelns, Frankfurt a. M.: 163-182

– (2001): Das politische Feld. Zur Kritik der politischen Vernunft, Konstanz

– (2009): Religion. Schriften zur Kultursoziologie 5, hg. v. Schultheis, Franz/Engler, Stefan, Konstanz

– (2009a): Eine Interpretation nach Max Weber, in: Ders. (2009): 7-29

– (2009b): Genese und Struktur des religiösen Feldes, in: Ders. (2009): 30-90

– (2009c): Das Lachen der Bischöfe, in: Ders. (2009): 231-242

– (2009d): Die Auflösung des Religiösen in: Ders. (2009): 243-249

– (2009e): Die Heilige Familie. Der französische Episkopat im Feld der Macht, in: Ders. (2009): 92-224

– (2009f): Soziologie des Glaubens und der Glaube des Soziologen, in: Ders. (2009): 225-230

– /Wacquant, Loïc J. D. (2006): Die Logik der Felder, in: Dies./Beister, Hella (Hg.): Reflexive Anthropologie, Frankfurt a.M.: 124-147

Braude, Anne (2002): Radical Spirits. Spiritualisms and Women's Rights in Nineteenth-Century America, Bloomington

Braun, Christina von (2015): Monetäre Inkarnationslehren. Der menschliche Körper als Goldstandard, in: Pfleiderer et al. (Hg.): 123-139

Brown, Callum G. (2009): The Death of Christian Britain: Understanding Secularisation 1800–2000, London

Burke, Kenneth (1989): On Symbols and Society. Edited and with an Introduction by Joseph R. Gusfield, Chicago u.a.

Caillé, Alain (2007): Anthropologie der Gabe. Übersetzt, hg. u. eingel. v. Frank Adloff und Christian Papilloud, Frankfurt a.M. – New York

Cassani, Matilde (2012): Sacred Interiors in Profane Buildings (Barcelona), in: metroZones (Hg.): Faith is the Place. The Urban Cultures of Global Prayers, Berlin: 52-65

Cassirer, Ernst (1956): Wesen und Wirkung des Symbolbegriffs, Darmstadt

Certeau, Michel de (1986): Glauben: ein Praktizieren der Differenz, in: Semiotische Berichte Bd. 10: 364-387

– (1988): Kunst des Handelns, Berlin

– (2008): Die Förmlichkeit der Praktiken, in: Büttgen, Phillippe/Jouhaud,Christian (Hg.): Michel de Certeau lesen. Die Förmlichkeit der Praktiken, Frankfurt a.M.: 7-65

– (2010): Mystische Fabel. 16. bis 17. Jahrhundert, Berlin

Chidester, David (1996): Savage Systems: Colonialism and Comparative Religion on Southern Africa, Virginia

– ((2000): Christianity. A Global History, New York

Clarke, Peter (2006): New Religions in Global Perspectives. A study of Religious Cchange in the Modern World, London – New York

Clifford, James/Marcus, George E. (Hg.) (1986): Writing Culture. The Poetics and Politics of Ethnography, Berkeley u.a.

Cohen, Richard S. (2002): Why Study Indian Buddhism, in: Peterson, Derek/Walhof, Darren (Hg.): The Invention of Religion. Rethinking Belief in Politics and History, New Brunswick – London: 19-36

Cowan, Douglas E/Bromley, David G. (2010): Neureligionen und ihre Kulte, Berlin

Crapanzano, Vincent (1986): Hermes' Dilemma: The Making of Subversion in Ethnographic Description, in: Clifford, James/Marcus, George, E. (Hg.): 51-76

Cruikshank, Robert B. (1972): Abangan, Santrim and Prijaji: A Critique, in: Journal of Southeast Asian Studies, Vol. 3, No. 1: 39-43

Csordas, Thomas J. (2009): Introduction: Modalities of Transnational Transcendence, in: Ders. (Hg.): Transnational Transcendence. Essays of Religion and Globalization, Berkley – Los Angeles – London: 1-29

Daniel, Anna/Hillebrandt, Frank (2014): Von „religiösen Vergemeinschaftungen" zu „spirituellen Erfahrungen" – eine genealogische Betrachtung des religionssoziologischen Diskurses, in: Peripherie; 34. Jg., H. 134/135: 187-211

Davis, Winston (1980): Dojo. Magic and Exorcism in Modern Japan, in: Ders. (1992): Japanese Religion and Society. Paradigms of Structure and Change, New York

– (1992): Japanese Religion and Society. Paradigms of Structure and Change, New York

Derrida, Jaques (1993): Falschgeld, Zeitgeben I, München

Dijk, Rijk van (2010): Social Catapulting and Spirit of Entrepreneurialism: Migrants, Private Initiative, and the Pentecostal Ethic in Botswana, in: Hüwelmeier/Krause (Hg.): 101-117

Dillon, Michele (2001): Pierre Bourdieu, Religion and Cultural Production, in: Cultural Studies: Critical Methodologies 1: 411-429

Durkheim, Emile (1994): Die elementaren Formen der religiösen Lebens, Frankfurt a.M.

– /Mauss, Marcel (1993): Über einige primitive Formen von Klassifikation. Ein Beitrag zur Erforschung der kollektiven Forstellungen, in: Ders.: Schriften zur Soziologie der Erkenntnis, hg. u. m. e. Nachwort v. Hans Joas, Frankfurt am Maine, 169-257

Eade, John (2011): From Race to Religion: Multiculturalism and Contested Urban Space, in: Beaumont, Justin/Baker, Christoph (Hg.): Postsecular Cities. Space, Theory and Practice, New York: 154-167

Ebertz, Michael N. (1986): Maria in der Massenreligiosität. Zum Wandel des popularen Katholizismus in Deutschland, in: Ders./Schultheis, Franz (Hg.) (1986): Volksfrömmigkeit in Europa. Beiträge zur Soziologie popularer Religiosität aus 14 Ländern, München: 65-84

– /Schultheis, Franz (1986): Einleitung: Populare Religiosität, in: Dies. (Hg.): Volksfrömmigkeit in Europa. Beiträge zur Soziologie popularer Religiosität in 14 Ländern, München: 11-52

Elisha, Omri (2011): Taking the (Inner) City for God: Ambiguities of Urban Social Engagement among Conservative White Evangelicals, in: AlSayyad, Nezar/Massoumi, Mejgan (Hg.): The Fundamentalist City? Religiosity and the Remaking of Urban Space, London-New York: 235-256

Endres, Kirsten W. (2008): Medien der Moderne: Zur Dynamik ritueller Performanz in Vietnam, in: Schlehe, Judith/Rehbein, Boike (Hg.): Religion und die Modernität von Traditionen in Asien. Neukonfigurationen von Götter-, Geister- und Menschenwelten, Münster: 181-205

Engler, Steven: (2003): Modern Times: Religion, Consecration and the State in Bourdieu, in: Cultural Studies, 17. Jg., H. 3/4: 445-467

Erikson, Erik H. (1975): Der junge Mann Luther. Eine psychoanalytische und historische Studie, Frankfurt a.M.

Fitzgerald, Timothy (2000): The Ideology of Religious Studies,. New York

Fjelstad, Karen (2010): Spirited Migrations: The Travels of Len Dong Spirits and Their Mediums, in: Hüwelmeier/Krause (Hg.): Travelling Spirits, 52-66

Fröhlich, Gerhard/Rehbein, Boike (2009): Bourdieu-Handbuch. Leben – Werk – Wirkung, Stuttgart

Fuller, C.J./Harris, John (2005): Globalizing Hinduism: A 'traditional' Guru and Modern Businessmen in Chennai, in: Assayag, Jackie/Fuller, Chris (Hg.): Globalizing India. Perspectives from Below, New York – London: 211-236

Galembert, Claire de (2004): Die Religionssoziologie à la francaise, in: Hervieu-Léger, Danièle: Pilger und Konvertiten. Religion in Bewegung, Würzburg: IX-L

Garbin, David (2010): Symbolic Geographies of the Sacred: Diasporic Territorialization and Charismatic Power in a Transnational Congolese Prophetic Church, in: Hüwelmeier/Krause (Hg.): 145-164

– (2014): Global Prayers in „Global Cities“: Notes on Afro-Christian Spatiality in Atlanta and London, in: Becker, Jochen et al. (Hg.): 258-272

Geertz, Clifford (1960): The Religion of Java, New York – London

– (1968): Islam Observed: Religious Development in Marocco und Indonesia, New Haven

– (1973a): Deep Play: Notes on the Balinese Cockfight, in: Ders. (1973e): 412-453

– (1973b): Ethos, World View, and the Analysis of Sacred Symbols, in: Ders. (1973e): 126-141

– (1973c): Person, Time, and Conduct in Bali, in: Ders. (1973e): 360-411

– (1973d): Religion as a Cultural System, in: Ders. (1973e): 87-125

– (1973e): The Interpretation of Cultures. Selected Essays, New York

– (1973f): Thick Description: Toward an Interpretive Theory of Culture, in: Ders. (1973e): 3-30

– (1993a): Local Knowledge: Further Essays in Interpretive Anthropology, New York

– (1993b): Common Sense as a Cultural System. in: Ders., Local Knowledge. Further Essays in Interpretive Anthropology, New York: 73-93

– (2010): „Shifting Aims, Moving Targest, in: Ders.: Life among the Anthros and other Essays, hg. V. Fred Inglis, Princeton u.a.: 219-235

Gertenbach, Lars/Laux, Henning/Rosa, Hartmut/Strecker, David (2010): Theorien der Gemeinschaft zur Einführung, Hamburg

Giegel, Hans Joachim (1969): Die Logik der seelischen Ereignisse. Zu Theorien von L. Wittgenstein und W. Sellars, Frankfurt a.M.

Ginzburg, Carlo (1987): Der Käse und die Würmer. Die Welt eines Müllers um 1600, Bodenheim

Glock, Charles Y. (1973). Religion in Sociological Perspective: Essays in the Empirical Study of Religion, Belmont, CA

Godelier, Maurice (1999): Das Rätsel der Gabe. Geld, Geschenke, heilige Objekte, München

Godwin Raheja, Gloria (1988): The Poison in the Gift, Chicago

Goh, Robbie B.H. (2011): Market Theory, Market Theology: The Business of the Church in the City, in: Beaumont, Justin/Baker, Christopher (Hg.): Postsecular Cities. Space, Theory and Practice, New York: 50-68

Gombrich, Richard (1988): Theravada Buddhism: A Social History from Ancient Benares to Modern Colombo, London

Graf, Friedrich Wilhelm (2007): Die Wiederkehr der Götter. Religion in der modernen Kultur, München

Gugler, Thomas K. (2010): Moderne Standardisierung und traditionelle Frömmigkeit: Die pakistanische Missionsbewegung Da`wat-e Islami, in: Reetz, Dietrich (Hg.): Islam in Europa: Religiöses Leben heute, Münster: 53-78

Hahn, Alois (1998): Glaube und Schrift. Anmerkungen zu einigen Selbstthematisierungsformen von Hochreligionen mit besonderer Berücksichtigung des Christentums, in: Tyrell, Hartmann et al. (Hg.): 323-356

Halbfass, Wilhelm (2000): Karma und Wiedergeburt im indischen Denken, Kreuzlingen

Haußig, Hans-Michael (1999): Der Religionsbegriff in den Religionen. Studien zum Selbst- und Religionsverständnis in Hinduismus, Buddhismus, Judentum und Islam, Berlin – Bodenheim

Heck, Gerda/Lanz, Stefan (2014): Religiöses „worlding" in der Stadt: Globaler Pentekostalismus in Rio de Janeiro, in: Peripherie, 34. Jg., H. 134/135: 212-238

Hénaff, Marcel (2009): Der Preis der Wahrheit. Gabe, Geld und Philosophie, Frankfurt a.M.

Hervieu-Léger, Danièle (2000): Religion as a Chain of Memory, London

– (2004): Pilger und Konvertiten. Religion in Bewegung, Würzburg

Hirschman, Albert O. (1987): Leidenschaft und Interessen, Frankfurt a.M.

Hochgeschwender, Michael (2007): Amerikanische Religion, Evangelikalismus, Pfingstlertum und Fundamentalismus, Frankfurt a.M. – Leipzig

Höllinger, Franz (2005): Ursachen des Rückgangs der Religiosität in Europa. in: SWS-Rundschau 45, 4: 424-448. Online verfügbar unter http://nbn-resolving.de/urn:nbn:de:0168-ssoar-164632. Zuletzt abgerufen am 30.09.2016

Huber, Stefan (2008): Der Religiositäts-Struktur-Test (R-S-T) Kernkonzepte und Anwendungsperspektiven. Online verfügbar unter https://www.researchgate.net/publication/286922540. Zuletzt abgerufen am 25.11.2016

– (2009): Der Religionsmonitor 2008: Strukturierende Prinzipien, operationale Konstrukte, Auswertungsstrategien, in: Bertelsmann-Stiftung Hg.): 18-45

– /Huber, Odilo W. (2012): The Centrality of Religiosity Scale (CRS) Religions 2012, 3: 710-724

Hussain, Delwar (2011): Globalisierung, Gott und Galloway. Die Islamisierung der Bangladeshi-Community in London, in: metroZones (Hg.): Urban Prayers. Neue religiöse Bewegungen in der globalen Stadt, Hamburg – Berlin: 109-129

Hüwelmeier, Gertrud/Krause, Kristine (Hg.) (2010): Travelling Spirits. Migrants, Markets and Mobilities, New York – London

Inglis, Fred (2000): Clifford Geertz. Culture, Custom and Ethics, Cambridge

Isambert, François A. (1986): Empirische Vielfalt und ideologische Geschlossenheit. Populare Religiosität in Frankreich, in: Ebertz, Michael N./Schultheis, Franz (Hg.): 192-203

Jaffrelot, Christophe (2010): The Vishva Hindu Parishad: a nationalist but mimetic attempt at federating the Hindus sects, in: Ders.: Religion, Caste & Politics in India, Delhi: 226-246

James, William (1997 [1902]): Die Vielfalt religiöser Erfahrung. Eine Studie über die menschliche Natur, mit e. Vorwort v. Peter Sloterdijk, Frankfurt a.M. – Leipzig

Jaspers, Karl (1949): Vom Ursprung und Ziel der Geschichte, München – Zürich

Jenkins, Philip (2002): The Next Christendom. The Rise of Global Christianity, New York

Joas, Hans (2009): Die religiöse Situation in den USA, in: Bertelsmann-Stiftung (Hg.): 329-347

Kamp, Melanie (2010): Islamische Ausbildungsinstitutionen in Deutschland und Europa, in: Reetz, Dietrich (Hg.): Islam in Europa: Religiöses Leben heute, Münster: 171-190

Kandil, Fuad (1994): Dialog der Religionen, in: Dunde, Siegfried Rudolf (Hg.): Wörterbuch der Religionssoziologie, Gütersloh: 65-75

Kaufmann, Franz-Xaver (1989): Religion und Modernität. Sozialwissenschaftliche Perspektiven, Tübingen

Khoudry, Adel Theodor (Hg.) (2005): Die Weltreligionen und die Ethik, Freiburg – Basel – Wien

Kneer, Georg (2004): Differenzierung bei Luhmann und Bourdieu. Ein Theorievergleich, in: Nassehi, Armin/Nollmann, Gerd (Hg.) (2004): Bourdieu und Luhmann. Ein Theorienvergleich, Frankfurt a. M.: 25-56

Knoblauch, Hubert (2013): Religion, Spiritualität und die Popularität, in: Berger, Peter A./Hock, Klaus/Klie, Thomas (Hg.): Religionshybride. Religion in posttraditionalen Kontexten, Wiesbaden: 121-131

– /Graff, Andreas (2009): Populäre Spiritualität oder: Wo ist Hape Kerkeling, in: Bertelsmann Stiftung (Hg.): 725-746

Krech, Volkhard (1994): Religiöse Bekehrungen in soziologischer Perspektive. Zur gegenwärtigen Lage der Konversionsforschung, in: Spirita, o.Jg., H. ½: 24-41

– (1998): Religiöse Erfahrung – was oder wie. Zur soziologischen Rekonzeptualisierung eines religionswissenschaftlichen Begriffs anhand der Analyse von Konversionsberichten, in: Tyrell, Hartmann et al. (Hg.): 473-504

Kulikoff, Alan (1992): The Agrarian Origins of American Capitalism, Charlottesville

Kummels, Ingrid (2010): Globale Heilige: Transnationalisierungen des Religiösen in Lateinamerika, in: Paul, Axel/Pelfini, Alejandro/Rehbein, Boike (Hg.): Globalisierung Süd, Leviathan-SB 26: 317-335

Lambek, Michael (2010): Traveling Spirits: Unconcealment and Undisplacement, in: Hüwelmeier/Krause (Hg.): 17-35

Lanternari, Vittorio (1960): Religiöse Freiheits- und Heilsbewegungen unterdrückter Völker, Neuwied – Berlin

Lanz, Stephan (2014): Assembling Global Prayers in the City: An Attempt to Repopulate Urban Theory with Religion, in: Becker, Jochen et al. (Hg.): 16-46

– (2016): Religiöser metropolitaner Mainstream. Zum gegenwärtigen Verhältnis zwischen Stadt, Religion und Neoliberalismus, PROKLA, 46. Jg., H. 1: 15-33

Latour, Bruno (2011): On the Modern Cult of the Factish Gods, Durham u.a.

Le Goff, Jacques (2008): Wucherzins und Höllenqulen, Stuttgart

Lehmann, Karl (2009): Einführung. in: Ders. (Hg.) Weltreligionen: Verstehen, Verständigung, Verantwortung, Frankfurt a.M. – Leipzig

Leopold, Anita Maria/Jensen, Jeppe Sinding (2004): Syncretism in Religion, New York

Loimeier, Roman (2014): Gibt es eine „islamische" Mission? Die „Muslim Bible Preachers" in Tansania im 20. Jahrhundert, in: Habermas, Rebekka/Hölzl, Richard (Hg.): Mission global. Eine Verflechtungsgeschichte seit dem 19. Jahrhundert, Köln – Weimar – Wien: 327-342

Lorenzen, David (1999): Who Invented Hinduism? In: Comparative Studies in Society and History, Vol. 41, No. 4: 630-659

Luckmann, Thomas (2005): Die unsichtbare Religion, Frankfurt a M.

Lüddeckens, Dorothea (2002): Das Weltparlament der Religionen von 1893. Strukturen interreligiöser Begegnung im 19. Jahrhundert. Univ.-Diss. Würzburg, 1999, Berlin

Luhmann, Niklas (1986a): Die Ausdifferenzierung der Religion, in: Ders.: Gesellschaftsstruktur und Semantik. Studien zur Wissenssoziologie der modernen Gesellschaft, Bd. 3, Frankfurt a.M.

– (1986b): „Distinctions Directrices". Über Codierung von Semantiken und Systemen, in: Neidhardt, Friedhelm/Lepsius, Rainer (Hg.): Kultur und Gesellschaft. KZfSS-SB 27: 146-161

– (2002): Die Religion der Gesellschaft, Hg. v. André Kieserling, Frankfurt a.M.

Malik, Jamal (Hg.) (2009): Religionsproduktivität in Europa. Markierungen im religiösen Feld, Münster

Markus, Robert (1990): The End of Ancient Christianity, Cambridge

Masuzawa, Tomoko (2005): The Invention of World Religions. Or, how European Universalism was preserved in the Language of Pluralism, Chicago

Matter, Christine (2007): „New World Horizon". Religion, Moderne und amerikanische Individualität, Bielefeld

Matthes, Joachim (1993): Was ist anders an anderen Religionen. Anmerkungen zur zentristischen Organisation des religionssoziologischen Denkens, in: KZfSS, 33. Jg., H. 33: 17-30

Mauss, Marcel (1978): Die Gabe. Form und Funktion des Austausches in archaischen Gesellschaften, in: Ders.: Soziologie und Anthropologie, Bd. II, München: 9-173

– (1978a): Entwurf einer allgemeinen Theorie der Magie, in: Ders.: Soziologie und Anthropologie Band I, München: 43-179

– (2012a [1909]): Das Gebet, in: Ders. (2012e): 468-598

– (2012b [1925]): Einführung in die Analyse einiger religiöser Phänomene (gemeinsam m. Henri Hubert), in: Ders. (2012e): 423-459

– (2012c [1904]): Entwurf einer allgemeinen Theorie der Magie (gemeinsam m. Henri Hubert), in: Ders. (2012e): 243-402

– (2012d [1899]): Essay über die Natur und die Funktion des Opfers (gemeinsam mit Henri Hubert), in: Ders. (2012e): 97-216

– (2012e): Schriften zur Religionssoziologie, Berlin

– (2012f): Über das Buch von William James und einige weitere Studien über dieselben Themen, in: Ders(2012e): 410-418

– (2015): Grundlegende Anmerkung zum Gebrauch des Geldbegriffs, in: Ders.: Schriften zum Geld, hg. v. Hahn/Hans-Peter/Schmidt, Mario/Seitz, Emanuel, Berlin: 48-50

Mayer, Ruth (2005): Diaspora. Eine kritische Begriffsbestimmung, Bielefeld

McCutcheon, Russell T. (1997): Manufacturing Religion. The Discourse on Sui Generis Religion and the Politics of Nostalgia, Oxford

McGuire, Meredith B. (2008): Lived Religion. Faith and Practice in Everyday Life, Oxford – New York

McLeod, Hugh (1997): Religion and the People of Western Europe. 1789-1989. 2. Aufl., Oxford – New York

– (2007): The Religious Crisis of the 1960s, Oxford

Mehan, Hugh/Wood, Houston (1976): Die fünf Merkmale der Realität, in: Weingarten, Elmar/Sack, Fritz/Schenkein, Jim (Hg.): Ethnomethodologie. Beiträge zu einer Soziologie des Alltagshandelns, Frankfurt a.M.: 29-63

Mensching, Gustav (1971): Rudolf Otto und die Religionsgeschichte, in: Benz, Ernst (Hg.): Rudolf Otto's Bedeutung für die für die Religionswissenschaft und die Theologie heute. Zur Hundertjahrfeier seines Geburtstags am 25. September 1969, Leiden: 49-69

metroZones (Hg.) (2011:) Urban Prayers. Neue religiöse Bewegungen in der globalen Stadt, Hamburg – Berlin

Meyer, Birgit (2011): Going and Making Public. Pentecostalism as Public Religion in Ghana, in: Englund, Harry (Hg.): Christianity and Public Culture in Africa, Athens (Ohio)

Moebius, Stephan (2012): Die Religionssoziologie von Marcel Mauss, in: Mauss, Marcel (2012e): 617-682

Morris, Charles (1972[1938]): Grundlagen der Zeichentheorie: Ästhetik und Zeichentheorie, m. e. Nachwort v. Friedrich Knilli, München

Nacke, Stefan (2010): Die Kirche der Weltgesellschaft. Das II. Vatikanische Konzil und die Globalisierung des Katholizismus, Wiesbaden

Neubig, Andreas (1839): Das Christenthum als Welt-Religion, Regensburg

Nöth, Winfried (1999): Handbuch der Semiotik, 2. Aufl., Stuttgart u. Weimar

Oosterbaan, Martijn (2014): Religion, Popular Culture and the City: Pentecostalism, Carnival and Carioca Funk in Rio de Janeiro, in: Becker, Jochen et al. (Hg.): 448-462

Osterhammel, Jürgen (2010): Die Verwandlung der Welt. Eine Geschichte des 19. Jahrhunderts, München

Pagden, Anythony (1982): The Fall of Natural Man. The American Indian and the Origins of Comparative Ethnology, Cambridge

Pascal, Blaise (1987) Über die Religion und über einige andere Gegenstände, Frankfurt a.M.

Pearson, Lori (2010): The Uses and Abuses of Troeltsch in American Debates over Religion, Social Theory and Theology, in: Graf, Friedrich Wilhelm/Voigt, Friedemann (Hg.): 331-359

Penta, Leo/Schiffauer, Werner (2011): Nur in der Stadt kannst Du rein religiös sein. Ein Gespräch über Politik und Praktiken religiöser Gemeinschaften in Berlin, in: metroZones (Hg.): 249-270

Petersen, W.L. (2002): The Genesis of the Gospels, in: Denaux, Adelbert (Hg.): New Testament Textual Criticism and Exegesis. Festschrift J. Delobel, Leuven: 33-65

Peterson, Derek R. (2002): Gambling with God: Rethinking Religion in Colonial Central Kenya, in: Ders./Walhof, Darren R. (Hg.): The Invention of Religion: Rethinking Belief in Politics and History, New Brunswick: 37-58

Pitzer-Reyl, Renate (2008): Heilige Schriften in Neuen Religionen, in: Tworuschka, Udo (Hg.): Heilige Schriften. Eine Einführung, Frankfurt a.M. – Leipzig: 382-403

Pluta, Olaf (Hrsg.) (1999): Atheismus im Mittelalter und in der Renaissance. Wolfenbütteler Mittelalter-Studien 12, Wiesbaden

Polanyi, Michael (1958): Personal Knowledge. Towards a Post-Critical Philosophy, London

– (1975): Meaning, Chicago

Pollack, Detlef (2003): Säkularisierung – ein moderner Mythos? Studien zum religiösen Wandel in Deutschland, Tübingen

– (2009): Rückkehr des Religiösen? Studien zum religiösen Wandel in Deutschland und Europa II, Tübingen

– (2011) Kirchlichkeit, Religiosität und Spiritualität in Europa, in: Ariëns, Elcke,/König, Helmut/ Sicking, Manfred (Hg.: Glaubensfragen in Europa. Religion und Politik im Konflikt, Bielefeld: 15-50

Pottmeyer, Hermann J. (2008): Das 2. Vatikanische Konzil (1962–1965) – ein Weltereignis? In: Nacke, Stefan et al.(Hg.): Weltereignisse. Theoretische und empirische Perspektiven, Wiesbaden

Priddat, Birger P. (2013): Benign Order oder Heaven on Earth – Kapitalismus als Religion? Über theologische Ressourcen in der Entwicklung der modernen Ökonomie, in: Seele, Peter/Pfleiderer, Georg (Hg.): 25-135

– (2015): Schuld und Schulden: über eine abendländische Transformation, in: Seele, Peter/Pfleiderer, Georg/ Matern, Harald (Hg.): 141-170

Pries, Ludger (2008): Die Transnationalisierung der sozialen Welt: Sozialräume jenseits von Nationalgesellschaften, Frankfurt a.M.

Quine, W.V./Ullian, Joseph (1970): The Web of Belief, New York

Reader, Jan (2006): Folk Religion, in: Swanson, Paul L./Chilson, Clark (Hg.): Nanzan Guide to Japanese Religions, Honolulu: 64-90

Reetz, Dietrich (2010): Frömmigkeit in der Moderne. Die Laienprediger der Tablighi Jama'at, in: Ders. (Hg.): Islam in Europa: Religiöses Leben heute, Münster: 19-52

Rehbein, Boike (2004): Globalisierung in Laos. Transformation des ökonomischen Feldes, Münster

Renn, Joachim (2009): Ungeplante Dialoge – religiöse Mission und interkulturelle Symmetrie, in: Journal für Psychologie, 17. Jg., H. 2. Online verfügbar unter https://www.journal-fuer-psychologie.de/index.php/jfp/article/view/159. Zuletzt abgerufen am 25.11.2016

Rey, Terry (2007): Bourdieu on Religion: Imposing Faith and Legitimacy, London

Richardson, James T. (1985): Studies of Conversion: Secularization or Re-Enchantment, in: Hammond, Phillip E. (Hg.): The Sacred in a Secular Age: Toward Revision in the Scientific Study of Religion, Berkley: 104-124

Riesebrodt, Martin (2001): Die Rückkehr der Religionen: Fundamentalismus und der 'Kampf der Kulturen', München

Rivera Farfán, Carolina/García Aguilar, María del Carmen/Lisbona Guillén, Miguel/Sánchez Franco, Irene/Meza Díaz, Salvador (Hg.) (2011): Diversidad religiosa y conflicto en Chiapas. Intereses, utopías y realidades, México, D.F.

Rosa, Hartmut/Gertenbach, Lars/Laux, Henning/Strecker, David (2010): Theorien der Gemeinschaft, Hamburg

Roseberry, William (1982): Balinese Cockfights and the Seduction of Anthropology, in: Social Research, Vol. 49, No. 4: 1013-1028

Rosset, Clément (2012): The Real and its Double, London

Saavedra, Marco Estrada (2007): La Comunidad Armada Rebelde y El EZLN. Un estudio histórico y sociológico sobre las bases de apoyo zapatista en las cañadas tojolabales de la Selva Lacandona (1930–2005), México, D.F.

Sahlins, Marshall (1971): The Spirit of the Gift, in: Ders.: Stone Age Economics, Chicago: 149-183

Savigny, Eike von (1995): Keine Hoffnung für Hunde, in: Ders./Scholz, Oliver R. (Hg.): Wittgenstein über die Seele, Frankfurt a.M.: 41-56

Schatzki, Theodore R. (2002): The Site of the Social. A Philosophical Account of the Constitution of Social Life and Change, University Park

Schelsky, Helmut (1965): Ist die Dauerreflexion institutionalisierbar? Zum Thema einer modernen Religionssoziologie, in: Ders.: Auf der Suche nach Wirklichkeit. Gesammelte Aufsätze, Düsseldorf – Köln: 250-275

Schiffauer, Werner (2014): Global Prayers, Migration, Post-Migration, in: Becker, Jochen et al. (Hg.): 48-63

Schmidt, Klaus (2008): Sie bauten die ersten Tempel. Das rätselhafte Heiligtum der Steinzeitjäger, München

Schmidt-Leukel, Perry (2006): Warum es zur pluralistischen Religionstheologie keine plausible theologische Alternative gibt, in: Danz, Christian/Hermanni, Friedrich (Hg.): Wahrheitsansprüche der Weltreligionen. Konturen gegenwärtiger Religionstheologie, Neukirchen-Vluyn: 11-28

Schröter, Susanne (2016): „Gott näher als der eigenen Halsschlagader". Fromme Muslime in Deutschland, Frankfurt a.M. – New York

Schüttpelz, Eberhard (2005): Die Moderne im Spiegel des Primitiven. Weltliteratur und Ethnologie 1870–1960, München

Schultheis, Franz (2005): Mit Weber über Weber hinaus – Pierre Bourdieus Theorie des religiösen Feldes, in: Autour notion Champ-Actes l'école d'été. ESSE. Service Presse l'Université Crète (4-9): 92-111

Seele, Peter/Pfleiderer, Georg (Hg.) (2013), Kapitalismus – eine Religion in der Krise I. Grundprobleme von Risiko, Vertrauen, Schuld (Religion-Wirtschaft-Politik. Schriftenreihe des Zentrums für Religion, Wirtschaft und Politik Band 8), Zürich – Wiesbaden

– /Matern, Harald (Hg.) (2015): Kapitalismus – eine Religion in der Krise II. Aspekte von Risiko, Vertrauen, Schuld (Religion–Wirtschaft–Politik. Schriftenreihe des Zentrums für Religion, Wirtschaft und Politik Band 9), Zürich – Wiesbaden

Segalen, Victor (1986): Die Unvordenklichen, Frankfurt a.M.

Seibert, Leif H. (2010): Glaubwürdigkeit als religiöses Vermögen. Grundlagen eines Feldmodells nach Bourdieu am Beispiel Bosnien-Herzegowinas, in: Berliner Journal für Soziologie, 20. Jg., H. 1: 89-117

Silber, Ilana F. (2000): Beyond Purity and Danger. Gift-Giving in the Monotheistic Religions, in: Vandevelde, Antoon (Hg.) (2000): Gifts and Interests, Leuven: 115-132

Smith, Jonathan Z. (2004): Relating Religion. Essays in the Study of Religion, Chicago

Smith, Philip (2011): The Balinese Cockfight Decoded: Reflections on Geertz and Structuralism, in: Alexander, Jeffrey C./Smith, Philip/Norton, Matthew (Hg.): Interpreting Clifford Geertz. Cultural Investigations in the Social Sciences, New York: 17-32

Staal, Fritz (1993): Rules without Meaning. Ritual, Mantras and the Human Sciences. Toronto Studies in Religion, Vol. 4, New York u.a.

Stichweh, Rudolf (2000): Die Weltgesellschaft. Soziologische Analysen, Frankfurt a.M.

– (2001): Weltreligion oder Weltreligionen, in: Soziale Systeme, 7. Jg., H. 1: 118-124

Stone, Laura (2001): Misrecognition of the Limits: Bourdieu's *Religious Capital* and Social Transformation. Online verfügbar unter http://www.jcrt.org/archives/03.1/stone.shtml. Zuletzt abgerufen am 23.11.2016

Stowers, Stanley (2008): The Ontology of Religion. in: Braun, Willi et al. (Hg.): Introducing Religion. Essays in Honor of Jonathan Z. Smith, London: 435-449

Streib, Heinz/Hood, Ralph W. (2010): Modeling the Religious Field: Religion, Spirituality, Mysticism and Related World Views. Center for the Interdisciplinary Research on Religion and Society. (CIRRUS Working Papers, 9), Bielefeld

Suzuki, Daisetz Teitaro (1958): ZEN und die Kultur Japans, Hamburg

Swanson, Paul Loren/Chilson, Clark (Hsg.) (2006): Nanzan Guide to Japanese Religions, Honolulu

Tal, Sarah (2002): A Religion that was not a Religion: To Modern Shinto in Nineteenth Century Japan, in: Peterson, Derek/Walhof, Darren (Hg.): The Invention of Religion. Rethinking Belief in Politics and History, New Brunswick – London: 100-114

Taussig, Michael T. (1980): The Devil and Commodity Fetishism in South America, Chapel Hill

Taylor, Charles (2009): Ein säkulares Zeitalter, Frankfurt a.M.

Teschner, Klaus (2011): Struggle as a Sacrament. Religion und städtische Bewegungen in Afrika, in: metroZones (Hg.): 85-108

Thomas, John (2016): Envangelising the Nation. Religion and Formation of Naga Political Identity, New Delhi – London – New York

Thomas, Keith (1991[1971]): Religion and the Decline of Magic. Studies in Popular Beliefs in Sixteenth- and Seventeenth-Century England, Harmondsworth

Thompson, E. P. (1972): The Making of the English Working Class, Harmondsworth

Troeltsch, Ernst (1991): Christianity and the history of religion, in: Ders. Religion and History, Mineapolis, 77-86

– (2006): Fünf Vorträge zu Religion und Geschichtsphilosophie für England und Schottland, in: Ders.: Kritische Gesamtausgabe, hg. v. Hübinger, Gangolf i. Zs.-arbeit m. Terwy, Andreas, Berlin

Tyrell, Hartmann/Krech, Volkhard/Knoblauch, Hubert (1998): Religiöse Kommunikation. Einleitende Bemerkungen zu einem religionssoziologischen Forschungsprogramm, in: Dies. (Hg.): Religion als Kommunikation. Religion in der Gesellschaft. Bd. 4, Würzburg, 7-29

Upham, Edward (1829): The History and Doctrine of Buddhism, London

Ukah, Asonzeh (2011): Die Welt erobern, um das Himmelreich zu errichten. Pfingstkirchen, Prayer Camps und Stadtentwicklung in Lagos, in: metroZones (Hg.): 109-130

Veer, Peter van der (1999): The Moral State: Religion, Nation, and Empire in Victorian Britain and British India, in: Lehmann, Hartmut/Veer, Peter van der (Hg.): Nation and Religion. Perspectives on Europa and Asia, Princeton: 15-43

– (2014): The Modern Spirit of Asia. The Spiritual and the Secular in China and India, Princeton – Oxford

Verter, Bradford (2003): Spiritual Capital: Theorizing Religion with Bourdieu against Bourdieu,in: Sociological Theory, Jg. 21, H. 2: 150-174

Veyne, Paul (1994): Brot und Spiele, München

– (2008): Die griechisch-römische Religion. Kult, Frömmigkeit und Moral, Stuttgart

– (2011): Als unsere Welt christlich wurde. Aufstieg einer Sekte zur Weltmacht, München

Viswanath, Rupa (2014): The Pariah Problem. Caste, Religion and the Social in Modern India, New Delhi

Vogl, Josef (2010): Das Gespenst des Kapitals, Zürich

Weber, Max (1972): Wirtschaft und Gesellschaft. Grundriss der verstehenden Soziologie. 5. rev. Aufl., besorgt von Johannes Winckelmann (Studienausgabe), Tübingen

– (1988): Zwischenbetrachtung. Theorie und Stufen religiöser Weltablehnung, in: Ders.: Gesammelte Aufsätze zur Religionssoziologie I, Tübingen: 536-573

Weltecke, Dorothea (2008): Beyond Religion: On the Lack of Belief During the Central and Late Middle Ages, in: Bock, Heike (Hg.): Religion and its Other. Secular and Sacral Concepts and Practices in Interaction, Frankfurt/Main, New York: 101-114

Wienold, Hanns (1971): Kontakt, Einfühlung und Attraktion. Zur Entstehung von Paarbeziehungen, Stuttgart

– (2000): Wie religiös sind die Kölner? In: Ders.: Empirische Sozialforschung. Praxis und Methode, Münster

Witte, Marleen de (2010): Religious Media, Mobile Spirits: Publicity and Secrecy in African Pentecostalisms and Traditional Religions, in: Hüwelmeier/Krause (Hg.): 83-100

Wooton, David/Hunter, David (1992): Atheism from the Reformation to the Enlightenment, Oxford

Youkhana, Eva (2015): Die Macht der Dinge in transnationalen religiösen Räumen – das Beispiel der Virgen del Cisne in Madrid, in: Peripherie; 37 Jg., H. 134/135: 263-287